Mary Ellen Reese

Organisation Gehlen

Der Kalte Krieg und der Aufbau
des deutschen Geheimdienstes

Aus dem Amerikanischen
von Walle Bengs

Rowohlt · Berlin

Für Mitch

1. Auflage April 1992
Copyright © 1992 by Rowohlt · Berlin Verlag GmbH, Berlin
«General Reinhard Gehlen: The CIA-Connection»
Copyright © 1990 by Mary Ellen Reese, George Mason University Press,
Fairfax, Virginia
Alle Rechte vorbehalten
Redaktion: Hubertus Knabe und Katharina Raabe
Umschlaggestaltung: Walter Hellmann (Foto: dpa)
Foto der Autorin: Ian Armstrong
Satz aus der Sabon (Linotronic 500)
Gesamtherstellung Clausen & Bosse, Leck
Printed in Germany
ISBN 3 87134 033 2

Inhalt

Vorwort von Heinz Höhne

Dieses Buch erzählt die bizarre Geschichte von Reinhard Gehlens Bundesnachrichtendienst (BND) und seiner amerikanischen Hintermänner. Sie ist so spannend wie ein echter Spionagethriller, und doch ist sie mehr als dies: eine Moritat aus den wilden Tagen des Kalten Krieges, ein politisches Lehrstück über die fragwürdigen Kontinuitäten deutscher Zeitgeschichte nach dem Ende des Dritten Reiches und ein Beispiel für den dilettantischen Umgang unserer Gesellschaft mit einem Kardinalproblem jeder Demokratie – den Geheimdiensten.

Recherchiert und aufgeschrieben hat diese Geschichte die amerikanische Autorin Mary Ellen Reese, Harvard-Absolventin, gelernte Juristin und schon durch ein früheres Buch («Breaking Cover») als Kennerin der Geheimdienstgemeinde ihres Landes ausgewiesen. Sie fand bei ihren Nachforschungen in den Archiven Washingtoner Ministerien – vor allem im Aktenlager des Military Intelligence in Fort Meade – veritable Unterlagen, die es ihr wie keinem anderen Historiker zuvor ermöglichten, die Entstehungsgeschichte des Pullacher BND und dessen «CIA-Connection» zu rekonstruieren.

Warum gerade eine Amerikanerin? Die Frage rührt an Defizite der deutschen Politologie und Zeitgeschichtsforschung, die in ihrer wunderlichen Abneigung gegen Spione und Agenten an das Verhalten Arthur Hendersons erinnert, des britischen Außenministers und Antialkoholikers, für den ein Geheimdienst so etwas wie schwerer Alkohol war, von dem er nichts verstand und nichts verstehen wollte. Auch die deutschen Historiker und Politikwissenschaftler scheuen davor zurück: Für sie ist die Welt der Geheimdienste eine Terra incognita.

Das mußte auch vor einigen Jahren Michael Handel, Professor am US Army War College, erfahren, der in deutschen Universitäten und Instituten nach einem Geheimdienstexperten suchte, der fachlich in der Lage sein sollte, an einem internationalen Symposium über Probleme der Intelligence Community teilzunehmen. Er fand keinen. Wo immer Handel deutsche Kollegen ansprach, begegnete er dem gleichen betretenen Schweigen: Gegenüber den Stars der westlichen Geheimdienstforschung wie F. H. Hinsley, Michael Howard, David Kahn, Ralph Bennett kann die Bundesrepublik mit keinem vergleichbaren Wissenschaftler aufwarten.

Michael Handel hätte sich freilich durch ein Studium der Bibliographie deutscher Politikforschung die Reisekosten sparen können. Dort ist kaum ein Titel vermerkt, der die Arbeitsweise der Geheimdienste und ihre Funktion im politischen Entscheidungsprozeß der Bundesrepublik zum Thema hat. Kein Buch behandelt die Rolle deutscher und alliierter Geheimdienste bei der Entstehung der Bundesrepublik, kaum eine Darstellung über den Volksaufstand des 17. Juni 1953 nimmt die separate Politik des sowjetischen Staatssicherheitsdienstes ins Visier, ohne die jenes Drama nicht verständlich ist.

Noch problematischer wird es, wenn der Blick unserer Fachhistoriker und Politologen weiter in die Vergangenheit zurückreicht. In Deutschland wird die Geschichte des Zweiten Weltkriegs unverdrossen ohne die Aufarbeitung der geheimdienstlichen Akten geschrieben, fehlen Darstellungen über die Geheimdienste des NS-Regimes und ihres Einflusses auf Hitlers Entscheidungen – skurril für jeden Beobachter, der sich daran erinnert, wie vor einem Jahrzehnt die plötzliche Freigabe einiger Materialien aus dem alliierten Entzifferungsunternehmen «Ultra» manchen Historiker zwang, Partien der Kriegsgeschichte umzuschreiben.

Solche wissenschaftliche Abstinenz muß vor allem in einem Land verwundern, in dem ein aufgeregter Enthüllungsjournalismus immer neue Affären vermeintlicher oder tatsächlicher Agenten-«Schnüffelei» aufdeckt und den Geheimdiensten gleichsam ständig auf der Spur ist. Angesiedelt zwischen Dämonisierung und Verachtung der Geheimdienste, produziert dieser Journalismus allerdings eher Massenängste als die kritische Einschätzung von Nutzen und Gefahren der geheimen Nachrichtendienste, der die deutsche Gesellschaft so dringend bedürfte.

Selbst die zur Zeit üppig wuchernde Literatur über das untergegangene Ministerium für Staatssicherheit, wie verdienstvoll auch im einzelnen, vermittelt meist nur Horrorvisionen und stellt eher eine moralische Abrechnung mit dem SED-Staat dar. Der ebenso notwendigen Aufklärung über Arbeitsweise, Leistungsfähigkeit und Versagen des einstigen Sicherheitsapparates dient sie jedoch kaum. Dazu sind ihre Produkte häufig zu hastig geschrieben und zu kurzatmig recherchiert, womit sie nur das alte Akademikervorurteil nähren, daß Geheimdienste kein wissenschaftlich ernst zu nehmendes Thema seien.

Beides aber hindert die Gesellschaft gleichermaßen an einer rationalen Erörterung nachrichtendienstlicher Fragen: die offenkundige Gleichgültigkeit, die die Wissenschaft dem Geheimdienstthema entgegenbringt, und die hemmungslose Agentenschnüffelei gewisser Massenmedien. Es sind gerade die oft unsäglichen «Enthüllungen» der Medienbranche, die die an Logik und nachprüfbare Quellen gewohnten Historiker und Politologen davon abschrecken, sich mit dem Geheimdienstproblem zu befassen.

Desto erfreulicher, daß die US-Rechercheurin Mary Ellen Reese keine solchen Scheuklappen kennt und nach jahrelangem Aktenstudium, ergänzt durch Befragungen ehemaliger Spitzenbeamter und Agentenführer der Central Intelligence Agency (CIA), ein bisher noch weitgehend ungeklärtes Kapitel deutscher Geheimdienstgeschichte ans Licht heben kann – doppelt erfreulich für mich, daß die Autorin dabei den Bahnen folgt, die Hermann Zolling und ich schon vor zwei Jahrzehnten in einer Geschichte des Bundesnachrichtendienstes («Pullach intern», 1971) vorzeichneten.

Wo wir freilich die amerikanischen Hintergründe der phantastischen Gehlen-Story nur vage beschreiben konnten und dabei auch mancher Fehlinformation erlagen, weiß Mary Ellen Reese mit konkreten Daten, Namen und Dokumenten aufzuwarten. Zug um Zug enttarnt sie die unheilige Allianz, die schon wenige Monate nach dem blutigen Zusammenbruch des Nazistaats den profiliertesten Feindaufklärer Adolf Hitlers und seinen ganzen Erkundungsapparat mit der Führungsmacht der westlichen Demokratien verband.

Natürlich kann die Autorin noch nicht die «ganze» Geschichte dieser Allianz bieten. Auch Mary Ellen Reese muß Kompromisse machen: Über die Verhandlungen und Vereinbarungen des Kriegsgefangenen Gehlen mit den Spitzen des US-Geheimdienstes in Fort Hunt im Sommer 1946 erfährt der Leser erstaunlich wenig, ebenso bleiben die Auskünfte über gemeinsame Agenteneinsätze in den Ländern hinter dem Eisernen Vorhang recht einsilbig. Auch fehlt der Autorin der Zugang zu Quellen und Informationen aus dem Umkreis des BND, die ihre Geschichte erst richtig rund machen würden.

Gleichwohl reichen ihre Materialien völlig dazu aus, die ersten zwei Jahrzehnte deutsch-amerikanischer ND-Partnerschaft detailliert nachzuzeichnen, wobei auch noch heute gültige Verhaltens- und Denkweisen der beiden Geheimdienstbranchen hervortreten, namentlich ihre Schattenseiten: mangelnde Anpassung an neue Entwicklungen, Überproduktion des nachrichtendienstlichen Rohmaterials, Unterlaufen parlamentarischer Kontrolle.

Was Gehlens «Org», den nachmaligen BND, und die CIA nicht zuletzt miteinander verband, war die Deformierung klassischer Geheimdienstarbeit in der Hektik und Hysterie des Kalten Krieges, der beide Dienste unterlagen. Neben Nachrichtensammlung und Nachrichtenauswertung, Kern jeder ND-Arbeit, trat der «verdeckte Kampf» gegen Moskau mit Saboteuren, Partisanen und Infiltranten, neben den lautlosen Spion der schießende und schlagende James-Bond-Typ, wie er die Agentenfilme beherrscht – Entartung und Karikatur normaler Aufklärungstätigkeit.

Das entzog «Org» und CIA einen Teil jener kritisch-analytischen Talente, ohne die Geheimdienste leicht das Opfer von Selbsttäuschungen und Vorfixierungen werden. Denn nicht die Fülle des Nachrichtenmaterials entscheidet über den Wert oder Unwert eines

10

Geheimdienstes, sondern dessen Fähigkeit, das einlaufende Material in ein Lagebild einzuordnen und es so zu hinterfragen, daß dabei Erkenntnisse über künftige Trends oder wahrscheinliche Absichten eines Gegenspielers herausspringen.

Ausschlaggebend ist dabei meist, die richtigen Fragen zu stellen, will sagen: die Todsünde der Geheimdienste zu vermeiden, in ausgetretenen Gedankenbahnen zu bleiben und mit den Erfahrungen von gestern das Kommende entschlüsseln zu wollen. Die Geschichte dieses Jahrhunderts ist vollgepflastert mit Pannen solcher Art: Die 1914 grassierende Illusion eines begrenzten, kurzen Krieges, die 1938/39 umgehende Horrorvorstellung von einem Vernichtungsschlag der deutschen Luftwaffe gegen England, die Unterschätzung der japanischen Angriffsabsichten durch Briten und Amerikaner 1941 – Fehlleistungen von Geheimdiensten, die sich aus den Denkkategorien der Vergangenheit nicht hatten befreien können.

Auch der frühe BND und sein Vorläufer waren davon nicht frei, zumal sein Gründer-Chef kaum der nüchtern-distanzierte Geheimdienstler war, als den er sich später gern feiern ließ. Der Generalmajor Reinhard Gehlen hatte nie eine geheimdienstliche Ausbildung durchlaufen. Er kam aus der militärischen Feindlagebearbeitung und hatte im Zweiten Weltkrieg in Hitlers Generalstab des Heeres die Abteilung «Fremde Heere Ost» (FHO) geleitet, spezialisiert auf die Erkundung und Bewertung des sowjetischen Militärs und Rüstungspotentials.

Die Fülle des Informationsmaterials, das dabei in die Zentrale der FHO einlief, hatte Gehlen rasch in den Ruf gebracht, der Mann zu sein, der nahezu alles über die Sowjetunion wisse. Seine Lageberichte und Prognosen galten als das Präziseste, was es an der deutschen Ostfront gab. Wer allerdings näher hinsah, merkte bald, daß die sagenhaften Lagebeurteilungen von Gehlens Stab nicht selten verblüffend unrealistische Einschätzungen des sowjetischen Gegners enthielten.

Die Analytiker der FHO machten fast alle Fehler, die ein Aufklärungsdienst begehen kann. Sie *unter*schätzten den Gegner im Osten, weil sie das Nachrichtenmaterial stets im Lichte der vermeintlichen deutschen Unbesiegbarkeit interpretierten, und sie *über*schätzten ihn, indem sie sich in seine Lage hineinversetzten und ihm statt der sowjetischen Kampfdoktrinen die eigenen Denkmuster unterlegten. Das Ergebnis war nicht nur manche Fehlprognose sowjetischer Absichten, sondern auch ein Überlegenheitswahn, der Gehlen bis zum Dezember 1944 daran hinderte, die deutsche Niederlage auch nur für möglich zu halten – beklemmendes Beispiel für die Macht der vorgefaßten Meinungen und Vorurteile in einer angeblich so faktenorientierten Branche.

Manches davon ging auch noch in die Berichte und Analysen ein, die Gehlen nach der abenteuerlichen Kehrtwende, die ihn 1945/46 mit seinem Apparat in das Lager der Amerikaner katapultiert hatte, an den Geheimdienst der US-Armee, den G-2, lieferte. Günstige Zeitumstände hatten Hitlers General die Freifahrkarte in die demokratische Zukunft gesichert: die rapide wachsenden Spannungen zwischen den west-östlichen Partnern der Anti-Hitler-Koalition und die mangelnden Kenntnisse über den neuen Gegner im Osten, die vor allem Amerikas Feindaufklärer alarmierten.

Die staunten nicht schlecht, was ihnen die «Organisation Gehlen» (Org), zu der sich inzwischen die FHO gemausert hatte, alles offerierte: Informationen über Stärken und Dispositionen sowjetischer Truppenverbände in Osteuropa, Lagebilder militärischer Anlagen, Rüstungskombinate und Verkehrssysteme im Osten, Stimmungsbilder aus Stalins Machtbereich.

Von Monat zu Monat wuchs das unsichtbare Heer freiwilliger Helfer, Informanten und Geheimnisträger, das im Auftrag der «Org» in die östlichen Satellitenländer, allen voran die deutsche Sowjetzone, eindrang. An zahllosen Stellen saßen Gehlens konspirative Zuarbeiter: im Vorzimmer des DDR-Ministerpräsidenten Grotewohl, in der obersten Verkehrsleitung der Reichsbahn, im ostdeutschen Staatssekretariat für Schiffahrt, aber auch an Straßenrändern, um sowjetische Kasernen zu beobachten und Marschkolonnen der Sowjetarmee zu zählen.

Phantastisch, was sie für die Auftraggeber im G-2 entdeckten und enttarnten: Die «Org» meldete als erster westlicher Geheimdienst die anlaufende Remilitarisierung der DDR, sie lieferte erste Nachrichten über die Existenz sowjetischer Düsenjäger, ihre Leute schmuggelten geheime Panzerlehrfilme der Sowjetarmee in den Westen und holten Rüstungspläne aus den Safes des DDR-Ministerrats. Pullach, seit 1947 Sitz der «Org», war zu einem Signum geheimdienstlicher Tüchtigkeit geworden.

Doch nach anfänglicher Euphorie über die Aufklärungserfolge der «Org» merkten auch die G-2-Offiziere, daß es nicht genügte, Truppen zu zählen, neue Waffen zu entdecken und Aufmarschräume zu erkunden. Der G-2-Dienst verlangte von Gehlen nun auch langfristige Analysen, sowenig er sich in seiner eigenen Prognosearbeit von den deutschen Wertungen abhängig machen mochte.

Da aber wiederholte sich, woran schon die «Fremde Heere Ost» gekrankt hatte. Die Analysen und Prognosen, die Gehlen den Amerikanern vorlegte, waren seltsam farblos, eher antikommunistischen und russophoben Klischeevorstellungen entsprungen denn Produkte informatorisch-analytischer Präzision. Da der Geheimdienst der US-Armee inzwischen seine Rußland-Erkundung erheblich verbessert hatte, verlor er allmählich das Interesse an der Zusammenarbeit mit der Organisation Gehlen.

Die deutsch-amerikanische ND-Partnerschaft schien schon am Ende, die «Org» von Auflösung bedroht, da schaltete sich die «Central Intelligence Agency» (CIA) ein und sicherte Gehlen die Weiterarbeit. Die CIA war noch ein junges Unternehmen, erst 1947 gegründet, und hatte folglich großes Interesse daran, durch Kooperation mit der legendären «Org» ihren Einfluß in der Welt der Geheimdienste zu erweitern.

Doch es waren, wie Mary Ellen Reese überzeugend nachweist, nicht die nachrichtendienstlichen Qualitäten der Organisation Gehlen, die primär die CIA interessierten. Es ging um politische Einflußnahme, für die CIA ebenso wie für die USA. Denn die CIA-

Oberen mußten damit rechnen, daß Gehlen dank seiner bisherigen Aufklärungserfolge die besten Aussichten hatte, mit seiner kompletten «Org» den Geheimdienst des eben entstehenden westdeutschen Staates zu bilden. Es erschien geradezu als ein Gebot amerikanischer Machtpolitik, sich dieses Gehlen zu versichern, um über ihn und seinen Dienst auf die Entscheidungen des Bonner Staatsapparates einwirken zu können – Grund genug für die CIA, am 1. Juli 1949, noch rechtzeitig zur Gründung der Bundesrepublik, die «Org» in eigene Regie zu nehmen.

Um sich gegen Extratouren des eigensinnigen Generals abzusichern, wollte die CIA ihn und seine «Org» allerdings schärfer kontrollieren, als es die eher lässigen Militärs getan hatten. In Pullach etablierte sich ein CIA-Stab, der nahezu alles beaufsichtigen wollte. Er wollte stets über Gehlens Kontakte zu Bonner Amtsstellen und Politikern informiert sein, er verlangte die Offenlegung der «Org»-Quellen und die Preisgabe der Klarnamen ihrer wichtigsten Agenten sowie die Vorausinformierung über geplante Operationen.

Indes, was scheinbar so pfiffig eingefädelt war, zerrann bald in der Kriegshysterie des Westens im Sommer 1950 nach Ausbruch des Korea-Krieges. In den Führungsorganen der CIA gewann ein Kreis antikommunistischer Psychokrieger die Oberhand, der die Entfesselung eines Untergrundkrieges im sowjetischen Machtbereich propagierte, mit Sabotagetrupps und osteuropäischen Widerstandsgruppen, stark genug, Moskau von der Auslösung des allseits mit wachsender Panik erwarteten «großen Knalls» abzuschrecken.

Es war der Beginn einer geheimdienstlichen Selbstverstümmlung, an deren Spätfolgen die Central Intelligence Agency noch heute leidet. Ursprünglich nur dazu bestimmt, die Arbeit der anderen Geheimdienste zu koordinieren und auszuwerten, hatte sich die CIA eigene nachrichtendienstliche Kompetenzen gesichert, die sie nun unter dem Einfluß der Psychokrieger mutwillig über Bord warf, um sich als die zentrale Macht im Untergrundkrieg gegen Rußland zu etablieren, fortan *die* amerikanische Agentur für die

14

Inszenierung von Sabotageaktionen, Partisanenüberfällen und Propagandacoups im Lande des Gegners.

Normale Geheimdienstarbeit – die gewaltlose Aufklärung gegnerischer Gefahrenpotentiale – war in Washington nicht länger gefragt, was für dessen Partner im Ausland heikle Konsequenzen hatte, auch für Gehlens Organisation. Die CIA riß nämlich auch die Pullacher in den Strudel jener «verdeckten Aktionen» gegen Moskau, über die Christopher Andrew und David Dilks geurteilt haben, die meisten von ihnen seien «entweder Verbrechen oder Fehler oder beides» gewesen.

Das mag überscharf formuliert sein, sinnlos indes waren die verdeckten Aktionen der CIA und ihrer Partner allemal. Nur wenige kamen von den Sabotageunternehmungen im Ostblock zurück, die meisten endeten vor sowjetischen Militärgerichten oder in den Todeskellern des KGB, von dem propagandistischen Schaden für den Westen ganz zu schweigen.

Gehlen aber war zu sehr in seinen antikommunistischen Vorstellungen befangen, um die Gefahren zu erkennen, die seiner Organisation drohten. Er sah nur, daß die konspirativen Fähigkeiten der «Org» wieder geschätzt waren, jetzt sogar noch mehr – denn wer kannte die Schleichwege in die Welt hinter dem Eisernen Vorhang besser als die «Org» und ihre zahllosen Helfer aus der diffusen Schar osteuropäischer Exilgruppen, die schon nach Hitlers Rußland-Überfall auf die deutsche Karte gesetzt hatten?

Nur allzu willig ließ sich Gehlen von den Psychokriegern der CIA in ihre Netze ziehen und für Untergrundaktionen gewinnen. «Org» und CIA verbanden sich zum gemeinsamen Kampf gegen das Reich des Bösen, wobei Gehlen für die verdeckten Unternehmen meist das Personal beschaffte: Fallschirmagenten, die in Fort Bragg (USA) ausgebildet und in einem bayrischen Schloß von CIA-Beauftragten instruiert wurden, Besatzungen für Schnellboote, die in nächtlichen Aktionen an den Küsten des Baltikums und der Krim Saboteure absetzten, Partisanen und Schmuggler, die die Ostblockstaaten auf dem Landweg infiltrierten.

So sehr war Gehlen auf den konspirativen Kampf gegen Moskau fixiert, daß er nun auch keine Skrupel mehr besaß, die vermeintchen ND-Profis aus dem einstigen Horrorreich des Heinrich Himmler in die Organisation zu holen. Anfangs hatte er eine instinktive Abneigung gegen die Beschäftigung ehemaliger SS- und SD-Leute gehabt, doch er mochte nicht länger darüber hinwegsehen, daß der SD im Krieg mit seinem «Unternehmen Zeppelin» just betrieben hatte, was jetzt als Aufgabe des verdeckten Kampfes galt: Agenten und Saboteure aus allen sowjetischen Nationalitäten in der UdSSR zu etablieren.

Hunderte ehemaliger SD-Leute sickerten in die Organisation Gehlen ein, womit die US-Rechercheurin Reese das Schlußkapitel dieses Buches einleitet. Es ist zu Recht vor allem dem Fall des KGB-Maulwurfs Heinz Felfe gewidmet, offenbarte dieser doch all die blinde Vertrauensseligkeit und beginnende Senilität Reinhard Gehlens, die seine Organisation, 1956 als Bundesnachrichtendienst in den Staatsdienst übernommen, in den Untergang schlittern ließen.

Die Autorin weiß denn auch ihre dramatische Geschichte mit einer Fußnote voll bitterer Ironie abzuschließen: Der letzte große Dienst, den die Amerikaner ihrem Freund Gehlen erwiesen, war das Abfangen und Entschlüsseln einer Instruktion des KGB, wodurch es endlich möglich wurde, den ehemaligen SD-Mann und späteren BND-Spitzenfunktionär Felfe und seine Genossen im Oktober 1961 zu verhaften.

Der BND war schier restlos ruiniert, hatte doch der Maulwurf ihn ausgeplündert, wie noch kein deutscher Geheimdienst ausgeplündert worden war. Reinhard Gehlen überlebte die Krise nur um wenige Jahre, unfähig, wieder zur geheimdienstlichen Normalität zurückzukehren. Kein Personalwechsel und keine Reorganisation aber konnte bis heute den Bundesnachrichtendienst vom Ruf der Zweitklassigkeit befreien, der ihm seither anhaftet.

Grund zur Genugtuung für linke Freunde herrschaftsloser Demokratie, die sich immer wieder gern eine Welt ohne Geheimdienste erträumen? Wohl kaum. Kein Land kann die Gefahren dieser

Zeit ohne einen soliden Geheimdienst meistern, der allein tut, was ihm Vernunft und Gesetz gebieten: Nachrichten zu sammeln und zu analysieren, um vorausschauende Regierungspolitik zu ermöglichen.

Dabei bringt es die widersprüchliche Entwicklung nach dem Ende des Kalten Krieges mit sich, stärker denn je auf die friedenssichernde Rolle der Geheimdienste zu setzen. Der Golf-Krieg hat just eben demonstriert, welche grausigen Konsequenzen es haben kann, wenn ein mangelhaft arbeitender Geheimdienst durch die maßlose Überschätzung eines Aggressors Regierung und Generalstab zu einem sinnlosen *overkill* provoziert. Die Welt braucht gute, selbstkritische Geheimdienste – auch dies eine Botschaft aus dem Lehrstück der Mary Ellen Reese.*

* Heinz Höhne hat sich als Journalist viele Jahre um die Aufhellung der Geschichte der Organisation Gehlen und des Bundesnachrichtendienstes bemüht. Jeder, der sich diesem Thema zuwendet, verdankt ihm, der auf diesem Feld Pionierarbeit geleistet hat, viel. Dem Leser dieses Buches wird jedoch kaum entgehen, daß Herrn Höhnes und meine Ansichten über Gehlen und seine Organisation in vielen Aspekten divergieren – dennoch möchte auch ich ihm meinen Dank für seinen Beitrag zu diesem Buch aussprechen.

Auf den Spuren eines Geheimdienstes

General Gehlen war in der Geschichte der Spionage eine einzigartige Gestalt: Unter Adolf Hitler Chef der Abteilung Fremde Heere Ost im Generalstab des Heeres bis zum Zusammenbruch Deutschlands 1945, wurde er elf Jahre später Chef des Bundesnachrichtendienstes für die demokratische Regierung Konrad Adenauers. Seinen Leitungsstab im BND bildeten dieselben Offiziere, die mit ihm unter Hitler gedient hatten. Diese bemerkenswerte Metamorphose vollzog sich mit Hilfe der Geheimdienste seines früheren Gegners, der Vereinigten Staaten – des militärischen Nachrichtendienstes der US-Armee und später der CIA –, die Gehlen und seine engsten Mitarbeiter unmittelbar nach dem Krieg übernahmen und unter strengster Geheimhaltung durchfütterten.

Wie konnte das geschehen? Warum wurde Gehlen nach Amerika abtransportiert und dann nach Deutschland zurückgebracht, um jene Einrichtung wiederaufzubauen, die er für Hitler geleitet hatte, während andere in Nürnberg vor Gericht standen, verurteilt und gehängt wurden? Daß die Armee der Vereinigten Staaten nur Wochen nach der Befreiung der Konzentrationslager einen Teil des deutschen Generalstabs in ihre Dienste nahm, ist an sich schon erstaunlich. Was wollten die Amerikaner von Gehlen? Inwieweit kümmerte es sie, ob er oder seine Leute Nazis waren? Und welcherlei Kontrolle übten sie über diese Gruppe aus, in der viele der früheren militärischen Führer Deutschlands Zuflucht fanden? Kurz, welcher Natur war die Organisation Gehlen und wie sah das Verhältnis zwischen ihr und dem amerikanischen Geheimdienst tatsächlich aus?

Urteile über die Organisation Gehlen und ihr Verhältnis zu den amerikanischen Geheimdiensten lassen sich ohne Berücksichtigung der Zeitumstände nicht fällen. Zu Anfang, unmittelbar nach dem

Krieg, als die Nachrichten über die Greueltaten der Nazis, die aus dem besiegten Deutschland nach draußen drangen, kein Ende zu nehmen schienen, war das amerikanische Volk auf Rache eingestimmt. Nichts hätte es davon überzeugen können, daß es im Interesse der Nation liegen sollte, einer Gruppe von Hitler-Offizieren Unterstützung zu gewähren – mit Sicherheit jedenfalls nicht das Argument, daß diese wertvolle Erkenntnisse über die Sowjetunion liefern konnten. Die Sympathie für die russischen Verbündeten Amerikas, für die Helden von Stalingrad, die so bittere Verluste hatten erleiden müssen, war weit verbreitet. Nur wenige sekundierten General George S. Patton, als er gegen Kriegsende vorschlug, die gefangengenommenen deutschen Truppen gegen die Sowjetunion ins Feld zu führen.

Doch schon bald darauf schlug die Stimmung in den Vereinigten Staaten um. Die Auseinandersetzungen zwischen den sowjetischen und den alliierten Besatzungstruppen nahmen an Schärfe und Häufigkeit erheblich zu; während die Amerikaner das Gros ihrer Truppen aus Deutschland abzogen, schienen sich die Russen in ihrer Besatzungszone einzugraben. Schon im Juni glaubten sich besorgte amerikanische Militärs einer derartigen sowjetischen Übermacht gegenüber, daß sie sich ernsthaft fragten, ob die amerikanischen Streitkräfte im Fall eines Konflikts noch zu einem Rückzug in der Lage wären oder einfach überrannt werden würden. Das entscheidende Wort dabei: sie *glaubten* es.

Die Amerikaner *wußten* nämlich nicht, über wie viele und welche Kräfte die Russen im einzelnen verfügten, wie sie bewaffnet waren, wo sie standen und was ihre Führer mit ihnen vorhatten. Und sie besaßen auch nicht die Mittel, es in Erfahrung zu bringen. Aber sie hatten General Reinhard Gehlen, Hitlers Experten für das sowjetische Militär. Dieser hatte nicht nur einen beeindruckenden Wissensschatz, sondern behauptete darüber hinaus, über ein Agentennetz in Osteuropa zu verfügen, das den Amerikanern jene Informationen liefern könne, die sie so verzweifelt brauchten. Unter diesen Umständen entschied sich der militärische Nachrichtendienst für das, was

General Patton in einem anderen Zusammenhang vorgeschlagen hatte – die gefangenen Deutschen gegen die Sowjetunion einzusetzen. Ob die Amerikaner das Ausmaß der Bedrohung übertrieben – wie damals einige und seitdem viele andere behaupteten – oder nicht: Dies ist der Hintergrund, vor dem man das amerikanische Vorgehen gegenüber Gehlen überhaupt erst beurteilen kann.

Grundsätzlicher und weiterreichend ist die Frage, warum die Beziehung der Vereinigten Staaten zu Gehlen fortgesetzt und intensiviert wurde. War es gerechtfertigt, daß die CIA die Organisation Gehlen von der Armee übernahm, nachdem die zunächst als so dringlich begriffene operationelle Aufklärung der sowjetischen Kräftegliederung an Bedeutung verloren hatte? Die Organisation Gehlen gewann dadurch eine neue Stabilität und erhielt politische Legitimität. Ihre Adoption durch die CIA bedeutete, daß sie nicht länger ein Anhängsel des militärischen Geheimdienstes darstellte und von den im Pentagon gefällten Entscheidungen abhängig war, sondern daß die Existenz und dauernde Unterstützung der Organisation Gehlen die volle Zustimmung der höchsten politischen Autoritäten Amerikas besaß.

Die Gefahr einer unmittelbaren militärischen Konfrontation zwischen der Sowjetunion und den Vereinigten Staaten ging in den langwährenden Kalten Krieg über. Im Sommer 1946 schlugen die Sowjets – wohl wissend, daß der eigentliche Reichtum Deutschlands im bevölkerungsstärkeren, industriell erschlossenen Westen lag – die Schaffung eines vereinigten, neutralen Gesamtdeutschland unter der Kontrolle einer Vier-Mächte-Kommission vor. Die Vereinigten Staaten mauerten jedoch, weil sie glaubten, die Russen wollten Deutschland zum eigenen Vorteil ausplündern und seinen wirtschaftlichen Wiederaufstieg blockieren. Die Amerikaner fürchteten, ein schwaches, instabiles Europa, dessen Herzstück Deutschland bildete, wäre ein fruchtbarer Boden für die kommunistische Expansion. Darüber hinaus argwöhnten sie, die Deutschen könnten eine – offene oder verdeckte – Allianz mit den Russen eingehen.

Die Frage, was mit Deutschland zu tun sei, wurde weiter mit den

Sowjets diskutiert. Auf deren Offerten antworteten die Amerikaner mit dem Marshall-Plan zum Wiederaufbau Europas; aus politischen wie aus humanitären Gründen stellten sich die Vereinigten Staaten als Bürge für den wirtschaftlichen Wiederaufbau Europas zur Verfügung. Bald stand nur noch Berlin unter faktischer gemeinsamer Kontrolle aller vier Alliierten, und die Demarkationslinie zwischen West- und Ostdeutschland wurde zur Grenze, die die Kombattanten des Kalten Krieges trennte. Er war eine *politische* Schlacht, in der die Spionage eine wichtige Rolle spielte. Um die sich vertiefenden Bande zwischen dem amerikanischen Geheimdienst und Reinhard Gehlen voll zu verstehen, muß man sie im Rahmen der Geschichte des amerikanischen Antikommunismus betrachten.

Die militärische Besetzung Westdeutschlands endete 1949. An die Stelle des Besatzungsstatuts trat eine Alliierte Hohe Kommission, deren Aufgabe darin bestand, die neu gewählte Regierung unter Konrad Adenauer zu überwachen. Die große Wende im Verhältnis zwischen Deutschland und den Vereinigten Staaten erfolgte jedoch 1950 und wurde von Ereignissen nicht etwa in Europa, sondern in Asien ausgelöst: Die Amerikaner wurden in den Korea-Krieg hineingezogen. Während der Marshall-Plan ursprünglich jede Verwendung der in seinem Rahmen zur Verfügung gestellten Mittel für militärische Zwecke verbot, mußten die Amerikaner plötzlich jene Männer und Waffen, die für die Verteidigung Europas vorgesehen waren, anderswohin schicken. Zwar sollte die amerikanische Hilfe fortgesetzt werden, doch auch die europäischen Nationen mußten als Beitrag zu ihrer Verteidigung nun wieder aufrüsten, Deutschland eingeschlossen.

Um zu einer Beurteilung der fortgesetzten amerikanischen Hilfe für die Organisation Gehlen zu kommen, muß man zur Kenntnis nehmen, daß Gehlen, sobald er seine Einheit unter den Augen der amerikanischen Heeresaufklärung wiederaufzubauen begann, frühere Militärkameraden um sich sammelte – langgediente Generalstabsoffiziere, die unter Hitler mit Aufklärung nichts zu tun gehabt hatten. Er gewährte ihnen Unterschlupf, weil er voraussah, daß

Deutschland eines Tages wieder unabhängig sein und dann eine Armee brauchen würde. Er benutzte die bei den Deutschen angesehenen Männer aus der Wehrmacht, um Bündnisse mit den neuen Gestalten am politischen Horizont zu schmieden. Die Wiederbewaffnung Deutschlands stärkte zwangsläufig die Verbundenheit mit der Regierung Adenauers, der Gehlen bis zum dramatischen Bruch im Jahre 1962 stets den Rücken stärkte.

Historisch betrachtet fördern persönliche Beziehungen politische Bündnisse, und wenn man Gehlens amerikanische Verbindungen betrachtet, lohnt es sich, auf einige von ihnen besonders hinzuweisen. Kanzler Adenauer und John Foster Dulles – Außenminister unter Präsident Eisenhower – waren, wie behauptet wird, einander so eng verbunden, daß ein Beamter des amerikanischen Außenministeriums auf die Frage, wer dort die Deutschland-Politik festlege, verlegen mit «Adenauer» antwortete. Der Bruder des Ministers, Allen W. Dulles, war Direktor der Central Intelligence Agency (CIA) und förderte nach Kräften die Zusammenarbeit der CIA mit Gehlen. Mit Gehlens Beziehungen zu Adenauer schloß sich der Kreis, der die entscheidenden frühen und mittleren fünfziger Jahre hindurch bestand.

Dieser Hintergrund mag erklären helfen, warum die Amerikaner ein dauerhaftes Interesse an Gehlen faßten; gleichwohl bleiben auch damit einige fundamentale Fragen zur Natur dieser Beziehung unbeantwortet. Rechtfertigten die Erkenntnisse, die er lieferte, wirklich seine Übernahme und das weitere Gewährenlassen bei der Ausweitung seiner Organisation? Welche Kompromisse gingen die Amerikaner bei der Zusammenarbeit mit ihm ein? Erkannte der amerikanische Nachrichtendienst, daß er eine Gruppe von Nazis unterstützte? Und war die amerikanische Aufsicht über die Organisation Gehlen angemessen?

Antworten darauf sind in den bisher veröffentlichten Darstellungen nicht zu finden. Die Quellen, die in diesen Arbeiten herangezogen wurden, sind praktisch durchgängig deutscher Herkunft – bis dato gibt es von amerikanischer Seite keine verläßlichen Informationen –, und die Deutschen hatten erhebliche Eigeninteressen. Gehlen war der Gründer ihres wichtigsten Nachrichtendienstes, und sein Einfluß machte sich über seine Nachfolger auch noch lange nach seiner Pensionierung im Jahre 1968 bemerkbar. Der BND hatte ein gewichtiges Interesse daran, Gehlens Ruf zu wahren und die Verbindung zu den Amerikanern herunterzuspielen, und dies war den Amerikanern, aus anderen Gründen, nur recht. Auf der anderen Seite waren die Gegner Gehlens und die Kritiker des BND ähnlich erpicht darauf, Gehlen und seine Organisation herunterzumachen.

Daher waren selbst die ernsthaftesten Versuche, zu einer Einschätzung Gehlens zu gelangen, mit einem erheblichen Handikap belastet: Weil Informationen von amerikanischer Seite fehlten, blieben sie verzerrt. Ein hoher CIA-Beamter, ehemaliges Mitglied jenes Stabes, der mit der Organisation Gehlen zusammenarbeitete und später eine ausführliche Studie darüber für die CIA erstellte, hat einmal die Schwierigkeiten all jener erläutert, die über Gehlen schreiben wollen; in einem internen Vermerk, der später von der CIA teilweise zur Veröffentlichung freigegeben wurde, schrieb er: «Sie haben schwer darunter zu leiden (wie immer ihre wissenschaftliche Integrität beschaffen sein mag), daß sie selten, wenn überhaupt an echtes Quellenmaterial herankommen (...). Ich fürchte daher, daß die Verbreitung von Unsinn ad infinitum weitergehen wird, weil jeder spätere Autor von seinem Vorgänger abschreiben muß.» [1]

Trotz dieser Mitleidsbekundung für die Nöte des seriösen Gehlen-Forschers weigerte sich die CIA auch weiterhin, Informationen zu diesem Thema freizugeben. Bis heute lehnt sie es sogar ab, zu bestätigen oder zu dementieren, ob oder daß überhaupt jemals eine Beziehung zwischen der CIA und Gehlen bestanden hat.[2] Da aber die CIA die einzige Fundstätte für Informationen zu sein schien, solange keine anderen Quellen ausfindig zu machen waren, und amerikanische Geheimdienstler, die mit Gehlen zusammengearbeitet hatten, ihr jahrzehntelanges Schweigen nicht brachen, ließ sich mehr auch nicht über die amerikanische Rolle herausfinden. Glücklicherweise haben beide Voraussetzungen inzwischen ihre Gültigkeit verloren. Als Reaktion auf die Bitte um Akteneinsicht nach dem Freedom of Information Act wurden mir nämlich Hunderte einschlägige Akten aus anderen Behörden zugänglich gemacht. Zugleich ließen sich Amerikaner aus der Armee und aus der CIA, die unmittelbar mit Gehlen und seiner Organisation zu tun hatten, erstmals von mir befragen. Viele der Informationen in diesem Buch sind daher nie zuvor verfügbar gewesen.

Die bedeutsamsten dieser neuerdings freigegebenen Dokumente kamen aus dem Geheimdienst der Armee. Gut über tausend wurden mir in Stapeln zu je etwa hundert im Laufe von zwei Jahren in ungeordneter Folge überlassen. Letztlich fügten sie sich zu einem Bild, das ein neues Licht auf Gehlens Verhältnis zu den amerikanischen Geheimdiensten wirft. Während einerseits gefährliche Mängel in seiner Organisation zutage treten, werden andererseits viele der sensationellen Vorwürfe widerlegt, die gegen sie erhoben wurden. Und indem die Dokumente Einblicke in die Beziehungen der amerikanischen Geheimdienste zu Gehlen gewähren, zeigen sie zugleich auch schädliche Spannungen zwischen den amerikanischen Geheimdiensten selbst auf.

Hieraus allein ergab sich allerdings noch kein vollständiges Bild. Unumgänglich war die Mitwirkung jener Amerikaner, die an der Entwicklung der Beziehungen der Vereinigten Staaten zu Reinhard Gehlen beteiligt waren. In eine Befragung willigten glücklicherweise mehr als zwei Dutzend ehemalige amerikanische Geheimdienstler ein, die knapp 30 Jahre lang mit Gehlen zusammengearbeitet hatten, sowie weitere wichtige Zeitzeugen, die mit dem Geheimdienst der Armee zu tun hatten und von denen keiner jemals zuvor enthüllt hatte, was er wußte. Viele von ihnen verbrachten an den verschiedensten Orten -zig Stunden mit mir. Um chronologisch mit den Offizieren des militärischen Geheimdienstes zu beginnen, sprach ich mit John Boker, seinerzeit Army-Captain, der Gehlen 1945 in einem Kriegsgefangenenlager «entdeckte»; mit General

John Russell Deane, Jr., heute im Ruhestand, im Jahre 1946 aber als Colonel für die Einheit Gehlen verantwortlich; mit Professor Eric Waldman, der als junger Captain eng mit Gehlen zusammenarbeitete, als dessen Organisation mit ihrem explosionsartigen Wachstum begann; und schließlich mit sämtlichen CIA-Offizieren, die mit Gehlen befaßt waren, bis dessen Organisation 1956 der Bundesregierung unterstellt wurde, sowie mit ranghohen Verbindungsoffizieren während dieser Zeit und danach.

Angesichts der Haltung der CIA zu Informationen über Gehlen hatte ich befürchtet, daß sich deren frühere Beamte nicht gerade gern befragen lassen würden. Anfangs traf dies auch auf viele zu. Die ehemals ranghöchsten CIA-Angehörigen sind eng miteinander verbunden; sie halten ständigen Kontakt zueinander. Bei meinen ersten Besuchen bei zweien von ihnen wurde ich zwar höflich behandelt, aber in der Sache abgewiesen. Später, vielleicht unter dem Eindruck der Dokumente, die mir von der Armee überlassen worden waren, gelangten sie zu der Entscheidung, daß es das beste sei, wenn ich nicht nur mit ihnen, sondern auch mit jenen redete, die direkt mit Gehlen zusammengearbeitet hatten. Es erfolgten ein paar Telefonanrufe, und auf einmal war ich bei mehreren Schlüsselpersonen willkommen, die es zuvor abgelehnt hatten, mich zu empfangen. Die Türen hatten sich geöffnet, und ein Offizier vermittelte mich an den nächsten weiter. Unter den vielen, die mir halfen, waren James Critchfield, der erste CIA-Konterpart Reinhard Gehlens, der die Beziehungen der Organisation zu den Vereinigten Staaten entscheidend beeinflußt hatte, Thomas Lucid, sein Nachfolger, und Donald Huefner, der ausschlaggebende amerikanische Vertreter in einer besonders schwierigen Phase jener Beziehung.

Aus den Dokumenten wie auch aus meinen Gesprächen mit den ehemaligen Angehörigen des Armee-Geheimdienstes ging eindeutig hervor, daß die amerikanische Unterstützung für Gehlen immer stark umstritten gewesen war. Dasselbe galt auch für die CIA-Leute. Ich stieß auf scharfe Meinungsverschiedenheiten über die wichtigsten Aspekte dieser Beziehung – angefangen bei der Frage nach der Richtigkeit des ganzen Unterfangens bis hin zu der nach der Effektivität von Gehlens Organisation und ihres Nutzens für die Vereinigten Staaten. Ich war überrascht, wie sehr gerade etliche von denen, die am engsten mit Gehlen zusammengearbeitet hatten, von ihm und seiner Organisation überzeugt waren. Soweit ich es beurteilen kann, waren alle meine Gesprächspartner vollkommen offen und zuvorkommend. In einem einzigen Fall gaben mir zwei ehemalige CIA-Beamte einander stark widersprechende Berichte eines Vorfalls von einiger Bedeutung, doch glaube ich, daß der Grund dafür ein Gedächtnisausfall war: einer der beiden war schwer krank.

Ebenso wie diejenigen, die am engsten mit der Angelegenheit zu tun hatten, wird auch nicht jeder Leser mit den Antworten auf die in diesem Buch aufgeworfenen Fragen einverstanden sein. Doch weil es mir gelungen ist, völlig neues Material auszuwerten, korrigiert es auf jeden Fall ein verzerrtes Bild und liefert eine Basis, auf der man sich ein Urteil über die amerikanischen Beziehungen zu Gehlen bilden kann. Dieses Buch ist die bislang ungeschriebene Geschichte jener Beziehungen, ihres Anfangs, der Zwänge, die sie trieben, und vor allem – der Menschen, die sie formten.

Teil I
Die Geburt der
Organisation Gehlen

Flucht in die Berge

Hitlers Wolfsschanze lag 5 Kilometer von General Reinhard Gehlens Hauptquartier entfernt. Es war eine zwanzigminütige Fahrt durch eine idyllische Landschaft, die Gehlens Offiziere gleichwohl fürchteten. Weit davon entfernt, die Teilnahme an einer Führerbesprechung als Ehre zu betrachten, galt sie ihnen als peinliche, ärgerliche und häufig bedrohliche Angelegenheit. Und wenn die leitenden Offiziere der Generalstabsabteilung Fremde Heere Ost (FHO) den Schienenbus dorthin bestiegen, überspielten sie ihre Anspannung mit trockenem Humor. Sie nannten sich selbst die «Gruppe Bosemüller», nach einem fiktiven, in Kämpfe verstrickten Trupp von Soldaten, deren Leben sich in der Hand eines überlegenen, bösartigen und hinterhältigen Gegners befand. Angesichts des alles durchdringenden Verfolgungswahns, der in der Luft lag, und der Tatsache, daß jegliche Illoyalität gegenüber Hitler als Schwerverbrechen galt, waren selbst solche Scherze gefährlich. Aber sie milderten den seelischen Druck.

Gehlen verfiel auf eine andere Methode, mit den Führerbesprechungen zurechtzukommen: Er ging nur selten hin.

Statt dessen reichte er seine Berichte an General Guderian weiter, den Stabschef des Heeres, und ließ diesen mit den immer deprimierenderen Einschätzungen der militärischen Lage im Osten Hitler gegenübertreten. Es war eine kluge Entscheidung, Hitler aus dem Weg zu gehen, denn Gehlens Ansehen bei seinem Führer sank in dem Maße, wie sich die deutsche Lage an der Ostfront verschlechterte. Bereits zu Weihnachten 1944 hatte Gehlen mit seinem immer unberechenbarer werdenden Führer großen Ärger. Hitler, der von Gehlen und seinen Analysen genug hatte, beschimpfte ihn als Querkopf und Defätisten.

Bei der Lagebesprechung an diesem trostlosen Heiligabend

wischte Hitler den jüngsten Bericht Gehlens wütend beiseite und meinte zu Guderian, er sei wertlos. Als ihm zwei Wochen später, am 9. Januar 1945, die nächste, noch düsterere Lageeinschätzung vorgetragen wurde, die eine unmittelbar bevorstehende sowjetische Großoffensive voraussagte, explodierte Hitler. Er bezeichnete die Analyse als völlig schwachsinnig und befahl Guderian, Gehlen in eine Irrenanstalt zu stecken.

«Die Ausarbeitungen», erklärte Guderian, während er auf die Karten und Schaubilder von der FHO wies, «stammen von dem General Gehlen, einem meiner tüchtigsten Generalstabsoffiziere. Ich hätte sie Ihnen nicht vorgetragen, wenn ich sie mir nicht zu eigen gemacht hätte. Wenn Sie verlangen, daß der General Gehlen in ein Irrenhaus kommt, dann sperren Sie auch mich gleich dazu!»

Das Finale kam am 28. März 1945, um zwei Uhr nachmittags. Diesmal behauptete Hitler, als ihm Guderian Gehlens Bericht vorlegte, daß beide ihn wiederholt falsch über die Russen unterrichtet und ihre Stärke übertrieben hätten. Das war zuviel für Guderian, und es kam zu einem heftigen Krach. Hitler befahl sämtlichen Offizieren mit Ausnahme von Generalfeldmarschall Keitel, den Raum zu verlassen; als sie gegangen waren, hatte sich Hitler wieder einigermaßen in der Gewalt.

«General Guderian», sagte er ruhig, «Generaloberst Guderian! Ihre Gesundheit erfordert einen sofortigen Erholungsurlaub von 6 Wochen!» Guderian war seines Kommandos enthoben. Zwölf Tage danach war auch Gehlen an der Reihe. Am 9. April 1945 wurde ihm ohne Großen Zapfenstreich und ohne irgendeine Begründung durch amtliches Schreiben mitgeteilt, daß er auf Befehl des Führers entlassen sei.[1]

In den Tagen nach Gehlens Entlassung, in denen Deutschland zur Wüste wurde, begann sich das Netz um ihn zuzuziehen. Als Defätist und damit als Verräter gebrandmarkt, war seine Lage prekär. Gehlen jedoch war gewappnet. Sechs Monate lang hatte er sich in aller Ruhe systematisch und unter größter Geheimhaltung auf diesen

Augenblick vorbereitet – und auf das, was danach auf ihn zukommen würde. Optimistisch wie immer, daß sein Stab seine Befehle bis auf den letzten Buchstaben genau ausführen werde, warf er am 28. April 1945 seinen Rucksack in einen alten Wagen, setzte sich neben den Fahrer und verließ in aller Stille sein Hauptquartier in Bad Reichenhall. Der kleingewachsene und schlanke Gehlen mit seinem vollen, aus der Stirn gekämmten Haar und seiner sanften Stimme entsprach auf den ersten Blick nicht der Vorstellung von einem Angehörigen des deutschen Generalstabs. Doch sein selbstsicheres, bisweilen arrogantes Auftreten verlieh ihm Autorität. Er ließ sich keinerlei Unentschlossenheit anmerken, aber als der Fahrer, ein alter Kamerad, die kurvenreiche Straße nach Westen einschlug, war Gehlen sich bewußt, daß die Chancen für ihn und den Plan, den er so sorgfältig ausgearbeitet hatte, nicht gerade gut standen.

Die Straßen waren verstopft, und der Krieg war nur noch wenige Kilometer entfernt. Sie gerieten in eine deutsche Division, die sich auf dem Rückzug befand, während die Amerikaner auf den Bergpässen schon zügig vorstießen. Der Fahrer steuerte den Wagen durch die flüchtenden Soldaten und versuchte einen anderen Weg, weil er auf der Straße nicht mehr weiter kam. Auf der Flucht vor dem Heer, dem Gehlen gedient hatte, und vor den alliierten Truppen, die gegen dieses kämpften, gab es kein Zurück. Gehlen brauchte vor allem Zeit, wenn er sein Spiel gewinnen sollte. Die Amerikaner stießen jedoch rasch vor, und er selbst kam nur langsam voran; er und sein Fahrer würden zwangsläufig von den vorrückenden Truppen überrollt werden. Wenn er als einer der Hitler-Generäle von der ersten Welle der alliierten Infanterie gefangengenommen wurde, von Männern in der Hitze des Gefechts, war nicht vorherzusehen, was geschehen würde.

Die ganze endlose Nacht hindurch wurden sie immer wieder aufgehalten. Brücken waren gesprengt, zerstörte Fahrzeuge blockierten die Fahrbahn, die Straße war wegen der Kämpfe unpassierbar. All diesen Gefahren zum Trotz erreichten sie dennoch ihr Ziel –

den «Zipfelwirt», ein Gasthaus an der heutigen österreichischen Grenze.

Einige hundert Meter oberhalb der Stelle, wo sie anhielten, über der Baumgrenze, lag Gehlens Ziel: ein verstecktes Gebirgstal, das den Bilderbuchnamen Elendsalm trug. Als er seinen Rucksack aufsetzte und seinem Kameraden Lebewohl sagte, schien Gehlens Ziel zum Greifen nah, doch als er sich zu Fuß auf den Weg machte, war er plötzlich gefährdeter als je zuvor.

Überall in den Wäldern hielten sich nämlich versprengte SS-Einheiten auf, die inzwischen keine Rücksicht mehr auf militärische Ränge nahmen. Hitler hatte die Verlegung des Heereshauptquartiers nach Flensburg im Norden befohlen; kein General des Führers hatte im Süden mehr etwas zu suchen. Marodierende SS-Banden streiften durch die Berge, Fanatiker mit dem Blankobefehl, Deserteure zu erschießen – ein Urteil, das sie selbst fällen durften –, und sie führten diesen Auftrag bereitwillig aus. Gehlen, der zwar tapfer, aber nicht dumm war, erkundete das Terrain und entschied sich dafür, seinen Weg nach oben lieber durch den Tiefschnee und die Bäume zu nehmen, als das Risiko einzugehen, den besser begehbaren, aber exponierteren Wanderpfaden zu folgen.

Der Berg war steiler und felsiger, als er erwartet hatte, und Gehlen war schwach und müde. Die anderen Gefahren traten in den Hintergrund, während er gegen die Steigung und seine eigene Erschöpfung ankämpfte. Die Zeiten, in denen er kletterte, wurden kürzer, die Erholungspausen wurden länger und seine Gedanken immer düsterer. Vielleicht hatte sich sein Glück bereits erschöpft. Gewiß war ein Gutteil bei seinen Bemühungen verbraucht worden, Frau und Kinder in Sicherheit zu bringen – und den Schatz, mit dem er ihre Zukunft sichern wollte.

Im Januar 1945, als die Russen Tempo zulegten, war Gehlen über einen Befehl Stalins informiert worden, daß das deutsche Volk vernichtet, «die Bestie in ihrem Käfig zermalmt» werden sollte. Diese Nachricht kam zeitgleich mit erschreckenden Berichten über das

Wüten der sowjetischen Truppen. Die Bevölkerung im Frontbereich – alte Männer, Frauen und Kinder, denen befohlen war, bis zum Tod zu kämpfen – begann in Scharen vor den Russen zu flüchten. Und Gehlens Frau mit ihren vier Kindern, von denen der jüngste Sohn zwei Jahre alt war, lebte im schlesischen Liegnitz, direkt an der Marschroute der Russen.

Im Februar setzte Gehlen einen seiner besten Offiziere, den undurchschaubaren, aber tatkräftigen Major Hermann Baun in Marsch, seine Familie zu retten und eine sichere Zuflucht für sie zu finden – und nicht nur für sie, sondern zugleich für die Koffer voller Dokumente, die er, wertvoller als Juwelen, als Tauschmittel einsetzen wollte. Baun, der gefälschte Transportpapiere hatte, holte Gehlens Familie zu Hause ab und fuhr nach Naumburg in Thüringen. Ihre Reise führte sie über Dresden, die Heimatstadt Bauns, wo dessen Frau ein kleines Hotel betrieb und die Reisegesellschaft eine Pause einlegen wollte. Die Stadt war jedoch hoffnungslos überfüllt, so daß sie weiterfuhren und damit der gnadenlosen Bombardierung durch die Alliierten entgingen, die die Stadt verwüstete und Zehntausende das Leben kostete, Bauns Frau eingeschlossen.

Kurz darauf fiel Gehlen eine Kopie von «Eclipse» in die Hände, des alliierten Plans für die Aufteilung des niedergeworfenen Deutschen Reiches. Thüringen, das Land, wo Baun Gehlens Familie zurückgelassen hatte, sollte demnach Teil der sowjetischen Besatzungszone werden – und der entscheidende Angriff der Russen konnte jeden Tag beginnen. Die Nachrichtenverbindungen waren schlecht, und Gehlen war sich sicher, daß sein eigenes Tun überwacht wurde; doch seine Familie und seine Fahrkarte in die Zukunft mußten unbedingt gerettet werden. Auf der Stelle befahl er den beiden Fahrern, denen er am meisten vertraute – einer davon war Bauns Sohn –, zwei Lastwagen zu nehmen und seine Frau und die Kinder zu suchen. Sie sollten zugleich die sorgfältig versteckten Kisten mit den Dokumenten aus den Weinkellern bei Naumburg holen und diese nach Südbayern in Sicherheit bringen.

Tatsächlich gelang es den beiden Fahrern, die Familie zu finden und die Kisten ausfindig zu machen und aufzuladen. Die kleine Karawane gelangte sicher bis nach Leuna, wo sie in einen alliierten Luftangriff geriet. Doch ihr Glück hielt an; niemand wurde verletzt, und sie fuhren so schnell wie möglich weiter. Spät in der Nacht, in der Nähe von Hof, standen sie unvermittelt einer neuen Gefahr gegenüber, die so groß war wie jene, der sie gerade entgangen waren, nur daß es diesmal schlecht für sie aussah. Sie wurden von einer SS-Einheit angehalten und gezwungen, zu deren Unterkunft zu fahren, wo ihre Ausweise, ihr Marschbefehl und ihre Ladung überprüft werden sollten.

Dem jungen Baun und dem zweiten Fahrer war die Gefahr bewußt, in der sie schwebten. Hitler hatte es den Offizieren ausdrücklich verboten, ihre Familien in den Westen zu evakuieren, und die fanatischen SS-Leute setzten den Führerwillen erbarmungslos durch. Und dann war da noch die Sache mit den gefälschten Berechtigungsscheinen, die Herta Gehlen bei sich trug. Da echte Reisepapiere auf keinen Fall zu bekommen waren, hatte Gehlen seinen Technikern befohlen, einen Formularsatz nachzumachen und die Unterschrift des Gauleiters von Schlesien zu fälschen. Am verhängnisvollsten aber war die Ladung. Es war Befehl erteilt worden, sämtliches Material zu vernichten, das für den Feind von Nutzen sein konnte, und es ließ sich keines vorstellen, das von größerem Wert gewesen wäre als das in den beiden Lastern.

Während sie langsam über das SS-Gelände rollten, fiel den beiden Fahrern ein offenes Tor an der Rückseite des Lagers auf; in einem gewagten Manöver gaben sie plötzlich Gas, fuhren durch und flüchteten.

Eine Woche später war Gehlen für kurze Zeit wieder mit seiner Familie zusammen. Insoweit damals überhaupt ein Ort sicher war, hatten sie Zuflucht in einem Landhaus tief im bayrischen Wald in der Nähe der tschechischen Grenze gefunden. Es war ein melancholisches Wiedersehen; Gehlen wie seine Frau machten sich keine Illusionen darüber, daß ihre Welt im besten Fall am Ende war; im schlimmsten würden sie sich nie mehr wiedersehen. So zogen sie sich für diese kurze Zeit ganz ins Familienleben zurück.[2]

Doch jetzt, wo er sich erschöpft und einsam an den Berg duckte, auf der Flucht, sowohl vor den Siegern wie vor den beinahe Besiegten, erschien es Gehlen, als ob seine Glückssträhne zu Ende sei. Trotzdem blieb ihm keine andere Wahl, als sich weiter zur Elendsalm hinaufzukämpfen. Noch besaß er seinen Verstand und seine organisatorischen Fähigkeiten, um seinen Plan zu verfolgen und zu einem guten Ende zu bringen.

Es hatte im Oktober 1944 mit heimlichen Zusammenkünften enger Kollegen begonnen, mit stundenlangen intensiven Diskussionen, und diese geheimen Planungstreffen setzten sich den ganzen trüben Winter hindurch fort. Gehlen ging es um das Überleben, aber nicht als gejagte Kreatur, die mit gefälschten Papieren reiste, eine neue Identität annahm und sich irgendwo in Südamerika versteckte, so einfach sich das für ihn mit seinen Möglichkeiten hätte bewerkstelligen lassen. Sein Ziel war weit ehrgeiziger und phantasievoller.

Gehlen machte sich über den Verlauf des Krieges keine Illusionen; er hatte schon seit Monaten gewußt, daß das Spiel verloren war. Die einzige Frage war, was sich aus dem unausweichlichen Schiffbruch der bedingungslosen Kapitulation retten ließ und wie er sich damit über Wasser halten konnte, während Deutschland und seine Führer untergingen. Die Antwort lag in seiner Überzeugung, daß die Westmächte ihren jetzigen Verbündeten, die Sowjetunion, sehr bald als den eigentlichen Feind erkennen würden. Dann wären sie mit einemmal dringend angewiesen auf etwas, was nur das besiegte Deutschland – ja, eigentlich nur er und seine Mitverschwörer in der Abteilung Fremde Heere Ost – ihnen bieten konnten: Expertenwissen über das wahre Ausmaß der sowjetischen Gefahr für den Westen. Was er und seine Leute im Kopf und in den Akten hatten, darüber war sich Gehlen im klaren, war der vollständigste und aktuellste Kenntnisstand über das militärische Potential der Sowjetunion, über Nachschubstärke, Leistungsfähigkeit und die politische Führung. Dieses Wissen war ein unermeßlicher Wert, den er nutzen konnte und wollte.

Gehlen schwebte ein kühnes Spiel vor: Er und seine Offizierskollegen wollten sich in die bayrischen Alpen flüchten. Dort, weitab vom Vormarsch der Russen, wollten sie ihren Dokumentenschatz vergraben, sich verstecken und auf die vorrückenden Alliierten warten. Die Risiken dieses Plans waren gewaltig. Allein das Bekanntwerden ihrer Diskussionen hätte den Tod durch das eigene Oberkommando bedeutet. Andere Offiziere von minderem Rang waren einzig deswegen exekutiert worden, weil sie Zweifel am deutschen Sieg geäußert hatten; Gehlen, als General, ging von der Niederlage aus und plante zusammen mit anderen, wie man mit ihr fertig zu werden gedachte.

So gefährlich ihre Lage war – was vor ihnen lag, mußte noch schlimmer sein. Von dem Augenblick an, an dem sie ihren Plan umzusetzen begannen, befanden sie sich in einer Welt voller Feinde und waren vollkommen auf sich selbst gestellt: Flüchtlinge, die sich verstecken mußten vor den eigenen Leuten im Norden und Süden, vor den Amerikanern, Briten und Franzosen im Westen und vor den Russen im Osten. Gehlen stand zweifellos vor der schwierigsten Operation seiner gesamten Karriere, auf die er sich mit typischer Gründlichkeit vorbereitete. Die geheimen Planungen, die im Oktober 1944 anliefen, wurden von einer kleinen Gruppe von Männern betrieben, die einander uneingeschränkt vertrauten. Reinhard Gehlen, Gerhard Wessel – sein Nachfolger als Chef der FHO – und Gerhard Baun trafen sich in Bad Elster, wo sie im «Pakt von Bad Elster» übereinkamen, den westlichen Alliierten ihre gemeinschaftlichen Dienste anzubieten. Unter dem Deckmantel ihrer normalen Arbeit brachten sie hinfort hochgeheime Akten der Aufklärung Ost an sich und fertigten sieben Sätze Kopien davon an. Dann vergruben sie diese unter stetig steigendem Risiko an verschiedenen Plätzen in den Bergen.

Baun fiel dabei eine entscheidende Aufgabe zu. Als Kommandeur der Frontaufklärungsverbände, der sogenannten WALLI-Agenteneinheiten, die hinter den sowjetischen Linien arbeiteten, hatte er ein Netz von Geheimkontakten eingerichtet. Über diese speziellen Kanäle nahm er Kontakt mit den Briten auf, denen Gehlen seinen Plan darlegte. Gehlen schlug vor, ihnen im Tausch gegen Asyl – statt Gefangenschaft und all den Konsequenzen, die sich daraus ergeben mochten – den Kern seiner ganzen Geheimdienstorganisation zuzuführen: die führenden Offiziere, ihr Wissen und vor allem ihr unschätzbares Material über die Sowjets.

Das Angebot wurde nicht einmal zur Kenntnis genommen. Die Ablehnung durch die Briten, die Gehlen bewunderte, war nicht nur ein Schlag für sein Selbstwertgefühl; sie erhöhte auch beträchtlich die Gefahr, daß sein Plan fehlschlug. Sie ließ ihm nämlich keine andere Alternative, als auf die Amerikaner zuzugehen. Die Amerikaner jedoch waren Neuankömmlinge in der Weltpolitik und in Geheimdienstdingen unerfahren: in den Augen der Briten besonders tapsige Elefanten in jenem Bereich, den sie als ihren Porzellanladen betrachteten. Hinzu kam, daß Gehlen, anders als zu den Briten, keinen gesicherten Kanal zu den Amerikanern hatte und nicht wußte, was er von ihnen zu erwarten hatte. Trotzdem blieb ihm keine andere Wahl. Er würde sich, wenn er konnte, den Amerikanern stellen, und dann versuchen, seinen geplanten Handel zustande zu bringen.

Ein deutscher General

«Als junger Offizier weigerte ich mich beharrlich, Fremdsprachen über meine Schulkenntnisse hinaus zu lernen, um keinesfalls einmal auf dem Generalstabsgebiet der Feindlagebeurteilung oder etwa gar des Nachrichtendienstes zu werden.»[3] Für Gehlen, wie für die meisten Militärs in den Ländern des Westens, war der Nachrichtendienst auf dem Weg nach oben bestenfalls ein Umweg und schlimmstenfalls eine Sackgasse. Die Männer, die Kriege führten, die Strategen, die Feldkommandeure, waren keine Nachrichtendienstler;

diejenigen, die auf dem Schlachtfeld die Befehle gaben, machten sich die Erkenntnisse über den Feind lediglich genauso zunutze wie andere Waffen. Die Nachrichtenoffiziere leisteten wertvolle Dienste – mehr nicht. Für einen aufstrebenden jungen Offizier war das eindeutig die falsche Richtung.

Daß Gehlen überhaupt die Absicht hegte, in den Generalstab zu gelangen, sagt schon viel; es zeigt, daß seine kleine, drahtige Gestalt vor Ehrgeiz glühte. «Er war sehr still, beinahe introvertiert», sagte ein Klassenkamerad über ihn, «aber das hat viele von uns dazu verleitet, ihn zu unterschätzen. Er war sowohl ein erstklassiger Opportunist wie auch ein hervorragender Schüler. Während wir uns irgendwie durchmogelten und auf das Glück hofften, plante Gehlen stets voraus und ließ nie eine Gelegenheit aus, sich zu verbessern.» [4]

Wäre Gehlen am Ende des Zweiten Weltkrieges oder am Ende seines Lebens gebeten worden, seine größte Leistung zu benennen, hätte er mit Sicherheit geantwortet, daß er es bis zum Angehörigen des deutschen Generalstabs gebracht hatte. Dies machte ihn zum Angehörigen einer Elite ohne Parallele in den westlichen Gesellschaften, die dem deutschen Volk als Vorbild an militärischer Leistung und als Verkörperung höchster Ehrenhaftigkeit galt. Für Gehlen stellte der deutsche Generalstab die Quintessenz dessen dar, was es bedeutete, Deutscher zu sein. [5]

Macht und Einfluß des Generalstabs auf Deutschland – und damit auf Europa – stehen außer Frage. Nach den Worten des Historikers Walter Görlitz waren höchstes Niveau hinsichtlich individueller Fähigkeit und Verantwortung innerhalb der korporativen Führerschaft, strengste moralische und intellektuelle sowie auch Kastenstandards, hochgehalten im Rahmen selbstloser Hingabe an den Souverän und den Staat, die Traditionen und Prinzipien, die vom deutschen Generalstab das ganze 19. Jahrhundert hindurch entwickelt wurden. Daß sie weithin Bewunderung und Nachahmung erfuhren, ist unumstritten. [6]

Um die Jahrhundertwende hielt das deutsche Volk seinen Generalstab für unbesiegbar. Umstritten ist jedoch, besonders im Licht des Aufstiegs von Hitler, die Art seines Einflusses.[7] Zwar unternahm der Generalstab tatsächlich den Versuch, Hitler Widerstand zu leisten; er kulminierte im Bombenattentat auf das Führerhauptquartier am 20. Juli 1944. Die Verschwörung jedoch schlug fehl, und die Kapitulation der Generäle am 29. Juli 1944, im blutigen Nachspiel des Anschlags auf das Leben Hitlers, war total.[8] Der Chef des Generalstabs, General Guderian, ließ allen Generalstabsoffizieren ein Schreiben zustellen, demzufolge ein jeder ein nationalsozialistischer Führungsoffizier sein mußte, nicht nur in seiner mustergültigen Haltung zu politischen Fragen, sondern auch durch aktives Mitwirken bei der politischen Schulung der jüngeren Kameraden im Einklang mit den Überzeugungen des Führers. Ansonsten solle er «um Entlassung aus dem Generalstab nachsuchen». Kein einziger der Generäle tat dies.[9]

Wie auch immer das wahre Wesen des Generalstabs, sein Einfluß auf das Leben Deutschlands oder seine Demütigung am Ende des Zweiten Weltkriegs gewesen sein mochten – in Gehlens Jugend war er eine mächtige, hochverehrte und abgehobene Kaste, die überdies von Aristokraten geführt wurde. Hätte Deutschland im Ersten Weltkrieg keine Niederlage erlitten und hätte es deren Folgen nicht gegeben, wäre es unwahrscheinlich gewesen, daß Reinhard Gehlen, der aus dem Mittelstand stammte, jemals in seine Reihen aufgenommen worden wäre.[10]

In demokratischen Zeiten wird die Frage nach der sozialen Herkunft als schlechter Stil empfunden; im Deutschland zur Jugendzeit Gehlens (er wurde 1902 geboren) hätte niemand deren Existenz oder Bedeutung angezweifelt. Gehlen selbst sprach nie über sein Privatleben, und dieses Abschirmen seiner Intimsphäre führte – neben der beruflich bedingten Notwendigkeit – dazu, daß seine Herkunft in ein gewisses Zwielicht geriet.

Gehlen verbrachte die ersten sechs Jahre seines Lebens im thüringischen Erfurt. Seine Eltern hatten in der Löberstraße 63-64, in der Nähe des Bahnhofs, eine bescheidene Wohnung. Die Mutter, Katharina von Vaernewyk, war flämischer Herkunft, und der Vater,

Walter Gehlen, war Leutnant beim 19. Feldartillerieregiment. Als sich 1908 seine Gesundheit verschlechterte, quittierte er den Dienst und zog mit seiner Familie nach Breslau. Sein Bruder Max, Teilhaber des Leipziger Verlages Ferdinand Hirt, hatte ihm dort einen Posten als Leiter einer Niederlassung besorgt. Die Lebensumstände der Familie Gehlen verbesserten sich in der Folge dieses Umzugs erheblich. Die Familie wohnte jetzt am hochrespektablen Königsplatz, Haus Nr. 1, und bewegte sich in den konservativen Kreisen der mittelständischen Breslauer Geschäftsleute.

An der König-Wilhelm-Oberschule, in die er 1911 eintrat, zeigte Gehlen eine besondere Neigung zu Wissenschaft und Mathematik und hielt sich beständig bei den Klassenbesten. Von Natur scheu und ernsthaft, erwarb er sich bei seinen Klassenkameraden, von denen er sich eher abseits hielt, mehr Respekt als Zuneigung. Als der Krieg vorüber war und er die Schule abgeschlossen hatte, wollte er in die Reichswehr eintreten und Generalstabsoffizier werden, obwohl das Militär auf den ersten Blick nicht gerade als ermutigendes Umfeld für große Karrieren gelten konnte. Nach den Bestimmungen des Versailler Vertrags von 1919 waren sowohl ein Generalstab wie auch die Ausbildung von Generalstabsoffizieren verboten.

Doch die über das Versailler Diktat verbitterten Deutschen hatten sich auf ein massives und erfolgreiches Täuschungsmanöver verlegt und betrieben die Wiederaufrüstung und Wiedererlangung ihrer militärischen Stärke mit Hilfe der Sowjetunion. Die Verhandlungen, die zu einem Abkommen führten, das den Deutschen die Herstellung schwerer Waffen und Flugzeuge sowie den Bau besonderer Einrichtungen zur Offiziersausbildung in Rußland erlaubte, begannen schon 1919. Im April 1922 wurde der Rapallo-Pakt, der die Wiederaufnahme der diplomatischen Beziehungen sowie die Meistbegünstigungsklausel vorsah, vom Deutschen Reich und der Sowjetunion in aller Heimlichkeit unterzeichnet. Im Januar 1923 gab es mündliche Absprachen zwischen dem Reichswehrministerium und den Sowjets über eine mögliche militärische Zusammenarbeit. Die Alliierten ignorierten aus Nachlässigkeit und Gleichgültigkeit die Berichte über die gravierenden Verstöße der Deutschen gegen den Versailler Vertrag und sahen weg.[11]

Bald wurden auch in Deutschland ein Truppenamt – in etwa einer Selbstschutztruppe entsprechend – sowie ein Programm für Truppenführungskurse eingerichtet. Dabei handelte es sich in Wirklichkeit um Tarneinrichtungen für den heimlichen Wiederaufbau des Generalstabs und der Generalstabsakademie. Unter den Augen der Siegermächte ging die deutsche Militärmaschinerie zum Normalbetrieb über. Doch war es unter diesen Umständen notwendig, über die traditionellen Anwärtergruppen hinauszugehen, um qualifizierte Männer zu finden und gleichzeitig zu versuchen, die hohen Ansprüche aufrechtzuerhalten.

Nur wenige Tage nach seinem achtzehnten Geburtstag im Jahre 1920 tat Gehlen den ersten Schritt in Richtung auf sein hochgestecktes Ziel, indem er in die Reichswehr eintrat, und am 1. Januar 1921 wurde er dem 6. Leichten Artillerieregiment im schlesischen Schweidnitz zugeteilt. All dies geschah in einer Zeit gewaltiger Erschütterungen, die ihre Wirkung auf den jungen Gehlen nicht verfehlen konnten. Innerhalb weniger Jahre wurde er Zeuge der russischen Revolution, der Niederlage Deutschlands, des Zusammenbruchs der militärischen Zucht und Ordnung mit der Meuterei der Hochseeflotte, der November-Revolution und des vom Versailler Vertrag erzeugten Hasses. All dies konnte seine Entschlossenheit nur bestärken, ein starkes und geordnetes Deutschland wiederaufzubauen.[12]

Nach Beendigung der Offizierslehrgänge in München und Jüterbog kehrte Gehlen nach Schweidnitz zurück, doch in der damaligen Schattenarmee gab es wenige Gelegenheiten zur Beförderung. Erst 1926 begannen sich seine harte Arbeit und seine Planungen auszuzahlen; er wurde an die prestigeträchtige Kavallerieschule Hannover abkommandiert. Dies war nicht nur ein bedeutender Schritt voran in einer Karriere, die zuvor blockiert schien; Gehlen wurde dadurch auch aus dem drögen Alltag einer abgelegenen Garnison mitten in jenes lebendige und vergleichsweise kultivierte Milieu hineinversetzt, in dem ihm seine Fähigkeit zu harter Arbeit ebenso wie auch seine ausgezeichneten Reitkenntnisse Anerkennung verschafften. Es hatte acht Jahre gedauert, aber 1928 wurde Gehlen schließlich doch zum Oberleutnant befördert.

Mit dieser glücklichen Wende kam allerdings auch eine weniger erfreuliche Nachricht: Gehlen erhielt Befehl, zu seinem alten Regiment in Schlesien zurückzukehren, wo ihn selbst sein neuer Posten als Adjutant beim 1. Bataillon nicht für die schönere, forderndere Welt entschädigen konnte, die er in Hannover entdeckt hatte. Er hatte Besseres gesehen und genossen; aber dies beflügelte seinen Ehrgeiz nur noch mehr.

Reinhard Gehlen machte eine gute Partie, als Herta Charlotte Agnes Helena von Seydlitz-Kurzbach 1931 seine Frau wurde. Für einen ehrgeizigen jungen Soldaten kleinbürgerlicher Herkunft war es eine hohe Ehre, eine von Seydlitz zu gewinnen – selbst eine mit Bindestrich im Familiennamen.[13] Der zur Legende gewordene Held, mit dem er nun per Heirat verwandt war, wäre für jede Familie ein Schmuckstück gewesen.[14]

Durch die Zugehörigkeit zu einer alten und angesehenen preußischen Familie mit ausgeprägter militärischer Tradition war Gehlen seinem Ziel, einen Posten im Generalstab zu erringen, einen deutlichen Schritt näher gekommen. Als Hitler an die Macht kam, den Versailler Vertrag für null und nichtig erklärte und mit der massiven, offenen Wiederaufrüstung begann, wurden die Aussichten für Gehlen noch hoffnungsvoller. Im Juni 1935 legte er die Abschlußprüfung der Kriegsakademie mit gutem Ergebnis ab und wurde zum Oberst befördert. 1936 schließlich erwarb er das Recht, die heißbegehrten roten Streifen eines Generalstabsoffiziers zu tragen.

Bei Kriegsausbruch war Gehlen Erster Generalstabsoffizier einer Reservedivision der Heeresgruppe Süd, der 213. Infanteriedivision. Seine Einheit marschierte an der linken Flanke der Heeresgruppe in Polen ein, doch Polen war schon zusammengebrochen, bevor er und seine Leute überhaupt zum Einsatz kamen. Wiewohl um seine

Feuertaufe gekommen, galt Gehlen dennoch als Mann mit Kampferfahrung, für eine militärische Laufbahn von entscheidender Bedeutung. Was allerdings zugunsten Gehlens den Ausschlag gab, war, daß er die Aufmerksamkeit des Generalstabschefs Franz Halder auf sich gezogen hatte. Innerhalb von sechs Monaten machte er sich für Halder so unentbehrlich, daß dieser ihn im Juni 1940 zu seinem Ersten Adjutanten machte; nur vier Monate darauf ernannte ihn Halder zum Leiter der Gruppe Ost in der Operationsabteilung. Sein Abteilungschef dort war Adolf Heusinger, ein Mann, dessen Schicksal sich fünf Jahre später mit dem Gehlens in einer völlig anderen Welt verknüpfen sollte.

In der Abteilung Heusingers konzentrierte sich Gehlen auf die Probleme, denen sich Hitlers Heere gegenübersehen würden, sobald der unvermeidliche Marsch auf Rußland begann; dies war der Anfang seiner lebenslangen Beschäftigung mit der Sowjetunion. Hitler begann die Invasion im Juni 1941 und drang mit Leichtigkeit weit nach Osten vor. Doch gegen Jahresende geriet die scheinbar unaufhaltsame Maschinerie des deutschen Heeres angesichts der entscheidenden russischen Waffen – des Wetters und der schieren Größe der Sowjetunion – ins Stocken. Halder stellte verspätet «Mängel in der Feindaufklärung» hinsichtlich der Sowjetunion fest, und plötzlich rückte «Fremde Heere Ost», die Generalstabsabteilung zur Beurteilung der Feindlage an der Ostfront, in den Mittelpunkt des Interesses. Es war eindeutig, daß ihr derzeitiger Kommandeur, der gesellige Oberst Eberhard Kinzel, der seiner blonden, blauäugigen Geliebten mehr Aufmerksamkeit widmete als den Absichten der Sowjets, abgelöst werden mußte.

Aber von wem? Halder zog Heusinger zu Rate, der genau den richtigen Mann hatte: seinen Protegé Reinhard Gehlen, dessen Fähigkeiten und «militärischen Biß» Halder unlängst selbst hervorgehoben hatte.[15] Als dieser gleichwohl Gehlens mangelnde nachrichtendienstliche Erfahrung zu bedenken gab, verwies Heusinger auf das organisatorische Geschick seines Untergebenen, auf sein Planungstalent und seinen Sinn für harte Arbeit. Mit Gehlen habe man, argumentierte er, einen Mann, der der Aufgabe gewachsen sei, eine schlappe, undisziplinierte Einheit an die Kandare zu nehmen und zu nutzbringender Arbeit zu erziehen. Halder ließ sich überzeugen, und im April 1942 wurde Reinhard Gehlen auf jenen kurvenreichen Weg geschickt, der ihn eines Tages zu einer einzigartigen Gestalt in der Geschichte der Spionage machen sollte.

Als Gehlen, widerstrebend oder auch nicht, sein neues Kommando als Chef der FHO antrat, konnte er sich damit trösten, daß er mit demselben Arbeitsfeld zu tun hatte wie der geheimnisumwitterte, aber angesehene Chef der Abwehr, Admiral Wilhelm Canaris, den er hoch achtete. Canaris hatte – wie das Gros der militärischen Führung – für Hitler nichts übrig, und die Widerstandshaltung des Admirals war kein Geheimnis. Er war in größerem oder geringerem Umfang an etlichen Verschwörungen gegen Hitler beteiligt gewesen. Das eigentliche Wunder war, wie lange er trotz allem auf seinem Posten verblieb.[16]

Von allen Versuchen, Hitler zu entmachten, hatte die Verschwörung der Militärs im Jahre 1938, an der sich Canaris beteiligt hatte, die besten Erfolgsaussichten, denn sie war am besten vorbereitet. Angeführt wurde sie von den beiden aufeinanderfolgenden Generalstabschefs der Wehrmacht, den Generalen Beck und Halder; Ziel war, die Regierung zu stürzen und Hitler zu verhaften. Im Gegensatz zu Canaris wurde Gehlen jedoch allenfalls insoweit gegen Hitler aktiv, als er etlichen an der Verschwörung vom 20. Juli 1944 beteiligten Offizieren in der FHO Unterschlupf gewährte.

Reinhard Gehlen (FHO)
und Walter Schellenberg (SD)

Die gegenseitige Abneigung der Offiziere des Generalstabs und Hitlers Nazi-Partei war tief; doch das Offizierskorps zeigte sich den Nazis nicht gewachsen. Nach langem Widerstand der Militärs gelang der SS, dem Terrorinstrument der Partei, schließlich die Übernahme der Abwehr. Admiral Canaris wurde am 18. Februar 1944 seines Postens als Chef des Amtes Ausland/Abwehr im Oberkommando der Wehrmacht (OKW), enthoben. Im Juni 1944 war die Auflösung der Abwehr und ihre teilweise Einverleibung durch die SS abgeschlossen. Himmler hatte die Kontrolle über viele Teile der geheimdienstlichen Arbeit errungen, im Inneren wie im Äußeren, im militärischen wie im politischen Bereich. Die Zusammenfassung der Geheimdienste verringerte die Antipathie zwischen den Nazis und dem Generalstab jedoch in keiner Weise.

Als Chef des berühmt-berüchtigten Reichssicherheitshauptamtes (RSHA), dem sämtliche Staatssicherheitsstellen unterstanden, war SS-Obergruppenführer Ernst Kaltenbrunner einzig und allein Heinrich Himmler rechenschaftspflichtig.[17] Und Kaltenbrunner war hoch erfreut, als er erfuhr, daß Hitler Gehlen in einem Wutanfall über dessen pessimistische Lageeinschätzung der deutschen Position an der Ostfront entlassen hatte. «Dieses kleine Würstchen von einem von Gehlen [sic!] muß jetzt auch nach Westen», sagte er zufrieden, bevor er fortfuhr: «Wahrscheinlich hat er sich zu sehr auf Ihren armseligen Nachrichtendienst verlassen. Vergessen Sie nicht, daß ich nicht im Traum daran denke, mir eines Tages wegen Ihrer Berichte Vorwürfe des Führers anhören zu müssen.»[18] Diese Schmeicheleien waren an einen Untergebenen Kaltenbrunners gerichtet, den gefügigen und gerissenen SS-Brigadeführer Walter Schellenberg.[19]

Eines der Phänomene, auf die man bei näherer Betrachtung des NS-Staates stößt, besteht darin, daß einem, verglichen mit jemandem wie Himmler, andere verantwortliche Nazis relativ milde vorkommen. Dies trifft auch auf den «akademisch gebildeten intellektuellen Gangster» und fähigen politischen Manipulator Walter Schellenberg zu.[20] Schellenbergs – wenn auch begrenztes – Verständnis für das Arbeitsgebiet ließ ihn die überlegenen Fähigkeiten Gehlens erkennen; er selbst war ein eher trauriges Exemplar von Geheimdienstoffizier und bereitete seinen Untergebenen erhebliche Schwierigkeiten.

Reinhard Gehlens militärisches Ansehen im Krieg – und damit das der Abteilung FHO – beruhte auf seinen Fähigkeiten als Auswerter. Auswertung jedoch ist nur so verläßlich wie die Informationen, auf denen sie beruht. Ständig wurden neue Erkenntnisse über die Lage der Sowjets in die riesige Karte in Gehlens Büro eingetragen; viele wurden durch Verhöre russischer Kriegsgefangener gewonnen. Im großen und ganzen tat er besser daran, Informationen vom Feind einzuholen als von der eigenen Seite, weil die Professionalität der anderen Abteilungen des deutschen Geheimdienstes häufig gering und gelegentlich geradezu lachhaft war. Bei einer von dessen eher erheiternden und weniger distinguierten Unternehmungen spielte auch Walter Schellenberg eine führende Rolle.

Im April 1944 kamen zwei Offiziere mit dem Plan zu Schellenberg, Winston Churchill in Verhandlungen zu verwickeln, Großbritannien und die Vereinigten Staaten vom Kampf gegen Deutschland abzubringen und ihre gesamten Energien gegen den «gemeinsamen Feind Rußland» zu wenden. Dabei ignorierten sie großzügig den Umstand, daß die Sowjetunion der Verbündete von Engländern und Amerikanern und Präsident Roosevelt ein rückhaltloser Anhänger dieses Bündnisses war.

Die Mittelspersonen, mit deren Hilfe der Plan verwirklicht werden sollte, waren «eine Französin und Eigentümerin der bekannten Parfumfabrik, (...) eine gewisse Frau Chanel», die in Paris lebte, sowie «eine gewisse Frau [Vera Bates] Lombardi, eine frühere britische Bürgerin aus angesehener Familie, die mit einem Italiener verheiratet war», eine Frau, die damals in Italien interniert war. Seit 1941, erfuhr Schellenberg, habe die Chanel eine Affäre mit Hans Gunther («Spatz») von Dincklage, einem blendend aussehenden Deutschen, der sich zwischen den Weltkriegen den Ruf eines Playboys erworben hatte – und seit 1928 Agent des deutschen Geheimdienstes war. Die Offiziere überzeugten Schellenberg davon, daß die Chanel, die Frankreich und Deutschland für eine Schicksalsgemeinschaft hielt, Churchill hinreichend bekannt sein müsse und in England genügend Statur besitze, um als glaubwürdige Übermittlerin dieses delikaten Verhandlungsangebots an die britische Regierung zu dienen. Coco Chanel bestätigte, daß die Lombardi tatsächlich eine alte Freundin von ihr sei und beste Beziehungen zur High-Society Großbritanniens besitze: sie hatte die Chanel zwanzig Jahre zuvor mit dem Herzog von Westminster bekannt gemacht, mit dem die energische Französin später ein stürmisches Verhältnis hatte. Der springende Punkt des Plans bestand darin, daß die Chanel einen an Churchill adressierten Brief schreiben würde, der von der Lombardi persönlich dem britischen Botschafter in Spanien überbracht werden sollte; dieser wiederum würde ihn an den Premierminister weiterreichen. Die Lombardi könnte dann nach England fahren, Churchill ihre Aufwartung machen und sich persönlich für den Plan einsetzen.

Nachdem sie in Madrid eingetroffen war, ihr der Plan erläutert und die Briefe übergeben waren, willigte die Lombardi gern ein, die britische Botschaft aufzusuchen und beim Botschafter vorstellig zu werden. In dem festen Glauben, daß sich ihr Vorstoß auf dem rechten Gleis befand, warteten die Deutschen in aller Ruhe auf das Kommende. Doch Vera Bates war offensichtlich trotz ihrer Heirat mit Lombardi zuallererst Britin, ein Umstand, der den Italienern, die sie interniert hatten, anscheinend nicht entgangen war. Als treue Staatsbürgerin legte sie jedenfalls den ganzen aberwitzigen Plan sofort nach Betreten der Botschaft offen dar und nannte sämtliche Beteiligten, wobei sie Coco Chanel und von Dincklage als deutsche Agenten bezeichnete. Als Schellenberg erkannt hatte, was geschehen war, wurde, wie er lakonisch vermerkte, «der Kontakt mit Chanel und Lombardi sofort eingestellt». Solche hirnverbrannten Einfälle kamen nicht jeden Tag vor, aber es liegt auf der Hand, daß sich ungleiche Gegner gegenüberstanden und der deutsche Geheimdienst von seinen Gegnern sowohl im Westen wie im Osten systematisch an die Wand gespielt wurde.[21]

Angesichts des insgesamt kläglichen Zustands des deutschen Geheimdienstes während des Krieges stellt der Umstand, daß Gehlens FHO eine Unmenge verläßlichen Materials über die Sowjetunion anhäufen konnte, eine beträchtliche Leistung dar; dafür waren weithin Gehlens Berufsauffassung, sein klarer Kopf und seine nüchterne und unvoreingenommene Auswertung der Fakten verantwortlich. Unter dem nie nachlassenden Druck Hitlers, genaue Voraussagen über die Vorhaben der Sowjets zu bekommen (die er dann ärgerlich beiseite wischte), eignete sich Gehlen eine unter den Geheimdienstlern sämtlicher Nationen weitverbreitete Praxis an: Er tat sein bestes, den Anschein von Genauigkeit zu erzeugen, sich zugleich aber ein Schlupfloch offenzuhalten – ein Angriff «konnte möglicherweise» lokale Ausmaße übersteigen, ein Gegenangriff war «nicht auszuschließen», und so weiter und so fort.[22]

Indem er die Umrisse verwischte und ein Element der Elastizität in seine Lagebeurteilungen einbaute, gelang es Gehlen, seinen Ruf zu wahren, so etwas wie ein Genie auf seinem Gebiet zu sein; und Historiker, die sich mit der Geschichte der Geheimdienste beschäftigen, sind sich darüber einig, daß er tatsächlich eine außerordentliche Leistung vollbrachte. Anfang 1945, als Hitler nur noch seiner inneren Stimme lauschte, war das ein Ruf, den zu wahren sich lohnte.

Auf den ersten Blick gaben Schellenberg und Gehlen ein seltsames Paar ab: der eine gewandt, urban, formvollendet und erfahren in den vielen Nutzanwendungen von Charme; der andere zurückhaltend, distanziert, arrogant, mit einer Abneigung gegen leeres Geschwätz. Doch in der Praxis ergänzten sich ihre Persönlichkeiten, und ein gemeinsamer Sinn für die Realitäten, eine berechnende geistige Grundeinstellung und der Selbsterhaltungstrieb hielt die beiden zusammen.

Als Deckmantel für seine wahren Aktivitäten legte Gehlen im März 1945 einen Plan zur Schaffung einer Untergrundarmee vor, die den Besatzungstruppen nach der unvermeidlichen Niederlage

Widerstand leisten sollte. An einem Abend trafen sie sich für drei Stunden unter vier Augen, und Gehlen legte seinen Vorschlag auf den Tisch: Bildung einer Widerstandsbewegung nach dem Muster der bürgerlich-antikommunistischen polnischen «Heimatarmee», die von den Deutschen verfolgt, von den Russen liquidiert wurde. Himmler, schlug Gehlen vor, sollte ihr Kommando übernehmen, mit Schellenberg und ihm selbst als Adjutanten des Reichsführers.[23]

Dieser Plan war differenzierter als der des Propagandaministers Joseph Goebbels mit seinen Werwölfen – geheimen Banden von Patrioten, die die Feinde des Vaterlands aus dem Hinterhalt bekämpfen sollten. Der Werwolf-Plan war letztlich ein Versuch, ein erschöpftes Volk zum Weiterkämpfen zu bewegen, und in den letzten Monaten des Krieges setzte ihn ein bedauernswerter Haufen von Kindern und Krüppeln in eine schwächliche, zerlumpte Wirklichkeit um.[24] Gehlens Plan dagegen war seriös, mehr als eine bloße Idee, erklärte er Schellenberg; er habe dem Arbeitsstab der FHO bereits Befehl gegeben, einen Bericht dazu zu verfassen. Allerdings, fügte er hinzu, müsse er sich zwecks Komplettierung der Pläne vier Wochen absetzen, damit er in das Ausweichquartier des Generalstabs des Heeres gehen könne, dessen Deckname «Frankenstrub» lautete.[25]

Wie verabredet legte Schellenberg Gehlens Studie über die polnische Widerstandsbewegung und ihre mögliche Übernahme durch die Deutschen Himmler vor, dessen prompte Reaktion den Nagel auf den Kopf traf: «Das ist völliger Schwachsinn. Wenn ich diesen Plan mit General Wenck [vom Oberkommando des Heeres] diskutiere, bin ich [sic!] der erste Defätist des Dritten Reiches. Das würde dann dem Führer brühwarm serviert. Das brauchen Sie Ihrem Gehlen aber nicht zu sagen. Sie müssen ihm nur erklären, daß ich mich strikt weigere, den Plan zu akzeptieren. Und übrigens – es ist typisch für den hochklassigen Generalstabsoffizier, statt zu kämpfen in Frankenstrub zu hocken und Nachkriegspläne auszuhecken.»

Nun, als Gehlen – sechs Monate nach Beginn seiner geheimen Planungen – aus den Bäumen heraus auf die Alm trat, hatte er das erste seiner Ziele erreicht: Vor ihm lag die Zuflucht, die er sich ausgesucht hatte, solide, gemütlich und einladend, eine geräumige Holzhütte mit einem steilen Dach und einem gemauerten Kamin, aus dem Rauch aufstieg. Drinnen warteten neun Leute seines Stabes auf ihn – sechs Offiziere, zwei von ihnen verwundet, und drei Helferinnen. Die Legendenmacher wollen wissen, daß das erste, was Gehlen aus seinem Rucksack holte, ein kleines Täfelchen mit seinem Familienmotto war: Laet vaeren nyt! Gib niemals auf!

Das Bündnis mit den Sowjets

Gehlen hatte seinen Kurs abgesteckt. Er setzte darauf, daß die Amerikaner sein Wissen über die Sowjetunion wertschätzen würden. Damit nahm er an, daß die Vereinigten Staaten ihr Kriegsbündnis mit den Russen nur als vorübergehende Notwendigkeit, als Vernunftehe betrachteten. Die amerikanische Regierung allerdings, so stellte sich heraus, tat dies keineswegs. Präsident Franklin Delano Roosevelt hielt unvermindert am Bündnis mit den Sowjets fest. Winston Churchill bezeichnete das als «honeymoon madness», doch Roosevelts Überzeugung, Stalin für seine Ziele gewinnen zu können, machte ihn unwillig oder unfähig, die wahren sowjetischen Absichten zu erkennen.[1]

Ein Brief, den Roosevelt am 7. März 1942 an sämtliche am Krieg beteiligten amerikanischen Stellen sandte, zeigt auf, wie weit der Präsident der Vereinigten Staaten bei seinem Flirt mit Stalin zu gehen bereit war.

Er ordnete darin an, daß sämtlichem Material, das die Vereinigten Staaten der Sowjetunion zugesagt hatten, höchste Priorität zuzumessen sei, ohne auf die Folgen für die amerikanischen Kriegsanstrengungen Rücksicht zu nehmen. Das bedeutete de facto, daß der Sowjetunion Vorrang vor den Briten und allen anderen amerikanischen Verbündeten eingeräumt wurde, ja sogar vor den Bedürfnissen der eigenen Streitkräfte. General John Russell Deane, der damalige Chef der amerikanischen Militärmission in Moskau, sagte darüber später, daß diese Entscheidung «der Anfang einer Appeasement-Politik gegenüber Rußland war, von der wir uns nie mehr vollständig erholt haben»[2].

Für die Deutschen hingegen galt es als ausgemacht, daß eine große, anhaltende und letztlich entscheidende Konfrontation zwischen der Sowjetunion und dem Westen bevorstand. Für die Europäer verriet der Umstand, daß die Vereinigten Staaten – obgleich sie eine besonders häßliche und virulente Welle des Antikommunismus in der Phase der «Red Scare» von 1919 und 1920 erlebt hatten – die Absichten der Sowjets so gefährlich mißverstehen und unterschätzen konnten, einen erstaunlichen Mangel an politischem Scharfblick. Er bewies ihnen darüber hinaus, daß den Amerikanern, die sich, in sicherer Entfernung von Europa, willkürliche politische Schwenks – von der Kraftmeierei bis hin zur Détente – leisteten, schlicht das Vorstellungs- und Einfühlungsvermögen fehlte, um zu begreifen, was es hieß, Tag für Tag im Schatten der Sowjetunion zu leben. Reinhard Gehlen, dessen Plan es war, diese amerikanische Ignoranz zu seinen Gunsten zu nutzen, sprach für viele, wenn er seiner Überzeugung Ausdruck gab, daß die Amerikaner im Nachteil seien, weil sie vom Osten zu wenig wußten und verstanden, von seiner Mentalität wie von seinen positiven und negativen Seiten.[3]

Die Amerikaner waren derart mit der Aufrechterhaltung guter Beziehungen zu den Sowjets beschäftigt, daß sie es während des Krieges noch nicht einmal fertigbrachten, auch nur die grundlegendste Vorsorge zur Sicherung der wichtigsten Staatsgeheimnisse zu treffen. Nachdem Hitler in die Sowjetunion eingefallen war und Rußland nicht länger Gegner, sondern Verbündeter des Westens war, ordnete Roosevelt an, die Sendungen aus und nach Rußland nicht länger der Zensur zu unterwerfen – was einen empörten Angehörigen der Militärzensur auf die Stapel ungeöffneter russischer Post zeigen und sagen ließ: «Ich wünschte nur, daß irgend jemand hier den Mut hätte, im Hinterzimmer einen Wasserkessel aufzusetzen und dies alles aufzumachen.»[4] Angesichts dessen, was damals in der Administration sonst noch vor sich ging, ist zu bezweifeln, daß irgendwo auch nur ein einziger solcher Kessel dampfte.

«Wir waren überzeugt, daß sie [die Sowjets] tief in die Regierung vorgedrungen waren», sagte Robert Collier, einer der drei FBI-Agenten, die der Abteilung zur Ausspähung der Sowjets angehörten, «aber niemand hatte ein Auge darauf, was vor sich ging.» Collier, William King Harvey und Lish Whitsun stellten die gesamte amerikanische Gegenspionage gegen eine regelrechte Armee von sowjetischen Agenten dar, die in den USA operierte.[5]

Daß niemand aufpaßte, war ziemlich übel, denn es ging eine Menge vor sich, besonders in Oak Ridge, Tennessee, und Alamos, New Mexico, wo die Wissenschaftler und Ingenieure des «Manhattan Project» an der Atombombe arbeiteten. Peer de Silva, der später als CIA-Beamter eng mit Gehlen zusammenarbeitete, war Sicherheitsoffizier beim Manhattan Project. Sein Auftrag lautete, mit dem FBI bei der Überwachung sowjetischer Agenten zusammenzuarbeiten, tatsächlich aber beschränkte sich seine Rolle auf die eines bloßen Zuschauers. «Man hat mir gesagt, ich solle nichts unternehmen», sagte er später. «Ich sollte sie überwachen, aufpassen eben, aber nichts unternehmen.»[6]

Als Folge dieses erstaunlich lässigen Umgangs mit dem empfindlichsten Militärprojekt in der Geschichte der Vereinigten Staaten wurden die amerikanischen Staatsgeheimnisse systematisch und permanent geplündert. Major George Racey Jordan, Verbindungsoffizier zwischen der US-Armee und der sowjetischen Beschaffungskommission in Great Falls im Bundesstaat Montana, gab einem Kongreßkomitee einen Einblick in das Ausmaß dieser Ausforschung, als er über einen Vorfall berichtete, der sich in einer Nacht auf dem Flugplatz von Montana abspielte.

Great Falls war der erste Zwischenstopp auf dem Weg von den Vereinigten Staaten in die Sowjetunion. Wenn die Flugzeuge in Montana gestartet waren, landeten sie nochmals in Fairbanks in Alaska und flogen dann nach Sibirien weiter. Eine der Aufgaben des Majors bestand darin, die gesamte Ladung zu überprüfen, die nicht als Diplomatengepäck unter Immunität stand. Der Major war ein gewissenhafter Mann, der seine Arbeit so gründlich verrichtete, daß die Russen drohten, sie würden dafür sorgen, daß er seinen Posten verlöre. So war er reichlich überrascht, als ihn die vorher so feindseligen und notorisch geizigen Russen eines Tages zu einem Hähnchenessen in der Stadt einluden.

Bei diesem Essen floß reichlich Wodka, den ihm die unerwartet freundlichen Gastgeber regelrecht aufdrängten, eine Geste, die den genügsamen Major mißtrauisch machte und ihn veranlaßte, sich wegen eines Telefonanrufs zu entschuldigen. Er rief den Kontrollturm des Flughafens an und gab Anweisung, ihm sofort Bescheid zu geben, falls ein für die Sowjetunion bestimmtes Flugzeug ankommen sollte. Kurz darauf kam der Rückruf – und mit diesem nahm die Einladung ein abruptes Ende. Der Major eilte auf den Flugplatz, wo er auf zwei bewaffnete Russen traf, die ihn erfolglos daran zu hindern suchten, das Flugzeug zu betreten. An Bord fand er etliche billige schwarze Koffer, die verschnürt und mit Wachs versiegelt waren. Während die Russen brüllten, er verletze die diplomatische Immunität, rief der Major seinen Wachposten herbei, befahl dem Mann, sich mit der Waffe in Bereitschaft neben ihn zu stellen und eröffnete den Russen, daß die Koffer nicht von der Inspektion ausgenommen seien. Dann riß er die Verschnürung auf, erbrach die inoffiziellen Siegel und öffnete die Koffer.

Major Jordan fand Dokumente aus dem Atomtestgelände Oak Ridge, in denen sich Begriffe wie «Manhattan Engineering Department», «Uran 92», «Neutronen», «Protonen», «durch Kernspaltung erzeugte Energie» und «Zyklotron» fanden. Außerdem fanden sich Konstruktionszeichnungen, die an der Stelle, wo der «Geheim»-Stempel hätte sein müssen, Löcher aufwiesen, sowie Karten, auf denen die Produktionsanlagen eingezeichnet waren. Darüber hinaus, so sagte er vor den Kongreßmitgliedern aus, habe er eine Notiz aus dem Weißen Haus gefunden. Sie habe gelautet: «War furchtbar schwierig, das bei Groves loszueisen.» Unterschrift: «H.H.» (Dies war übrigens keineswegs der einzige Fall, in dem Harry Hopkins, der engste Berater Roosevelts, wegen seiner ungebrochen prosowjetischen Einstellung unter Verdacht geriet.) Weil Major Jordan jedoch auf keinem der Papiere den «Geheim»-Stempel finden konnte, hatte er kein Recht, das Flugzeug am Abflug zu hindern, und es flog mit seiner gesamten Ladung nach Rußland weiter.[7]

Die Verantwortung für das Klima, das diese nachlässige Haltung in Fragen der nationalen Sicherheit erzeugte, muß Roosevelt zugeschrieben werden. Seine realitätsblinde Haltung wog um so schwerer, als sich sein Gesundheitszustand seit März 1945 rapide verschlechterte. Angesichts der nachlassenden Führungskraft des gebrechlichen und leidenden amerikanischen Präsidenten sahen sich die Alliierten vor einer Krise. Was sie brauchten war eine eindeutige Aussage über die Haltung des Präsidenten in der Besatzungspolitik.

Das ganze Jahr 1944 hindurch hatte sich eine anglo-amerikanisch-russische Arbeitsgruppe, die European Advisory Commission, mit der entmutigenden Frage beschäftigt, einen für alle Seiten akzeptablen Plan für die Besetzung Deutschlands auszuarbeiten, doch im September lag noch immer kein offizieller Vorschlag der Vereinigten Staaten auf dem Tisch. Das amerikanische Außen-, Kriegs- und Wirtschaftsministerium verfolgten jeweils eigene Pläne, doch Roosevelt hatte, obschon immer wieder bedrängt, seine Ansichten zu dieser Frage noch nicht geäußert. «Ich liebe es nicht, detaillierte Pläne für ein Land zu machen, das wir noch gar nicht besetzt haben», beschwerte er sich verdrossen bei seinem Außenminister Cordell Hull am 20. Oktober 1944.[8] Doch als es fünf Monate später, im März 1945 – Deutschland war praktisch geschlagen –, immer noch keine Besatzungsrichtlinien, ja überhaupt keine politische Linie gab, war Roosevelts Entschlußlosigkeit zu einem ernsthaften Problem geworden.

Als Robert Murphy, der Freund des Präsidenten und sein persönlicher Vertreter im Alliierten Oberkommando, im März 1945 zu Konsultationen nach Washington zurückkehrte, war sein dringlichstes Anliegen ein Privatgespräch mit Roosevelt. Murphy war deshalb erleichtert, als ihn der Präsident zum Essen ins Weiße Haus einlud. Er brach in der Zuversicht auf, daß er endlich doch noch etwas Grundlegendes über die Haltung Roosevelts zu Deutschland nach dem Krieg zurückbringen werde. Es war ein Abend im vertraulichen Kreis; Roosevelt mixte die Martinis vor dem Essen selbst und war wie immer ein großzügiger und charmanter Gastgeber.

Doch die Befürchtungen Murphys begannen bereits beim Erscheinen des Präsidenten zu wachsen. Roosevelt sah schlecht aus. Trotz seiner humorvollen Bemerkungen über die vielen Pfunde, die er verloren habe, war Murphy vom Zustand des Präsidenten so entsetzt, daß er bei der Bemerkung Roosevelts, nun werde ja bald alles vorüber sein, nicht an das baldige Kriegsende dachte, sondern meinte, Roosevelt habe auf seinen baldigen Tod angespielt.

Als die beiden den Speisesaal verließen und sich zu einem vertraulichen Gespräch zurückzogen, wartete Murphy auf den Moment, da Roosevelt sich endlich den entscheidenden Fragen zuwenden und einen Kurs für die Besetzung Deutschlands festlegen würde. Doch Murphys Hoffnungen erfüllten sich nicht, und seine Sorge um seinen Präsidenten wie um die zukünftige amerikanische Politik gegenüber Deutschland erreichte ihren Höhepunkt. «Der Mann, der mir an jenem Abend gegenübersaß», sagte Murphy, «war nicht imstande, ernsthafte Fragen zu erörtern. Er redete eine Stunde lang, aber ohne roten Faden. (...) Roosevelt war an diesem Abend nicht in der Lage, über die großen Fragen von Krieg und Frieden, die ihn schon so lange beschäftigten, ein ausgewogenes Urteil zu fällen.» In diesem Gespräch ging Murphy auf, warum die Army während dieser Zeit Entscheidungen traf, die normalerweise der zivile Teil der Regierung gefällt hätte, beispielsweise zur Besetzung Berlins.[9]

Verschärft wurde das Problem der Führungsschwäche des Präsidenten noch dadurch, daß die Vereinigten Staaten in gefährlicher Weise an politischer Naivität litten, die sich in ihrer ablehnenden Haltung gegenüber jeder Art von nachrichtendienstlicher Arbeit niederschlug. Die Amerikaner mißtrauten den Sowjets nicht nur nicht, sondern sie wollten sie auch nicht ausspionieren, selbst wenn sie dazu imstande gewesen wären.[10]

Der erste US-Geheimdienst

Gehlen hatte seine Dienste dem britischen Geheimdienst angeboten, einer Organisation, vor der er Hochachtung hegte. Von dieser abgewiesen, wandte er sich an die Amerikaner, über deren Nachrichtendienste er weit weniger euphorisch urteilte. Anders als Generationen britischer Könige und demokratischer Regierungen, die die Entwicklung professioneller Geheimdienste förderten, hatte die amerikanische Administration diesen bis zum Ausbruch des Zweiten Weltkriegs nicht eben hohe Priorität eingeräumt.

«Ich glaube, man kann ungestraft behaupten, daß wir vor Pearl Harbor in diesem Land keinen Geheimdienst hatten, der mit dem von Großbritannien, Frankreich, Rußland, Deutschland oder Japan hätte mithalten können», erklärte General Hoyt S. Vandenberg, einer der ersten Direktoren des zentralen Nachrichtendienstes. «Wir besaßen keinen, weil das Volk der Vereinigten Staaten keinen geduldet hätte. Spionage, ja überhaupt das Sammeln von Nachrichten wurde prinzipiell als etwas Unamerikanisches empfunden. Man hatte das Gefühl, daß man, um einen Krieg zu gewinnen – wenn es überhaupt noch einen geben sollte – vor allem gut schießen können müsse.»[11]

Die Vereinigten Staaten hinkten auf dem Gebiet der geheimen Informationsbeschaffung im Ausland hinter Großbritannien, Frankreich, Deutschland, Japan und Rußland vor allem deswegen hinterher, weil sie ihnen vollkommen wesensfremd war. Bis 1940 war die Auslandsaufklärung in militärischer Hand. 1865 hatte das Schatzamt den Secret Service gegründet, der die Falschmünzerei bekämpfen und die Person des Präsidenten schützen sollte. Jahrzehnte später, 1908, wurde das Bureau of Investigation, der Vorläufer des FBI, gegründet, aber erst 1939 gab der Präsident dem FBI die Vollmacht, Spionage-, Sabotage- und Subversionsfällen innerhalb der USA nachzugehen. Im darauffolgenden Jahr, 1940, wurde dem FBI eine eng umschriebene Ermächtigung erteilt, auch im Ausland – in Südamerika – zu operieren. Sein Auftrag war jedoch auf die Bekämpfung der Spionage und Sabotage durch die Achsenmächte beschränkt; die eigene Nachrichtenbeschaffung war nicht erlaubt. Dennoch verfügten die USA, beinahe ihrer selbst zum Trotz, über etliche befähigte Nachrichtendienstler. Zu ihnen zählte der energische Herbert Osborne Yardley.

1889 in Worthington, Indiana, geboren, ging Yardley bei seinem Vater, einem Posthalter, in die Telegrafenlehre, während er gleichzeitig in *Monty's Place*, der örtlichen Kneipe, das Pokern erlernte. Unter der Anleitung von Salty East und Monty Mull wurde Yardley ein Meister dieses Spiels, das ihm – neben der Umsetzung von Buchstaben und Zahlen in andere Formen – zur lebenslangen Leidenschaft wurde. Seine Pokerkünste nutzte Yardley nicht nur zum Vergnügen, sondern auch zum Geldverdienen. Als Telegraf im Außenministerium stellte er seine Begabung für Geheimschrift und Verschlüsselung in den Dienst seines Landes und ergriff nach dem Ausbruch des Ersten Weltkriegs die Gelegenheit beim Schopfe, beim Kriegseintritt Amerikas eine Verschlüsselungsstelle, das MI-8, im Kriegsministerium einzurichten. Als der Krieg zu Ende war, wurde Yardleys Stelle, die als «Black Chamber» bekannt geworden war und hervorragend funktioniert hatte, der gemeinsamen Zuständigkeit des Außen- und Kriegsministeriums unterstellt, wobei das Außenministerium für den Löwenanteil seines Budgets aufzukommen hatte. Doch schon bald begannen sich das Interesse und die Finanzierungsbereitschaft für Yardleys Stelle zu verflüchtigen, und binnen kurzem war sie auf wenige Personen zusammengeschrumpft. In der Hoffnung, ihr 1928 nach der Wahl von Herbert Hoover zum Präsidenten neues Leben einhauchen zu können, entschloß sich Yardley, die Fähigkeiten seiner Abteilung zu demonstrieren, indem er eine Reihe wichtiger Überseekabel, die er abgefangen und entziffert hatte, an den neuen Außenminister Henry L. Stimpson schickte.

Dies jedoch stellte sich als Fehler heraus: Stimpsons Antwort war niederschmetternd. Er zeigte sich zutiefst schockiert und erklärte, der Umstand, daß es in der Regierung eine Organisation gebe, die

die Kabel anderer Regierungen lese, verletze das Prinzip des Vertrauens, das sowohl für seine persönliche Lebensführung wie für die Staatsgeschäfte gelte. Er schaffte sich die Entschlüsselungsstelle mit der simplen Anordnung vom Halse, ihr sämtliche finanziellen Zuweisungen des Außenministeriums zu entziehen und jeden weiteren Kontakt zwischen MI-8 und seinem Ministerium zu untersagen. Bei dieser Gelegenheit tat er den berühmten Ausspruch, daß «anständige Menschen nicht die Post anderer anständiger Menschen lesen»[12].

Yardleys kleine, brillante Kryptographeneinheit, die beim Knacken von Geheimcodes gewaltige Triumphe gefeiert hatte, war jenem puritanischen Dünkel zum Opfer gefallen, der bei führenden Amerikanern immer wieder hochzukommen pflegt. Diese noble Abscheu vor etwas, das als prinzipienloses Schnüfflertum betrachtet wurde, verschaffte anderen Staaten – einschließlich der Sowjetunion – einen bedeutenden Vorsprung. Während sich die Vereinigten Staaten pedantisch genau nur um die eigenen Angelegenheiten kümmerten, karrten die Russen bergeweise geheimste Informationen über sämtliche Aspekte des amerikanischen Lebens nach Hause.

Ihre Arbeit wurde von den amerikanischen Kommunisten und deren Unterstützern sehr erleichtert. Whittaker Chambers hat einmal gesagt, daß zwischen 1936 und 1938 etwa 75 Regierungsbeamte für die Sowjets spionierten; eine überführte Sowjetagentin – Elizabeth Bentley – behauptete sogar, daß Nathan George Silvermaster, ein Angestellter im Landwirtschaftsministerium, nicht nur eine kommunistische Zelle leitete, die eine «sagenhafte Menge vertraulicher Informationen» für die Sowjets sammelte, sondern über so hochgestellte Quellen im OSS verfügte, daß er das Datum der amerikanischen Invasion in Europa vier Tage vor dem D-Day (dem Tag der Landung in der Normandie) kannte. Selbst das Militär schätzte Spionage (die Ausspähung der Geheimnisse anderer) oder Gegenspionage (Schutz der eigenen Geheimnisse vor Ausspähung) derart gering, daß ein Flaggoffizier der Marine auf die Frage «Wie sieht es bei Ihnen mit der nachrichtendienstlichen Arbeit aus, Sir?» die Antwort gab: «Wir brauchen keinen Geheimdienst. Auf unserem Schiff gibt es keine Kommunisten.»[13]

Erst am 18. Juni 1941 erließ Roosevelt eine Anordnung, die die geheimdienstliche Arbeit in den Mittelpunkt der amerikanischen Politik rückte. Er richtete das Office of the Coordinator of Intelligence (COI) ein, eine Regierungsbehörde, die ermächtigt wurde, «sämtliche Informationen und Daten zu sammeln und auszuwerten, die für die nationale Sicherheit von Bedeutung sein könnten», um «die Informationen und Daten dem Präsidenten und nach seinem Ermessen weiteren Stellen und Beamten der Regierung zugänglich zu machen». Darüber hinaus war das COI ermächtigt, «zusätzliche Aktivitäten zu betreiben, welche die Sicherung für die nationale Sicherheit bedeutsamer Informationen betreffen, die der Regierung zur Zeit nicht zugänglich sind», was bedeutete, daß sich die Amerikaner nun nicht mehr nur in der Spionage betätigten, sondern auch auf dem Gebiet der verdeckten Operationen aktiv wurden.

Direktor dieser neuen Behörde wurde Colonel William J. («Wild Bill») Donovan; er machte sich sofort daran, eine außergewöhnliche Truppe zu rekrutieren, um den Präsidentenauftrag in die Tat umzusetzen. Schriftsteller, Banker, Filmproduzenten, Journalisten, Diplomaten, Wissenschaftler – Donovans Truppe wurde beschrieben als «die brillanteste, aber auch buntscheckigste Schar von Pfauen, die sich jemals in einer Washingtoner Behörde zusammengefunden hat»[14].

Donovan wurde am Neujahrstag 1883 in Buffalo im Staate New York geboren. In ihm vereinigten sich Ehrgeiz mit Selbstvertrauen und Charme zu einer außergewöhnlichen Persönlichkeit. Sein ganzes Leben lang löste Donovan entweder starke Loyalität oder heftige Gegnerschaft aus, nie aber Indifferenz. Nachdem er sich durch die Juristische Fakultät der Columbia University hindurch geackert hatte, durchbrach der katholische Donovan aus irischer Familie die anglo-protestantischen Sozialbarrieren von Buffalo, indem er dort eine erfolgreiche Praxis aufbaute und Ruth Rumsey zur Frau nahm, Tochter einer der angesehensten protestantischen Familien der Stadt. Donovan, ein Mann der Tat und ein geborener Führer, zog ins Feld, um die mexikanischen Freischärler des Pancho Villa niederzuwerfen, und setzte dann als Held des Ersten Weltkriegs ein unauslöschbares Zeichen.

In diesem Krieg erwarb sich Donovan die Congressial Medal of Honor, das Distinguished Service Cross, die Distinguished Service Medal, das Croix de Guerre der französischen Ehrenlegion mit Palme und Silberstern, die italienischen Croci di Guerra und das Purple Heart mit doppeltem Eichenlaub. Für ihn jedoch war es die größte Ehre, daß er der Kommandeur jenes berühmten 1. Bataillon des 69. Infanterieregiments, der sogenannten Fighting Irish, war, dessen Heldentaten mit 3501 Gefallenen bezahlt wurden und ihm einen dauerhaften Ehrenplatz in der amerikanischen Militärgeschichte sicherten. Donovans außerordentlicher persönlicher Mut inspirierte seine Männer und trug ihm den grenzenlosen Respekt seiner Generation ein; nach seinem Tod sollte General Dwight D. Eisenhower über ihn sagen: Bill Donovan war der letzte Held.[15]

Durch die Ernennung zu seinem «Intelligence Coordinator» brachte Roosevelt Donovan in eine exponierte und damit verletzliche Position. Wenn Wissen Macht ist, dann ist Geheimwissen Macht von besonders hoher Potenz, und in Washington, das nur das Spiel um die Macht kennt, war der Einsatz hoch. Es war eine Herausforderung, die Donovan genoß, und er ging sie mit Mut und Großzügigkeit an. Bis 1944 war der Vorläufer des COI, das Office of Strategic Studies (OSS), so weit angewachsen, daß es auf der ganzen Welt etwa 15 000 Männer und Frauen beschäftigte. Unter der bemerkenswerten Schar, die er für seine neue und, wie manche meinen, eher zusammengewürfelte Organisation rekrutierte, befanden sich etliche Persönlichkeiten, die im späteren amerikanischen Leben eine bedeutende Rolle spielen sollten: Männer wie die CIA-Direktoren Allen Dulles und Richard Helms, der Botschafter David Bruce, der Historiker Arthur Schlesinger und der Richter am Obersten Bundesgericht Arthur Goldberg.

Donovan leistete wie Yardley einen unschätzbaren Beitrag zum Aufbau des amerikanischen Geheimdienstes und wurde – wie dieser – in Ungnaden entlassen. Denn unmittelbar nach dem Zweiten Weltkrieg wollten die meisten Amerikaner vor allem eines – daß ihre Jungs nach Hause kamen. Sie wollten sich aus den internationalen Verwicklungen lösen, die in zwei Generationen so viele Menschenleben gekostet hatten. Sie wollten die Welt nach dem Schwarzweiß-Schema geordnet sehen – das Böse hatte verloren, das Gute hatte gewonnen; damit war es genug. Sie wollten sich nicht mit den Absichten der Sowjets oder von sonst jemandem befassen. Darüber hinaus hatte der neue amerikanische Präsident, Harry Truman, eine unüberwindliche Abneigung gegenüber jener Organisation, die am besten dafür gerüstet war, solche Informationen zu liefern – Roosevelts OSS –, und gegen ihren Gründer Donovan. Diese Antipathie saß derart tief, daß sich Truman im Oktober 1945, als die Alarmglocken läuteten und Gefahr aus dem Osten ankündigten, zu einem außergewöhnlichen Schritt veranlaßt sah: Truman löste den OSS auf, der trotz seiner Mängel die einzige breiter angelegte nichtmilitärische Auslandsaufklärungsorganisation war, die das Land jemals besessen hatte.

Verheerender als jeder andere Vorwurf, der gegen Donovans Behörde erhoben wurde – er warf sogar einen Schatten auf die Frühzeit ihres Nachfolgers, der CIA –, war der, daß der OSS politisch linkslastig gewesen sei. Als diese Beschuldigung in einer 1972 veröffentlichten Geschichte des OSS – 27 Jahre nach dessen Ende – einmal mehr wiederholt wurde, trieb sie die altgedienten OSS-Leute nochmals auf die Barrikaden. In der hausinternen Zeitschrift *Studies in Intelligence* erschien die hitzige Widerrede eines OSS-Veteranen, der seine Leser daran erinnerte, daß «es im OSS alle möglichen Arten von Leuten gegeben hat, von Serge Obolensky (der seine zaristischen Rangabzeichen trug) am einen Ende des politischen Spektrums bis hin zu einigen Marxisten und Kommunisten am anderen (...). Gerade weil viele OSS-Leute vor Ort den linken Ideen mit Sympathie gegenüberstanden und weil weitaus mehr mit rechtslastigen Ideologien, die wir ja in diesem allumfassenden Krieg ausmerzen wollten, nichts am Hut hatten, gab es kaum Grund, diese individuellen (und unter den Umständen völlig normalen) Einstellungen zu einer formellen OSS-Linie zu bündeln. Diejenigen, die General Donovan am besten kannten, wußten, daß er seiner Organisation ein übergeordnetes Ziel vorgegeben hatte, und dieses bestand darin, dem Gegner in jeder nur denkbaren Hinsicht den größtmöglichen Schaden zuzufügen, an so vielen Orten wie möglich und so schnell wie nur möglich. Sie wissen zudem, daß er, was die Beachtung der generellen Richtlinien der nationalen Politik betrifft, insoweit sie eindeutig definiert waren, ein Pedant war, etwa – um nur ein auf der Hand liegendes Beispiel zu nennen – die Erhaltung der Allianz (...). Es scheint unnötig, darauf hinzuweisen, daß das tiefsitzende Mißtrauen gegenüber dem Sowjetkommunismus durch die Tatsache aufgeweicht wurde, daß die Sowjetunion ein Verbündeter war, der den Großteil der nazistischen Kriegsmaschinerie band, und daß die faschistischen Achsenmächte die Kriegsgegner waren.»[16]

Einen weiteren Grund, dem OSS das Etikett der Linkslastigkeit anzuheften, bildete der Umstand, daß dieser sich die antinazistische Haltung der europäischen Arbeiter zunutze machte. Da Hitler gegen die Gewerkschaften vorging, sah der OSS darin eine Chance. Andere jedoch hatten nur Sozialisten vor Augen – eine Spezies, die sie für beinahe ebenso bedrohlich wie die Nazis hielten. Sie zeigten ängstlich mit dem Finger auf Gestalten wie George Bowden, den Organisator der radikalen Industrial Workers of the World und Führer der linksgerichteten National Lawyers Guild, der in Washington eine OSS-Gewerkschaft aufbaute. Die Anwesenheit dieses fragwürdigen politischen Elements, kombiniert mit der routinierten sozialistischen Rhetorik mancher dort ansässiger Intellektueller, verführte einige wenige innerhalb und recht viele außerhalb des OSS dazu, diese buntscheckige Organisation in einheitlichem Rosarot zu sehen.[17]

Während über Donovans Schicksal in aller Stille im Weißen Haus entschieden wurde, begannen in Nürnberg mit großem publizistischem Feuerwerk die Kriegsverbrecherprozesse. Zur gleichen Zeit jedoch verhörten amerikanische Geheimdienstler in aller Stille andere ranghohe Deutsche mit der Absicht, sie in dem schwierigen Kampf für den von der Sowjetunion bedrohten Frieden einzusetzen. Ein Widerspruch, der einen Beobachter zu der Bemerkung veranlaßte: «Die einen öffentlich in Nürnberg aufzuhängen, während wir die anderen in Frankfurt unter Vertrag nahmen, roch und riecht auch heute noch nach Heuchelei. Aber es war eben eine komplizierte Zeit.» Kompliziert – und gefährlich.

Ein Amerikaner in Moskau

Kurz bevor sich Reinhard Gehlen auf der Elendsalm niederließ, hatte William Donovan seinem Führungsstab ein Papier vorgelegt, in dem er seine Worte überaus sorgfältig wählte: «Die Kampfphase des Krieges in Europa ist vorüber», schrieb er. Nun müsse man an der Gewinnung des Friedens arbeiten. Dies sei ein Kampf, fügte er hinzu, «der sich als schwieriger erweisen mag, als den Krieg zu gewinnen»[18].

Die Anstrengungen der Amerikaner, den Frieden zu gewinnen, krankten anfangs daran, daß man nicht genau wußte, wer eigentlich der Feind war. Zuerst von dem Phantom Nazismus bedroht, kamen sie nur langsam, einen qualvollen und gelegentlich auch falschen Schritt nach dem andern zurücklegend, zu der Erkenntnis, daß es – wie manche schon seit Jahren behaupteten – die Sowjets waren, vor denen sie auf der Hut sein mußten. General John Russell Deane, Chef der amerikanischen Militärmission in Moskau während des Krieges, war einer der wenigen, die aus erster Hand Erfahrung im Umgang mit den Sowjets gesammelt hatten.

Von Natur aus einnehmend, energisch und optimistisch, traf General Deane 1943 «tatendurstig, hoffnungsvoll, zuversichtlich und glücklich» in Moskau ein. Zwei Jahre darauf verließ er die Stadt «mit einer tiefen Zuneigung zum russischen Volk, doch mit schweren Bedenken hinsichtlich der Möglichkeit einer zukünftigen amerikanischen Zusammenarbeit mit seinen Führern»[19]. Deanes lange Reise in die Desillusionierung folgte einer Spur aus russischer Geheimnistuerei, Argwohn und gebrochenen Versprechen. Der Versuch, mit den Russen klarzukommen, konnte einen – und dies blieb auf Dauer so – zur Weißglut treiben. Vielleicht war er 1943 in Wirklichkeit sogar noch entmutigender, weil die Amerikaner als Freunde kamen und überrascht darüber waren, wie sie empfangen wurden. In ihrer Unbedarftheit waren die Amerikaner mit einem genau umrissenen kurzfristigen Ziel – dem Sieg über Deutschland und Japan – und verhältnismäßig lauteren Motiven nach Moskau gekommen. Sie und die Russen standen schließlich auf der gleichen Seite. Die Amerikaner entdeckten bald, daß die Russen nicht nur nicht nach den gleichen Regeln spielten, sondern wohl auch häufig nicht dasselbe Spiel.

Deanes Aufgabe bestand darin, den russischen Nachschubbedarf zu koordinieren, herauszufinden, was am nötigsten gebraucht wurde, und dieses dann zu beschaffen. Er kam bald dahinter, daß die Forderungen Stalins kein Ende nahmen, obwohl die Materiallieferungen aus den Vereinigten Staaten gargantueske Ausmaße annahmen. Doch statt mit Dankbarkeit wurde die Ankunft amerikanischen Nachschubs mit griesgrämiger Abschätzigkeit, Zweifeln am Willen der Amerikaner, den Russen zu helfen, und schroffen Forderungen nach noch mehr Lieferungen quittiert. «Wir schicken den Sowjets weitere 1000 Flugzeuge», schrieb Deane an General George C. Marshall, den damaligen Heeresstabschef, «und sie stellen uns ein Visum aus, das schon fünf Monate auf sich warten ließ. Dann kratzen wir uns am Kopf und fragen uns, was wir ihnen noch schenken können, und sie kratzen sich am Kopf und überlegen, was sie noch verlangen können.»

Die amerikanische Großzügigkeit endete nicht etwa beim Kriegsgerät, sondern erstreckte sich auch auf die Offenlegung geheimdienstlicher Informationen, sowohl im strategischen wie im technischen Bereich. Franklin Roosevelt, der Stalin um alles in der Welt bei Laune halten und die «freundschaftlichen Beziehungen» pflegen wollte, diskutierte mit Donovan sogar die Idee, eine Außenstelle des OSS in Moskau einzurichten. Beide kamen überein, daß dies geschehen sollte. Also reiste der OSS-Chef im November 1943 nach Moskau, wo er seine erste Begegnung mit dem NKWD (dem Vorläufer des KGB) auf dessen eigenem Territorium hatte, in seinem gefürchteten Hauptquartier, der Lubjanka. Donovan wurde von General Deane und Charles «Chip» Bohlen begleitet, der als Dolmetscher fungierte. Als sie eintraten, sahen sie sich plötzlich von bewaffneten Wachen umgeben.

Ihr Unbehagen wuchs, als sie durch die stillen Gänge zu ihrem Gespräch mit zwei der höchsten NKWD-Leute geführt wurden: Generalleutnant P. M. Fitin, Chef des Auslandsgeheimdienstes, und Generalmajor A. P. Ossipow, dem Leiter der subversiven Arbeit in den Feindländern. Als die Wachen haltmachten und sie durch die Tür in ein geräumiges Büro wiesen, wurden sie von den beiden Generälen begrüßt, doch trotz ihres herzlichen Tons war die Atmosphäre überaus angespannt. Obwohl er in Zivil war, wohingegen sein Kollege Fitin Uniform trug, war Ossipow die imponierendere Gestalt. «Er war eher klein, hatte braune Augen, braunes, lockiges Haar und eine blasse Gesichtsfarbe», erinnerte sich Deane. «Er sprach ein perfektes Englisch ohne jede Spur von Akzent. Er war umgänglich und zuvorkommend (...), und man hätte ihn glatt für den freundlichen Begleiter von Boris Karloff halten können. (...) Ich jedenfalls war ziemlich froh, daß Bill und Chip bei mir waren, als ich ihn gesehen hatte.»

Die Sitzordnung dieses Treffens verstärkte die eisige Atmosphäre und das Gefühl drohender Gefahr: Statt einer gemütlichen Sitzecke mit Couch und komfortablen Armsesseln rund um einen niedrigen Tisch, in der Menschen mit gemeinsamen Interessen wenigstens so tun konnten, als träfen sie sich von gleich zu gleich, saß man sich in diesem Raum an einem langen Tisch gegenüber. Ein Stuhl war so placiert, daß dem darauf Sitzenden eine helle Lampe direkt ins Gesicht schien – eine Einrichtung, die offensichtlich jenen Unglücklichen zugedacht war, die dort für ihre Taten Rechenschaft ablegen mußten.

Nachdem die einleitenden Floskeln absolviert waren, sah Donovan in die Runde, entdeckte den Stuhl, durchquerte zielstrebig den ungastlichen Raum und setzte sich. Dann blinzelte er in das blendende Licht, sah die beiden Russen an und erklärte feierlich, er sei nun zum verschärften Verhör bereit. Es wäre interessant zu wissen, wie Bohlen diesen Seitenhieb wohl übersetzt hat, doch schien er bei den Amerikanern anzukommen, die Russen hingegen zu verstimmen.

Der bedrohliche Ossipow und sein vergleichsweise freundlicher Flügelmann Fitin kamen mit ihren amerikanischen Besuchern umstandslos zur Sache. Donovan eröffnete die Verhandlungen mit der Erklärung, seine Behörde sei bereit, mit dem NKWD zusammenzuarbeiten und sie über die Tätigkeit des OSS ins Bild zu setzen. Donovan erläuterte ihnen sodann detailliert den Aufbau des OSS, umriß das Wesen der Aktivitäten, denen er nachging, und zählte die Länder auf, in denen er tätig war. Die Aufmerksamkeit der Russen war ihm sicher; sie erkundigten sich sofort nach Einzelheiten – wie der OSS Agenten hinter die feindlichen Linien bringe, welche Ausbildung die Agenten erhielten, wo und wie sie ausgestattet waren usw. Donovan gab auf alle ihre Fragen Antwort. Er erklärte sogar freiwillig die Details der vom OSS entwickelten Ausrüstung wie Plastiksprengstoff und tragbares Funkgerät. Dann machte er sich daran, den Handel zuwege zu bringen, den abzuschließen er gekommen war: Er schlug vor, die beiden Geheimdienste sollten Verbindungsoffiziere austauschen. Die Amerikaner würden einen Offizier und einen kleinen Stab nach Moskau entsenden und eine entsprechende russische Delegation in Washington willkommen heißen.

Ossipow und Fitin, die an diesem Punkt wohl ihren Ohren nicht trauen mochten, ärgerten Donovan im Gegenzug mit der Unterstellung, er sei womöglich gar nicht mit diesem Vorschlag zur Zusammenarbeit in die Sowjetunion gekommen, sondern verfolge irgendwelche eigenen Ziele. Donovan wies den Verdacht entrüstet zurück, denn es war erklärte Politik der Vereinigten Staaten, von General Marshall schriftlich fixiert, daß die amerikanischen Stellen aus Angst, die Russen zu verärgern, keine «Informationen über die Ausrüstung der Sowjets, ihre Waffen oder taktischen Methoden» ausforschen durften. Nachdem dieser Wolkenbruch niedergegangen war, gelangten die Russen und die Amerikaner zu einer Einigung; sobald die Einzelheiten ausgehandelt waren, sollte eine kleine Gruppe unter Colonel John H. F. Haskell nach Moskau reisen; Colonel A. G. Graver sollte ein entsprechendes russisches Team nach Washington führen.

Deane berichtet, daß er und Donovan über die Schnelligkeit gestaunt hätten, mit der die Vereinbarung über den Austausch von OSS- und NKWD-Offizieren zustande gekommen sei. Es habe in der Regel Wochen oder gar Monate gedauert, selbst auf den harmlosesten Vorschlag auch nur eine Antwort zu erhalten; in diesem Fall jedoch sei die Entscheidung über die Annahme des Vorschlags auf der Stelle gefallen. Dieser Vorgang war ohne Beispiel. Die geheimdienstliche Arbeit, hielt Donovan fest, sei «von einem Maß an Zusammenarbeit geprägt» gewesen, das «jenes auf anderen Gebieten überstieg». Angesichts der tatsächlichen Bilanz auf diesem Gebiet hatten Ossipow und Fitin allen Grund zur Freude, als sie den Chef des amerikanischen Geheimdienstes verabschiedeten.[20]

Bei Donovans Rückkehr in die Vereinigten Staaten waren die Vorbereitungen für den OSS–NKWD-Austausch bereits zügig im Gange. Doch am 16. März 1944 schickte Roosevelt dem amerikanischen Botschafter in Moskau Averell Harriman ein Kabel, in dem er ihm mitteilte, der Plan sei «auf unbestimmte Zeit ausgesetzt» – das Projekt war auf Drängen von J. Edgar Hoover abgesetzt worden. «Der NKWD», versicherte der FBI-Direktor knapp, «hat in diesem Land schon viel zu viele Vertreter.»[21] Harriman und Deane schickten postwendend ein langes Kabel zurück, in dem sie den Präsidenten baten, seinen Entschluß zu überdenken. Zum erstenmal, argumentierten sie, hätten die Vereinigten Staaten Kontakt mit dem sowjetischen Geheimdienst aufgenommen, und dies werde zu engeren Beziehungen zu anderen Regierungsbehörden führen. Darüber hinaus, hieß es in dem Schreiben weiter, könne die Aussetzung dieses Projekts bereits bestehende Kooperationen gefährden. Vorerst jedoch setzte sich Hoover durch. Am 30. März 1944 schickte Roosevelt ein Kabel, in dem er die «Aussetzung» des Austauschs bekräftigte; als Grund führte er an, daß sich das Bekanntwerden einer solchen Vereinbarung ungünstig auf die Chancen einer Wiederwahl seiner Administration in diesem Jahr auswirken könnte.[22]

Deane, der zugibt, daß er zu diesem Zeitpunkt «immer noch von der dicken Freundschaft mit den Russen träumte», war enttäuscht und sah der Reaktion von Ossipow und Fitin auf die Entscheidung keineswegs mit Freuden entgegen. Nichtsdestotrotz geriet die Überbringung dieser Botschaft an sie zu einem der aufregenderen Erlebnisse seines Rußland-Aufenthalts.

Als Deane in Moskau eintraf, mußte noch jeder Kontakt mit einem Behördenvertreter über das sowjetische Militärverbindungskomitee (OVS) abgewickelt werden. Der Chef des OVS war Generalmajor V. N. Estignejew, ein Großmeister der Obstruktion, den Deane als «den Vater aller aufgeblasenen Nullen» bezeichnet und der mehr Großkotzigkeit, Herablassung und Dummheit in sich vereinte, als er sie jemals bei irgendeinem Menschen erlebt hatte. Deane kam bald dahinter, daß es keinen Weg gab, das OVS zu umgehen, da jedes Amtsgebäude schwer bewacht war und man sich einer Kontrolle unterziehen mußte, wenn man mit jemandem sprechen wollte, der sich im Innern befand; weil es in Moskau keine Telefonbücher gab, war es unmöglich, jemanden einfach anzurufen. Er empfand deshalb verständlicherweise Erleichterung, als ihm Fitin und Ossipow bei dem Treffen mit Donovan eine Telefonnummer gegeben hatten, unter der sie zu erreichen waren. Nun machte er von dieser Nummer Gebrauch, um einen Termin zu erbitten, und erhielt von Fitin den Bescheid, jemand aus seiner Behörde werde ihn an diesem Abend um sechs Uhr abholen.

Deane war bereits aufgefallen, daß Fitin und Ossipow ihn aus Gründen, die nur sie selber kennen konnten, bei jeder Zusammenkunft in einem anderen obskuren Versteck trafen. In der Regel tauchte ein NKWD-Offizier auf, der ihn hin- und zurückfuhr, immer in Deanes amerikanischem Wagen. Diesmal jedoch lehnte der Begleiter das Angebot ab, Deanes Wagen für die Fahrt in irgendeine abgelegene Gegend der Hauptstadt zu nehmen. Statt dessen bestand er darauf, in einer Limousine mit verhängten Fenstern zu fahren, die bereits wartete. Deane fragte sich, warum; die Weigerung des Russen, mit seinem Wagen zu fahren, mußte einen Grund haben. In der tiefen Armut und Trostlosigkeit des kriegführenden Rußland war sein glänzender, neuer, in zwei Cremefarben lackierter Buick so eindeutig das schönste Automobil Moskaus, daß Sir Archibald Clark-Kerr, der britische Botschafter, ihm den Spitznamen «Greta Garbo» verpaßt hatte. Er konnte sich nicht erklären, was die Russen dazu bewegen mochte, die Vorzüge dieses Wagens nicht zu genießen.

Als klar war, daß mit dem russischen Wagen gefahren würde oder gar nicht, gab Deane seinem Fahrer Anweisung, ihm mit dem Buick zu folgen. Daraufhin erteilte der Russe seinem Chauffeur seinerseits einige Instruktionen, woraus sich ein Hochgeschwindigkeitsrennen durch die belebten Straßen Moskaus entwickelte. Zwanzig Minuten lang raste der russische Wagen mit halsbrecherischer Geschwindigkeit und kreischenden Reifen, deren Eis- und Matschfontänen Dutzende heimwärts strebender Genossen durchnäßten, ziellos durch die Stadt. Deane und sein russischer Begleiter saßen auf dem Rücksitz und flogen von einer Ecke in die andere, bis die wilde Fahrt schließlich vor einem heruntergekommenen Mietshaus endete. Als sie aus dem Wagen stiegen, sahen sich die beiden Männer um. Hinter ihnen stand der Buick; der Fahrer saß ruhig und unbeteiligt hinter dem Steuer und trug eine gelangweilte Miene zur Schau.

Als Deane Fitin von der verrückten Fahrt durch die Straßen Moskaus berichtete und fragte, warum es notwendig gewesen sei, derart zu rasen, erwiderte jener, sein Begleiter habe gewußt, daß er, Fitin, sich verspäten würde, und Deane die Peinlichkeit ersparen wollen, als erster da zu sein. Nachdem Deane trocken angemerkt hatte, daß sie allerdings ziemlich schnell gefahren seien, um zu spät zu kommen, erkundigte er sich noch, weshalb die Fenster des Wagens mit schweren Vorhängen verhängt gewesen seien. Fitins Auskunft: Damit die Passagiere keinen Sonnenbrand bekämen. Da, sagt Deane, habe er aufgegeben.

Zu Deanes Erleichterung nahmen die NKWD-Leute den Tod des Austauschprojekts gelassen auf. Es ist in der Tat schwer vorstellbar, was sie in Washington noch hinzugewinnen konnten über das hinaus, was sie in Moskau bekamen, ohne sich vom Fleck rühren zu müssen. Welches Material die Amerikaner den Russen freiwillig übergaben, geht aus einem Brief Donovans an Deane hervor, den er am 31. März, dem Tag nach Roosevelts zweitem Kabel an Deane, «einigen Geheimdienstsachen» beifügte, die dieser an Fitin weitergeben sollte. Wie folgt beschreibt Donovan darin das von ihm gelieferte Material:

«1. Unausgewertetes Rohmaterial: Zu dieser Gruppe gehört der Durchschlag eines Berichts, der uns von Karl von Kleczkowski übergeben wurde, einem jener deutschen Agenten, die vor kurzem in Istanbul zu uns übergelaufen sind (...).

2. S. I.-[Secret Intelligence]Berichte über im Feld gesammelte Informationen. Diese Gruppe besteht aus kurzen Feindaufklärungsberichten, die von unseren Agenten im Kampfgebiet stammen (...). Ich darf Ihre besondere Aufmerksamkeit auf Bericht No. A-22 449 lenken, eine kritische Auseinandersetzung mit dem russischen Angriff auf Helsinki vom 6. bis 7. Februar 1944.

3. Ausgearbeitete Geheimdienstberichte. Diese Kategorie besteht aus den von der Abteilung für Forschung und Analyse an Hand aller zugänglichen Quellen erarbeiteten Berichten (...). Die hier übermittelten Berichte stellen Beispiele für die strategischen, ökonomischen und topographischen Phasen der Arbeit dar.»[23]

Den Russen wurden nicht nur geheimste Dokumente überlassen; es gingen auch Miniaturkameras, Miniatur-Mikrofilmgeräte und Mikrofilmkameras auf die Reise. Dagegen wurde nur ein schwacher Anlauf unternommen, für den umfangreichen Einblick, den der OSS den Sowjets in seine Organisation, seine Quellen und seine Methoden gewährt hatte, sowie für die zahlreichen Geräte und die von Agenten gewonnenen Erkenntnisse eine Gegenleistung zu erhalten.

In einem Brief vom 31. März 1944 drückte Donovan seinen Dank aus für ein über Bulgarien erhaltenes «Memorandum, das von unseren russischen Freunden zusammengestellt wurde»; und in einem Brief vom 11. April 1944 an Deane schreibt John H. F. Haskell, unter den Informationen, die er zur Weitergabe an die Russen beigelegt habe, befinde sich auch eine Liste von Fragen, auf die der OSS eine Antwort erbitte – eine weitgehend vergebliche Hoffnung. «Wie üblich», bemerkt Deane, «gaben wir den Russen auf dem Gebiet der geheimdienstlichen Arbeit viel mehr Informationen als wir umgekehrt erhielten.» Um welche Ware auch immer es sich handelte – der Weg zwischen Washington und Moskau war praktisch eine Einbahnstraße.

Deane hält die Unfähigkeit von Russen und Amerikanern, einander zu verstehen, für eine Temperamentsfrage. «Wir setzen die Zukunft aufs Spiel, um mit den Anforderungen der Gegenwart fertig zu werden», sagt er, «während die Russen die Gegenwart aufs Spiel setzen, um der Zukunft eine Form zu geben.» Vollends Schiffbruch erlitten die Amerikaner jedoch im persönlichen Umgang mit den russischen Beamten. Mit der russischen Fremdenfurcht, die ihrem eigenen Wesen so völlig fremd war, kamen sie einfach nicht zurecht. Deane mußte erkennen, wie tief das Mißtrauen gegenüber Fremden in der sowjetischen Psyche verwurzelt ist und daß es keinen Weg gibt, den Verdacht eines Paranoiden zu entkräften.

Die Gruppe in Washington, die das Hilfsprogramm für Rußland dirigierte – das Protokollkomitee des Präsidenten –, stand unter dem Vorsitz von Harry Hopkins, und ihr leitender Geschäftsführer war James Burns. Nachdem Roosevelt am 7. März 1941 angeordnet hatte, daß Lieferungen für die Sowjetunion Vorrang vor allen anderen hatten, kam dieses Komitee nach Deanes Worten seiner Aufgabe «mit einer Hingabe nach, die an Fanatismus grenzte». Die Nachschublieferungen überschwemmten die Sowjetunion geradezu.

Die mangelnde Anerkennung auf sowjetischer Seite mochte ärgerlich sein; bei weitem frustrierender aber war, daß vieles von diesem Material niemals zum Einsatz gelangte. Von 126 Dieselmotoren waren gerade drei in Betrieb genommen worden, der Rest rostete dort vor sich hin, wo er angekommen war. Dabei handelte es sich um Motoren, die bedrohlich knapp waren und von den Streitkräften der Vereinigten Staaten für die Invasion auf dem europäischen Kontinent dringend gebraucht wurden. Nach den Bestimmungen des Beistandsvertrags war es den Vereinigten Staaten jedoch nicht gestattet, über den Einsatz des amerikanischen Materials zu wachen – gleichzeitig verlangten die Russen aber nach immer mehr.

Ein Beispiel, das Deane als «typisch» bezeichnet, war eine komplette Reifenfabrik, die in der Ford-Fertigungsstätte River Rouge bei Detroit abgebaut und nach Moskau verpflanzt wurde. Es handelte sich immerhin um ein Unternehmen im Wert von zehn Millionen Dollar, von dem erwartet wurde, daß es den Russen jedes Jahr eine Million Reifen bescherte. Doch es produzierte keinen einzigen. Als den Amerikanern schließlich erlaubt wurde, ein Hilfsteam von Ingenieuren zu entsenden, das die Fabrik zum Laufen bringen sollte, verweigerten die Russen die Mitarbeit; sie wollten den Amerikanern ihre Pläne nicht offenlegen und lehnten deren Ratschläge rundweg ab. Die Amerikaner zogen verstört wieder ab, die Fabrik blieb eine Ruine. Schließlich faßte sich Deane ein Herz und sandte ein Kabel an die Vereinigten Stabschefs, in dem er zu einer festeren Gangart riet, die es erforderlich machen würde, zunächst die Dringlichkeit der sowjetischen Forderungen zu prüfen. Zwar befürwortete General George Marshall Deanes Empfehlungen, doch das

Weiße Haus überging ihn. Es erließ die Anweisung, die amerikanische Hilfe für Rußland in keiner Weise zu beschränken. Selbst als der Krieg seinem Ende zuging, galt das noch lange nicht für die sowjetischen Materialforderungen – nur daß diese jetzt eindeutig auf den Nachkriegsbedarf zielten. In Anbetracht dessen, daß das amerikanische Füllhorn in Zukunft weniger ergiebig sein oder vielleicht ganz versiegen konnte, häuften die Russen Vorräte an Werkzeugmaschinen, Hafenanlagen, Ölraffinerien, Pipelines und dergleichen an. Aus sowjetischer Sicht konnten die Vereinigten Staaten niemals genug für die Sowjets tun.[24]

Diese bitteren Erfahrungen im direkten Umgang mit den Sowjets machten jedoch nur recht wenige Amerikaner, und ihre Berichte wurden im Washingtoner Klima jener Tage meist als Übertreibungen abgetan. Dabei hatte schon Theodore Roosevelt, amerikanischer Präsident zu einer Zeit, als William Donovan noch Student war und Rußland noch von den Zaren regiert wurde, die Enttäuschung, die andere 40 Jahre später erfuhren, mit den Worten zusammengefaßt: «Es ist so schwierig, mit den Russen zusammenzuarbeiten, weil sie so korrupt, betrügerisch, launenhaft und unfähig sind.»[25]

Auch mit den Warnungen vor Washingtons offensichtlicher Gleichgültigkeit gegenüber den Absichten der Sowjets standen die Kritiker dieser Politik nicht allein. Winston Churchill mahnte, die Sowjets schluckten Osteuropa und seien auf dem Sprung, sich noch mehr zu holen: «Während unsere Leute davon beansprucht sein werden, einem Deutschland gegenüber, das zerstört am Boden liegt, Härte an den Tag zu legen, stünde es den Russen in sehr kurzer Zeit offen, bis zur Nordsee und zum Atlantik vorzustoßen.»[26] Später sagte Churchill, daß er bereits im Mai 1945 «angesichts der gewaltigen, drohenden Gefahr der russischen Masse» den Gedanken der Wiederbewaffnung der Deutschen gefaßt habe.[27]

Doch im Siegessommer von 1945 hörte die Masse der Menschen nicht auf die Mahnungen Churchills. Nur ein paar Geheimdienstprofis – einige im OSS, die meisten beim Militär – waren zu derselben Schlußfolgerung gekommen wie Churchill. Diese kleine, aber wichtige Gruppe begann mit General George S. Patton zu sympathisieren, der einen solchen Haß auf die Sowjetunion entwickelt hatte, daß er vorschlug, die Deutschen wiederzubewaffnen und gegen die Russen ins Feld zu führen.[28] Diese Gruppe, die sich Pattons Grundsatz stillschweigend zu eigen machte, begann nach Wegen zu suchen, den besiegten Feind Amerikas gegen seinen bedrohlichen Verbündeten aufzubieten.

Gehlen in Gefangenschaft

Im Rückblick sprach sich General Gehlen ausschließlich edle Motive für seine Zusammenarbeit mit den Amerikanern zu. Er habe sich damals Gedanken darüber gemacht, was seine «Pflichten gegenüber Deutschland» nach dem Krieg waren, und entschieden, daß «wir unserem Vaterland am besten dienten», wenn er seine Dienste dem Westen anbot.[1] Es ist zwar richtig, daß die Überzeugung, die Sowjetunion stelle eine unmittelbare, schwere Bedrohung für den Westen und für sein besiegtes Vaterland dar, tief in ihm verwurzelt war. Doch diesen klugen, verschwiegenen und ehrgeizigen Mann leiteten auch andere, mehr im Persönlichen liegende Motive. Während er in den Bergen auf den rechten Augenblick wartete, um sich den Amerikanern zu stellen, hatte er nicht nur Zeit, das Angebot, das er ihnen machen wollte, noch einmal zu überdenken, sondern sich ganz generell seine Gedanken zu machen.

Kühl, analytisch, pragmatisch, Stratege aus Neigung wie auch aus Übung, war er wohl kaum als Romantiker zu betrachten. Dennoch war Gehlen von dem Moment an, als er die stille Schönheit der sicheren Elendsalm erreichte, wenn nicht bewegt, so doch zumindest berührt. Er erinnerte sich noch lange an «diese wahrhaft bezaubernden Tage», an die «Freude am ersten Grün, das durch den Schnee sproß», und an die Zeit, in der er sich «wieder an den Frieden gewöhnte». Möglicherweise waren diese Tage die friedlichsten seines Lebens.[2]

Während sich Gehlen an der Schönheit labte, die ihn umgab, unternahm sein Führer einen letzten, verzweifelten Versuch, die Sieger zu düpieren. In einem von Wahnsinn geleiteten Schlußcrescendo erteilte Hitler aus seinem Bunker Befehl, Deutschland zu zerstören. Dann lud er seinen Propagandaminister Goebbels und seine Frau als Trauzeugen zu seiner Heirat mit Eva Braun ein. Draußen wütete die Schlacht um Berlin, bei der eine unbekannte Zahl Soldaten und annähernd hunderttausend Zivilisten ihr Leben ließen. Überall wurde gekämpft – im Tiergarten, auf den großen Straßen, sogar im Reichstag selbst. Dann, am Tag darauf, wendete Hitler die Vernichtung nach innen: Er und Eva Braun begingen Selbstmord. Kurz darauf folgten ihm Goebbels und seine Frau in den Freitod, nachdem sie ihren sechs Kindern Gift gegeben hatten.

Es war eine Zeit der Paradoxien. Während Gehlen jene unwirklichen Tage genoß und abwartete, fuhr in einem lauten, lädierten amerikanischen Jeep auf der Straße tief unter ihm ein Mann vorbei, den er zu treffen hoffte; er führte eine Panzerkolonne, die sich durch halb Frankreich gekämpft hatte. James A. Critchfield war ein 28 Jahre alter Offizier der Armee der Vereinigten Staaten aus North Dakota und Veteran einiger der heftigsten Schlachten des Krieges, dessen Weg Gehlen erst Jahre später, nicht weit vom selben Ort, kreuzen sollte.

Dieser unerwartete Frieden war jedoch nach wie vor höchst gefährdet. Da Gehlen praktisch vogelfrei war, verließ er mit vier Offizieren jeden Morgen bei Tagesanbruch die Elendsalm, um einer Entdeckung zu entgehen. Jeden Tag stiegen sie hoch in die Berge und errichteten ein Notbiwak, bis sie eine winzige, nahezu unzugängliche Hütte direkt am Rand einer Felswand entdeckten, wo sie die langen Stunden des Tages verbrachten. Inzwischen braute sich unten jedoch Unheil zusammen. Das Haus auf der Elendsalm und das Land, auf dem es stand, wurde von Rudolf Kreidl beaufsichtigt, der vor kurzem als Invalide aus der Wehrmacht entlassen worden war. Kreidl, ein gerissener und argwöhnischer Bauer, hatte aus der Ferne zugesehen, wie Gehlens Männer Kisten mit Essen und Nachschub in die Almhütte schleiften. Seine Bedenken gegenüber diesen Leuten schlugen in Panik um, als er die roten Streifen an Gehlens Uniform bemerkte, jene berühmten roten Streifen des deutschen Generalstabs, die Kreidl für das Abzeichen der gefürchteten und verhaßten SS hielt.[3] Bis dahin war sich Kreidl nicht sicher gewesen, was er tun sollte, doch als alter Bayer und Nicht-Nazi faßte er den

Beschluß, daß er einem Haufen flüchtender SS-Leute kein Versteck bieten wollte, denn das konnte auf lange Sicht nur Ärger bedeuten. Also stieg Kreidl ins Tal hinunter. An der Abzweigung der Straße vom Spitzingsee her hielt er einen amerikanischen Soldaten an und brachte ihm irgendwie bei, daß auf der Elendsalm SS-Leute seien und er sie festnehmen solle.[4]

Am nächsten Tag, während Gehlen fort war, tauchte ein kleiner Trupp Amerikaner auf – doch statt in Gefangenschaft oder Schlimmeres zu geraten, wurden die Deutschen, die sich noch in der Almhütte aufhielten, nur einem denkbar knappen Verhör unterzogen. Dann wurden ihnen Dokumente ausgestellt, die besagten, daß sie von der amerikanischen Armee entlassen worden seien – ohne daß sie ihr Versteck in den Bergen verlassen mußten.

Als Gehlen an diesem Abend zur Hütte zurückkehrte, stellte er fest, daß der Augenblick, den er am meisten fürchtete, die vorzeitige Festnahme durch die Amerikaner nämlich, seinen Kameraden sogar von Vorteil gewesen war; die Papiere, die sie von den Siegern bekommen hatten, besagten, daß sie sich nun nach Belieben und ohne Behinderung im Land bewegen konnten. Gehlen kam zu dem Schluß, daß die Amerikaner offenbar genügend Zeit gehabt hatten, sich organisatorisch vorzubereiten, ihre Geheimdienstoffiziere im Land zu placieren und den Umgang mit Kriegsgefangenen zu regeln. Er war sich jetzt sicher, daß er als Generalstabsoffizier respektvoll behandelt und als jemand, der über Spezialkenntnisse von solchem Wert für die Amerikaner verfügte, auch entsprechend eingeschätzt werden würde. Nichtsdestotrotz vergingen noch einige Tage, bis Gehlen die Zeit für gekommen hielt, die Elendsalm zu verlassen.

Jetzt erst unternahm er den nächsten Schritt zur Umsetzung seines Plans. Die beiden verletzten Offiziere blieben in der Hütte zurück; Gehlen und die übrigen Stabsangehörigen stiegen den Berg hinab und liefen prompt einem kleinen Trupp französischer Gebirgsjäger in die Arme. In französische Kriegsgefangenschaft zu geraten, hätte eine Katastrophe bedeutet; es hätte nicht nur seinen

Plan zunichte gemacht. Die Franzosen waren auch für die Härte ihrer Vernehmungen berüchtigt. Nachdem er jedoch so weit gekommen war, war es für Gehlen undenkbar, daß er sich durch eine Zufallsbegegnung aufhalten ließ. Weiter kräftig ausschreitend grüßte er einen der Franzosen, der ihn neugierig ansah, mit einem herzlichen «Bonjour, Monsieur» und warf keinen einzigen Blick mehr über die Schulter.[5]

Sein nächster Schritt beweist, daß sein strahlendes Selbstbewußtsein wieder ganz und gar zurückgekehrt war. Trotz seiner unverhofften Begegnung mit den Franzosen, die bewies, daß die gegnerischen Truppen inzwischen überall waren, setzte er sich bewußt der Gefangennahme aus, um den Zauber, den er in den bayrischen Bergen genoß, noch um ein paar goldene Tage zu verlängern. Er führte seine Leute aus ihrem Versteck im Gebirge herunter und durch besetztes Gebiet bis zum nördlichen Ende des Spitzingsees, wo einer seiner Offiziere ein Haus besaß. Dort verbrachte er ein friedliches Pfingsten – während Sieger wie Besiegte den erschreckenden Zoll dieses grausamsten aller Kriege zu erkennen begannen. Drei Tage später nahm das alpine Idyll sein Ende. Am 22. Mai 1945, im Rathaus des kleinen bayrischen Ortes Fischhausen, stand Gehlen einem übermüdeten amerikanischen Jungen gegenüber, dem er sich nun ergeben und damit der tristen Wirklichkeit ins Gesicht blicken mußte. Er, ein Generalmajor, stolzes Mitglied des deutschen Generalstabs und Leiter des Geheimdienstes im Osten, ertrug nur mit Grimm die Erniedrigung, vor einem jungen Amerikaner, der weder Deutsch sprach noch verstand, die Niederlage einzugestehen. Gehlens fauler Frieden war vorüber.

Prisoner of War

Am 19. Mai 1945, drei Tage bevor Gehlen sich stellte, wurde ein anderer Kriegsgefangener, Major Borchers, in Flensburg vor eine vierköpfige sowjetische Kommission zitiert. Er sah zu, daß er so schnell wie möglich hinkam. Er und die übrigen Angehörigen des deutschen Demobilisationsstabs hatten rasch gelernt, sich in acht zu nehmen. Ihr Krieg war vorbei, doch ringsum war ein neuer, anderer und gefährlicher Krieg ausgebrochen, und sie waren mitten ins Kreuzfeuer geraten. In Flensburg, an der dänischen Grenze, war das Hauptquartier des Oberkommandos der Wehrmacht (Nord) gewesen.

In ihrem gegenseitigen Mißtrauen errichteten die Sieger zwei getrennte Überwachungskommissionen – das der westlichen Verbündeten unter General Lowell W. Rooks und das der Russen unter Generalmajor Trussow. Ein deutscher Demobilisationsstab sollte den beiden Gruppen bei der Entwaffnung und Auflösung der deutschen Truppen helfen, wahrlich keine beneidenswerte Aufgabe. Als Major Borchers sich abends um Viertel nach sechs bei den Russen meldete, forderten sie von ihm den Mann, der ihnen Auskunft über die deutschen Geheimdienstoperationen gegen Rußland geben konnte. Borchers erklärte, es handle sich um General Gehlen von «Fremde Heere Ost», und schob die unwillkommene Auskunft nach, daß man ihn im Süden, in der amerikanischen Zone vermute.[6]

Dies gefiel der Kommission des Generals Trussow gar nicht. Major Borchers hatte den Eindruck, daß den Russen der Name Gehlen und der Begriff FHO nicht vertraut waren; dennoch verlangten sie von ihm, er solle für sie bis zum nächsten Tag um zehn Uhr morgens einen Angehörigen von Gehlens Abteilung auftreiben. Die Neuigkeit vom Interesse Trussows an Gehlen kam den Amerikanern schnell zu Ohren. Weil der größte Teil des deutschen Militärs von glühendem Antisowjetismus durchdrungen war, waren die Briten und Amerikaner stets gut über die Aktivitäten der Russen informiert – und sie handelten diesmal schnell. Noch am selben Tag, dem 19. Mai, fanden die Amerikaner, denen der Name Gehlen auch nicht mehr sagte als den Sowjets, dessen Stellvertreter, Oberstleutnant i. G. Scheibe, der für die täglichen Lageberichte der FHO zuständig gewesen war, und nahmen ihn in Haft.[7]

Sowohl Russen als auch Engländer und Amerikaner hatten also die Parole ausgegeben: Findet General Gehlen. Trotz des Umstands, daß sich Gehlen in ihrer Zone aufhalten sollte, stand den Amerikanern eine schwere Aufgabe ins Haus, denn das Rennen würde der Schnellere gewinnen, und die Russen waren auf dieses Spiel besser vorbereitet. Die Sowjets hatten während des Krieges Agenten in ganz Deutschland placiert, und nun waren sie überall – unter den Kriegsgefangenen, unter Leuten, die sich als Überläufer aus der Ukraine und Weißrußland ausgaben oder unter den Vertriebenen, die sich mit dem anschwellenden Flüchtlingsstrom nach Westen bewegten. Sobald sich der Befehl durch dieses Netzwerk verbreitet haben würde, mußten sich die Amerikaner sehr anstrengen, um die russischen Agenten zu schlagen, und dabei zählte es wenig, ob Gehlen sich bereits in amerikanischem Gewahrsam befand, wenn er gefunden wurde. In einem Blitzkurs über sowjetische Taktik hatten die Amerikaner inzwischen eins gelernt: wenn die Russen denjenigen gefunden hatten, den sie wollten, ihn aber nicht kriegen konnten, brachten sie ihn zum Schweigen.[8]

Ungefähr zur selben Zeit wuchs bei dem Mann, den sie suchten, stetig die Verärgerung. Gehlen tat sein Bestes, einer Gruppe von desinteressierten Amerikanern nach der andern zu erklären, wer er war. Allmählich verlor er die Geduld. Die Amerikaner konnten ihn offensichtlich nicht einordnen, angefangen bei dem Offizier, dem er und vier Kollegen sich gestellt hatten. Auch ein weiterer amerikanischer Offizier erwies sich als hoffnungslos begriffsstutzig, ein Umstand, der Gehlen noch 25 Jahre danach aufbrachte. «Welchen ‹Fang› er gemacht hatte, konnten wir ihm nicht auseinandersetzen (...)»[9]

Unbeeindruckt ordneten die Amerikaner an, die fünf voneinander zu trennen und Gehlen von Fischhausen aus zu ersten Vernehmungen nach Wörgl bei Kitzbühel zu schicken. Auch sein dortiger Empfang vermochte die Laune des Generals nicht aufzuheitern; seine Befragung durch den Geheimdienstoffizier einer Division bezeichnete er als «enttäuschend». Der Amerikaner war mehr an der Lage in Deutschland interessiert als an dem detaillierten Wissen seines Gefangenen über Rußland. Gehlen brachte es einfach nicht fertig, den Amerikanern klarzumachen, wie wichtig er war, und nach seinem Bericht verschlimmerte sich seine Lage noch. Es wurde nämlich angeordnet, ihn von Wörgl ins Hauptquartier des Counter Intelligence Corps nach Salzburg zu verlegen, wohin er – dank der Unfähigkeit der Militärpolizei, wie er behauptete – nie gelangte. Während er gehofft hatte, von den Militärpolizisten, die ihn begleiteten, direkt zu einem hohen Geheimdienstoffizier gebracht zu werden, fuhr ihn die Eskorte kreuz und quer durch Salzburg – ohne das Gebäude des Hauptquartiers zu finden. Schließlich schienen sie ihr Vorhaben aufgegeben zu haben, luden ihren Gefangenen in einem verlassenen Gasthaus ab, postierten zwei schwerbewaffnete GIs vor der Tür, damit er nicht ausrücken konnte – und vergaßen ihn dann. Drei Tage darauf, so Gehlens Version, sei er von einem Offizier entdeckt worden, der ihn erstaunt anstarrte und sagte: «Ach, wir haben Sie ja ganz vergessen!» [10]

Damit hatten die Erniedrigungen jedoch längst kein Ende. Nachdem er aus seiner einsamen Haft im Gasthaus befreit war, wurde Gehlen nicht etwa in Salzburg vernommen, sondern nach Augsburg gebracht und einer weiteren «enttäuschenden» Befragung untergen, diesmal durch die US-Armee. Er blieb dort mehr als drei Wochen und wurde von einem Lieutenant Drake befragt, der Gehlen noch mehr irritierte, weil er gleichfalls kein Interesse an der sowjetischen Gefahr zeigte, sondern statt dessen auf detaillierte Informationen über die Organisation und den Stab der FHO aus war – Informationen, die Gehlen, wie er mit Genugtuung berichtete, nicht herausrücken wollte.

Als Gehlen in Wiesbaden eintraf, nahmen die Amerikaner von

ihrem Gefangenen schließlich doch noch eine gewisse Notiz. Sie sahen sich Gehlen an, nahmen seinen Lebenslauf und die dürren Berichte über seine Vernehmungen zur Kenntnis und stempelten ihn prompt als Gestapo-General ab. Jetzt, als er in das Wiesbadener Gefängnis gesteckt und mit unverhüllter Feindschaft behandelt wurde, verwandelte sich Gehlens Ärger in Angst: «Hier war das amerikanische Personal recht unfreundlich; es nahm zeitweise eine Haltung ein, die tätliche Beleidigungen befürchten ließ.» [11]

Ironischerweise mag gerade dieses Hin und Her der begriffsstutzigen Sieger, die ihn von einer Zone in die andere schoben, Gewalt verhindert und Gehlen das Leben gerettet haben. Er hatte sich am 22. Mai 1945 gestellt, drei Tage nachdem Borchers erstmals von den Sowjets in Flensburg befragt worden war und diese erkannt hatten, daß der Chef der Organisation, die mehr Informationen über sie besaß als jeder andere – und der vielleicht sogar noch über seine Akten verfügte –, womöglich den Amerikanern in die Hände fallen konnte. Es ist durchaus möglich, daß Sowjetagenten Gehlen unterwegs entführt hätten, wenn sein Weg vom winzigen Fischhausen zum Hauptquartier ordentlich und gut dokumentiert verlaufen wäre. Hätten sie Erfolg gehabt, hätte sich Gehlen sicher nicht über mangelnde Anerkennung seines Werts beklagen müssen. [12]

Nachdem Wiesbaden vom Eintreffen Gehlens verständigt worden war, wurde sein Stellvertreter, Oberstleutnant Scheibe, sowohl von den Amerikanern wie von den Briten in Flensburg verhört. Sie beschrieben Scheibe als «arrogant und vermutlichen Nazi» [13], doch lieferte er eine große Menge an Informationen über Gehlen und die FHO, die als verläßlich eingestuft wurden. [14] Die Gegenspionage des amerikanischen Heeres in Flensburg leitete ihre Erkenntnisse über Gehlen und die FHO an General Edwin L. Sibert weiter, den Geheimdienstchef der Abteilung G-2 der 12. US-Armeegruppe. Als dieser erfuhr, daß Gehlen dort eingetroffen war, befahl Sibert Sondermaßnahmen zu dessen Schutz, denn anders als die amerikanischen Geheimdienstoffiziere, auf die Gehlen bis dahin getroffen war, suchte General Sibert aus eigenem Antrieb nach früheren Angehörigen des deutschen Geheimdienstes, die ihm Informationen über die Sowjets liefern konnten. Zu denen, die dabei für Sibert interessant waren, gehörten Gehlens früherer Vorgesetzter Walter Schellenberg und der furchtlose Kommandeur der SS-Jagdverbände Otto Skorzeny, dessen Taten bei den Alliierten Legende waren.[15]

Skorzeny wurde von den Amerikanern im selben Lager festgehalten wie Gehlen und war Gegenstand erheblicher Neugier. Dank seiner wagemutigen Befreiung Mussolinis und des Umstands, daß er der Chef einer Gruppe war, die auf General Eisenhower und die anderen Führer der Alliierten Anschläge verüben sollte, war er zu einer Berühmtheit geworden, was ihm überaus schmeichelte; die Geheimdienste der Alliierten sollten nun Mittel und Wege finden, sich seiner zu bedienen. Er war jedoch von ganz anderem Schlag als der kühle, ernsthafte politische Theoretiker, Geheimdienst-Analytiker und -Administrator Reinhard Gehlen – und was die Amerikaner gewiß nicht brauchen konnten war ein in ihren Diensten stehender berühmter Nazi-Held. Der praktisch unbekannte Gehlen war da schon die bessere Wahl.[16]

Die Rettung

Der großgewachsene, ansehnliche und schlanke John Boker, der Gehlen als erster verhörte, war, dessen Erinnerungen zufolge, «ein adrett aussehender, sympathisch wirkender Offizier (...) und entsprach in seiner Haltung und seinem Auftreten unseren deutschen Vorstellungen über den Offizier schlechthin»[17]. Bokers Familie, die westfälischen Ursprungs war, hatte jede Menge Berühmtheiten in den jeweiligen Berufen ihrer Mitglieder zu bieten: Richter, Ingenieure, Wissenschaftler und Pioniere im Außenhandel. Selbst in Zivil entsprach er noch den gängigen Vorstellungen eines ranghohen Angehörigen des deutschen Generalstabs.

John Boker war Amerikaner in der dritten Generation, ein Harvard-Absolvent, der 1941 eingezogen worden war; als er auf Gehlen stieß, hatte er den nicht eben hohen Rang eines Captain inne. Doch selbst als junger Mann strahlte Boker Bildung und Autorität aus, was er in seinem Umgang mit Angehörigen der deutschen Wehrmacht weidlich nutzte.

Boker konnte auf Generationen von Vorfahren verweisen, die der deutschen Gesellschaft wertvolle Dienste geleistet hatten. Und er konnte in bester aristokratischer Tradition sogar einen brillanten, wenn auch exzentrischen Onkel nennen, der, Astronom und Historiker, sein Leben mit Hilfe einer wissenschaftlichen Analyse des Sternenhimmels dem peniblen Nachweis widmete, daß die astrologischen Voraussagen, auf die sich so bedeutende Staatsmänner wie Napoleon und Hitler bei ihren militärischen und politischen Strategien verließen, zum jeweiligen Zeitpunkt falsch waren.[18]

Wäre es geplant gewesen – was es nicht war –, so hätten die Amerikaner damals niemand geeigneteren als Boker für das Verhör mit Gehlen finden können. Boker, der, als er einberufen wurde, in New York einen florierenden Familienbetrieb zurückgelassen hatte, besaß zwar kein besonderes Interesse an geheimdienstlicher Arbeit und hatte auch keinen Anlaß anzunehmen, daß die Army eines Tages auf seine Deutschkenntnisse zurückgreifen könnte. Kurz nachdem er sein Offizierspatent bekommen hatte, wurde ihm eröffnet, daß er nach Mexiko versetzt werde, und er fing an, sich auf seinen Posten vorzubereiten, indem er Spanisch lernte. Doch Boker kam nie nach Mexiko, sondern verbrachte statt dessen die nächsten drei Jahre – erst als Student und dann als Lehrer – an den Geheimdienstschulen in Camp Richie und Fort Hunt. Im Frühjahr 1944, kurz nach dem D-Day – der Invasion der Alliierten am 6. Juni auf dem europäischen Kontinent –, wurde Boker nach England zu einer britischen Vernehmungseinheit geschickt. Es war der Anfang einer Periode, in der die Kriegsgefangenen intensiv verhört wurden, um strategische und taktische Informationen über den Gegner in Erfahrung zu bringen, die frisch genug waren, um im Feld noch von Nutzen zu sein. Im Oktober folgte er dem Vorstoß an die belgische

Grenze nach Revin, und dort begegnete er zum erstenmal deutschen Offizieren mit profunden Kenntnissen über die Sowjetunion.

Unter ihnen befand sich auch Oberstleutnant Holters, der Chef einer Geheimdiensteinheit der Luftwaffe, die sich auf Informationen über die Sowjets spezialisiert hatte und sich General Patton mit sämtlichen Luftaufnahmen von Aufklärungsflügen, Dokumenten und Akten ergeben hatte. Bei seinen Bemühungen, an dieser Gruppe und ihrem Material dranzubleiben und sie erstens vor den gierigen Händen der russischen Besatzungsbehörden zu bewahren, die ermächtigt waren, alles und jedes an sich zu bringen, das mit den sowjetischen Interessen zu tun hatte, und sie zweitens auch vor den höchst eifersüchtigen Briten zu schützen, führte Boker seinen ersten Krieg gegen die Militärbehörden. Für sein Ziel, die Dokumente und jene, die sie deuten konnten, zusammenzuhalten, erlernte Boker bürokratische Taktiken, die sich in den größeren Schlachten, die noch vor ihm lagen, als überaus nützlich erweisen sollten.

Im Verlauf der Vernehmungen entwickelte sich auch eine persönliche Beziehung zu Holters. Zu dem, was Holters Boker anvertraute, gehörte die Schilderung, wie sein Haus von den Russen überrannt, seine Frau und Tochter vergewaltigt worden waren — und daß seine Tochter dann Selbstmord begangen hatte. Es war nur eine in einer ganzen Reihe von Horrorgeschichten, die Boker von jenen zu hören bekommen sollte, die an der Ostfront gekämpft hatten oder deren Heimat sich im Bereich des russischen Vormarschs nach Westen befunden hatte. «Die Verhöre», sagt Boker heute, «die ich mit etlichen hohen deutschen Offizieren, die Einheiten an der Ostfront kommandiert hatten, durchführte, und die Verhöre, die schon [in Großbritannien] durchgeführt worden waren, hatten zweifellos meine Antipathie gegen das brutal repressive System der Sowjets erweckt.»

Als Boker auf Gehlen traf, war er für diese Begegnung gut gerüstet. Er wußte nicht nur über das deutsche Militär Bescheid, sondern hatte sich auch schon detailliert mit Holters' Aufklärungstruppe auseinandergesetzt; seine ohnehin schon negative Einstellung zu den Sowjets und ihren Zielen war fundierter und stärker geworden.[19] Die erste Begegnung zwischen dem großen jungen amerikanischen Captain, der wie ein deutscher General aussah, und dem dünnen deutschen General mittleren Alters, der wie ein Universitätsprofessor wirkte, verlief nicht ganz so, wie der imagebewußte Gehlen sie später erinnert haben wollte. Am hellichten Nachmittag in tiefstem Schlaf und halb ausgezogen auf einer Metallpritsche von einem tadellos herausstaffierten Eroberer erwischt zu werden, war alles andere als guter Stil. Deshalb fand Gehlen, der, wie Boker meint, «nicht für Frivolitäten gemacht» war, die Situation keineswegs komisch und ließ den Vorfall in seinen Erinnerungen einfach aus.

Gehlen war aus dem Wiesbadener Gefängnis entlassen und in ein entschieden angenehmeres Quartier verlegt worden: in das Vernehmungszentrum der 12. Heeresgruppe, wo er in die Unterkunft der Generale einquartiert wurde. Es handelte sich dabei um zwei herrschaftliche Villen in der Wiesbadener Bodenstedtstraße, das «Haus von Bergen», das dem früheren Botschafter beim Vatikan gehörte, und die Villa «Pagenstecher», Eigentum eines bekannten Augenarztes. In ihnen waren Größen wie Hitlers früherer Stabschef, Generaloberst Franz Halder, und der letzte Führer des Reiches, Großadmiral Dönitz, untergebracht.

Boker, der inzwischen als Experte für die deutschen Geheimdienstaktivitäten an der Ostfront galt, erhielt den Auftrag, Gehlen zu vernehmen. Das «Haus von Bergen», wo sich Gehlen befand, stand nur unter leichter Bewachung, und bei seinem ersten Besuch wurde Boker schlicht beschieden, der General halte sich «irgendwo da droben» auf. Nachdem ihn Boker in einem Schlafzimmer entdeckt und einen seiner Zimmerkameraden gebeten hatte, ihn zu wecken, stellte er sich vor und machte den Vorschlag, daß Gehlen, wenn er sich angezogen habe, nach unten kommen und sich mit ihm auf der Terrasse zusammensetzen solle. Und dort, an einem abgeschiedenen Tisch, kam erstmals Leben in jenen grandiosen Plan, an dessen Durchführbarkeit Gehlen beim langen Aufstieg zur Elendsalm schon zu zweifeln begonnen hatte.

Gehlen zufolge war Boker der erste amerikanische Offizier, der ihm begegnete, mit einem breiten Wissen über Rußland und ohne Illusionen über die Absichten der Sowjets. Gehlen bestätigte Bokers schlimmste Befürchtungen hinsichtlich der Sowjets und bot an, den Vereinigten Staaten eine Quelle von Expertenwissen über sie zu erschließen. Vor allem aber waren sich die beiden Männer einig, daß dringend abgeklärt werden mußte, welchen Schachzug die Sowjets vorhatten, um aus dem Durcheinander in Europa Nutzen zu ziehen, und wie diesem zu begegnen sei. Gehlen war überzeugt, daß das wahre, schon seit langem feststehende Ziel der Russen die kommunistische Machtübernahme in Europa unter Zuhilfenahme aller sich bietenden Mittel bildete. Er glaubte, daß der Hitler-Stalin-Pakt von beiden Seiten als Betrugsmanöver angelegt war, und vertrat daher die Ansicht, daß die Sowjets seit jeher eine Invasion Deutschlands geplant hatten und ihren Vormarsch in Europa fortsetzen wollten, nachdem der Krieg den Kontinent und ihre Feinde geschwächt hatte. Aus Gehlens Sicht war Hitler Stalin mit seinem Überfall auf Rußland im Juni 1941 einfach nur zuvorgekommen.[20] Er sah keinen Grund für die Annahme, daß die Russen inzwischen ihre langfristigen Pläne geändert hatten, und betonte Boker gegenüber, daß die Deutschen den Russen länger, besser und gründlicher auf der Spur geblieben seien als irgend jemand anders. Boker war sich mit Gehlen nicht nur über die Absichten der Sowjets einig, sondern zollte auch dem Respekt, was er als kühle, objektive Analyse der gegenwärtigen prekären politischen Lage empfand.

Darüber hinaus – und dies war von ausschlaggebender Bedeutung für den Beschluß, wie man mit dem deutschen Generalstäbler weiter verfahren sollte – war Boker überzeugt, daß Gehlen kein Nazi war und die Linie kannte, die zwischen Partei und Wehrmacht verlief. Die Wehrmacht, die Hitler anfangs falsch beurteilt und unterschätzt hatte, leistete, wenn auch zögernd und dann zu spät, immerhin einen gewissen Widerstand. Die SS, die Speerspitze der Partei, war dagegen schwer mit Hitler-Treuen belastet. Für die meisten Amerikaner war dieser Unterschied eine Feinheit ohne Bedeutung: Sie hatten schließlich alle für Hitler gekämpft und seine wahnsinnigen Pläne in die Tat umgesetzt – also waren sie auch alle gleichermaßen schuldig.

Boker wußte – im Gegensatz zu Gehlen – um die Abscheu der Alliierten gegenüber den Deutschen, und er wußte auch um ihre politischen Scheuklappen. Jeder Versuch, eine offizielle Genehmigung für die Indienstnahme eines deutschen Generals zu bekommen, wäre nicht nur auf der Stelle abschlägig beschieden worden; er hätte überdies zur Folge gehabt, die Aufmerksamkeit auf Gehlen zu lenken. Weil die Administration in Washington entschlossen war, ihren russischen Verbündeten nicht vor den Kopf zu stoßen, wäre Gehlen mit an Sicherheit grenzender Wahrscheinlichkeit sofort an die Sowjets übergeben worden, wenn bekanntgeworden wäre, daß die Amerikaner in ihm einen Mann hatten, der möglicherweise mehr über das sowjetische Militär wußte als irgend jemand sonst – und den die Russen auch noch suchten. Boker war deshalb auf Unterstützung an höchster Stelle angewiesen, wenn er für die Idee, sich des Wissens von Gehlen über die Sowjets zum Wohle der Vereinigten Staaten zu bedienen, überhaupt Gehör finden sollte; er wußte, daß es nicht einfach sein würde, sie zu bekommen. Das Terrain, auf das er sich begeben mußte, um an jemanden heranzukommen, der genügend Einfluß hatte und eine Berücksichtigung seines Plans erzwingen konnte, glich einem Minenfeld. Er begann eine Strategie zu entwerfen, die ein sicheres Durchkommen garantierte und das Risiko für alle Beteiligten auf ein Mindestmaß senkte. Boker hatte Gründe für die Vermutung, General Edwin Sibert, der Geheimdienstchef für Europa, könnte der Idee, sich Gehlens zu bedienen, aufgeschlossen gegenüberstehen; er nahm aber zugleich an, daß er Sibert in eine unmögliche Lage bringen und zugleich auch den Plan gefährden würde, wenn er ihn mit ihm direkt erörterte. Deshalb hielt sich Boker an dessen Stellvertreter, Colonel

Russell Philp, einen zum Geheimdienst abgestellten Artillerieoffizier, der bei seinem Vorgesetzten stets ein offenes Ohr fand.

Das Ansehen des deutschen Geheimdienstes ließ einiges zu wünschen übrig, doch Gehlen ging daran, sowohl das Kaliber der Arbeit seiner Einheit wie auch den möglichen Wert ihres angesammelten Wissens über die Sowjetunion für die Vereinigten Staaten unter Beweis zu stellen. Um ihr gemeinsames Ziel zu erreichen, von den amerikanischen Militärbehörden ernst genommen zu werden, erstellten Gehlen und Boker in enger Zusammenarbeit eine Liste von Berichten, die Gehlen und seine Leute für Philp schreiben sollten. Bevor er das aber tun konnte, brauchte Gehlen seine Leute und seine Akten.

Nachdem Boker erfahren hatte, daß die Briten sich an Gehlen interessiert gezeigt hatten und verlangten, er solle ihnen überstellt werden, sorgte Boker dafür, daß sein Name sofort aus der Liste der in US-Gewahrsam befindlichen Personen gestrichen wurde. (Teile des amerikanischen Geheimdienstapparats führten Gehlen noch Jahre später auf ihren Fahndungslisten.[21]) Als nächstes begab sich Boker, der dabei mit den amerikanischen Lieutenants Paul Comstock, Ulrich Landauer, John Zorek und Franz Brotzen zusammenarbeitete – die bis auf Comstock fließend Deutsch sprachen –, in zahlreiche weitere Gefangenenlager und suchte die wichtigsten Leute von Gehlens früherer Einheit, der FHO, zusammen.[22]

Schließlich bargen sie mit der Hilfe von Gehlens Männern auch die wertvollen Akten aus ihren Verstecken. Fünf von den acht Dokumentenkisten wurden unter den Dielen abgelegener Forsthäuser und aus tiefen Erdlöchern hervorgeholt. Von den restlichen drei Kisten war eine verbrannt, eine weitere wurde beim Document Center des 12. Korps wiedergefunden, bevor sie an das britischamerikanische Document Center in Höchst weitergeleitet werden konnte; die dritte war von den Briten gefunden und bereits nach Höchst gebracht worden. Im Fall der verbrannten Akten war nichts mehr zu machen, aber bei denen, die den Briten in die Hände gefallen waren, sah es anders aus. Da die Herstellung von «Faksimiles»,

Fälschungen also, zum kleinen Einmaleins der Geheimdienstarbeit gehört, hatte Boker keine Mühe, Dokumente herbeizuzaubern, die ihn «berechtigten», sämtliche Materialien anzufordern, die er nach Wiesbaden überstellt haben wollte. Boker, eine imponierende Gestalt mit gebieterischer Ausstrahlung, gestattete dem Offizier, der für das Dokumentenmagazin zuständig war, lediglich einen kurzen Blick auf seine Ermächtigung, während er gleichzeitig bat, in die richtige Ecke des Magazins geführt zu werden. Mit der Bemerkung, er habe keine Zeit zu verlieren, und mit der kühlen, indifferenten Haltung eines Mannes, der eine etwas mühselige Pflichterfüllung zu absolvieren hat, schritt Boker die Regale ab, während seine Augen über die großen Aktenstapel wanderten. Da er von Gehlen eine detaillierte Beschreibung mit auf den Weg bekommen hatte, wußte Boker genau, wonach er suchte. Doch es bestand immer die Möglichkeit, daß die Dokumente verlegt worden waren oder sich vielleicht schon auf dem Weg nach Großbritannien befanden.

Plötzlich entdeckte er die Behälter, die knapp anderthalb Meter auf einem Regal in Anspruch nahmen, doch er ging an ihnen vorbei, ohne langsamer zu werden. Schließlich lief er ein Stück zurück und sagte, er habe gefunden, was er wolle – das Material, auf das er zeigte, beanspruchte etwa ein Viertel des Magazins, einschließlich einer russischen Druckerpresse, die zum Fälschen von Dokumenten verwendet worden war –, und forderte einen Viertonner zum Abtransport an. Boker bediente sich damit einer altehrwürdigen Verschleierungstaktik; er versteckte seine wenigen Klumpen Gold unter Massen tauben Gesteins.

Sobald Boker die einzelnen Teile im Erdgeschoß der Villa Pagenstecher beieinander hatte, wo er ein paar Zimmer als Hauptquartier für die Wiederaufnahme der Tätigkeit der FHO-Gruppe herausgehandelt hatte, begannen Gehlen und seine Männer fieberhaft zu arbeiten. Ihr Ausstoß war gewaltig. Hauptprojekt war eine Geschichte und Analyse der deutschen Geheimdienstmethoden gegenüber dem sowjetischen Geheimdienst auf verschiedenen Ebenen im Militär. Sie fertigten aber auch auf ihren Akten beruhende Berichte über die sowjetische Panzerproduktion an, über die Stärke der Sowjetarmee, über die sowjetische Produktionskapazität, eine Prognose der sowjetischen Demobilisierungspolitik und vieles weitere mehr.

Einer der Berichte, die Gehlen im Vernehmungszentrum der 7. US-Armee im Juni 1945 produzierte, trug den Titel: Anmerkungen zur Roten Armee – Führung und Taktik. Zu den Themen, die er aufgriff, zählten unter anderem: Beobachtungen zum russischen Nationalcharakter, Entwicklung und Besonderheiten der russischen Führungsprinzipien, aber auch technische Informationen und Analysen. Seine Einsichten in den russischen Nationalcharakter, mit denen er die Studie bezeichnenderweise eröffnete, sind insofern überraschend, als sie bis auf Dostojewski und die im russischen Wesen angelegte emotionale Zwiespältigkeit sowie die überragende Bedeutung des Mißtrauens bei den Russen zurückgreifen. Ein eindrucksvolles Dokument, luzide, kenntnisreich und von Geheimdienstlern als objektiv und von weit höherem Kaliber beurteilt als die meisten sonstigen Berichte, die damals bei den Alliierten eingingen:

«Ein weiterer bedeutender Charakterzug des Russen ist sein grenzenloses Mißtrauen anderen, der Welt und sich selbst gegenüber. Der russische Charakter wird im Gegensatz zu dem des Westeuropäers, der grundsätzlich in die Umgebung seiner kleinen Welt vertraut, von Mißtrauen beherrscht. Dieses Mißtrauen der Russen gegenüber ihrer unmittelbaren Umgebung hat zu dem wohlorganisierten Überwachungssystem geführt, das in jede Verästelung des staatlichen Lebens eingedrungen ist und auf dem der heutige sowjetische Staat beruht. Andererseits ist dies auch der Grund, warum der Russe mit anderen auf eine überaus langwierige, vorsichtige und umständliche Art und Weise verhandelt, warum er sich an Formalitäten klammert, selbst wenn sein Gegenüber keinen Grund dafür zu erkennen vermag. In diesem Zusammenhang sollte beachtet werden, daß dieses Mißtrauen häufig mit einem ausgeprägten Minderwertigkeitskomplex. und dem Argwohn gepaart ist, nicht als vollwertiger Partner betrachtet zu werden. Dieses Mißtrauen und die angeborene Intelligenz des Russen bilden darüber hinaus die Wurzeln der sprichwörtlichen slawischen Gerissenheit. Von ihr legen seine Neigungen zur Konspiration, zur Verschlagenheit und – wo immer dies möglich ist – zur Vermeidung des direkten Weges zu seinem Ziel Zeugnis ab.»[23]

Mitte Juli schien Boker die Zeit reif, einen offenen Versuch zu unternehmen, die volle Unterstützung von Philp zu bekommen: Er arrangierte eine Party in der Villa. Philp war Ehrengast bei einer Veranstaltung, die sich als eine sorgfältig arrangierte Mischung aus Show und Geschäft erwies. Zuerst hatte Philp Gelegenheit, mit Gehlen und seinen Leuten bei einem Glas Wein zusammen zu sitzen. Dann bekam der altgediente Artillerist von der Gruppe eine gründliche Einweisung in die sowjetische Artillerietaktik verpaßt. Der Abend, Höhepunkt einer Kampagne, die beinahe sechs Wochen gedauert hatte, war ein voller Erfolg. Philp, der von der Seriosität Gehlens und seiner Leute beeindruckt war, empfahl Sibert, sich genau anzuschauen, was sie anzubieten hatten.[24]

Das nächste Problem, vor dem Boker stand, war das gleiche, mit dem er schon bei Oberstleutnant Holters zu kämpfen gehabt hatte: Es galt, die Heeresaufklärung davon zu überzeugen, daß die Dokumente nicht von den Leuten getrennt werden durften, die sie auszuwerten vermochten. Der Einsatz gestohlener Dokumente als Spielgeld, mit dem man sich im gegnerischen Lager Vorzugsbehandlung, Beförderung oder sichere Zuflucht erkauft, hat eine lange Tradition. Auch Gehlen benutzte die Dokumentenwährung – Geheimnisse sind ein wichtiges Gepäckstück eines jeden Überläufers –, um sich mit ihrer Hilfe die bestmöglichen Bedingungen zu erkaufen.

Gehlens Berichte über seine «Diskussionen» und «Verhandlungen» mit den Amerikanern erwecken den Eindruck, er hätte irgendeine Art von Machtbasis besessen, von der aus er operierte, ein gewisses Erpressungspotential, mit dessen Hilfe er einen Handel zu seinen Bedingungen erzwingen konnte. In Wirklichkeit war

Gehlen ein Gefangener. Er war eingesperrt und hatte keinerlei Macht mehr. Und nicht nur das; weil der deutsche Generalstab zusammen mit der Nazi-Führung, der SS, dem SD, der SA, der Gestapo und der Regierung in die Kategorie jener eingereiht worden war, die sich automatisch in Nürnberg zu verantworten hatten, konnte er jederzeit als Kriegsverbrecher vor Gericht gestellt werden. Nicht nach Verhandlungen, sondern nach dem Strick war den Amerikanern zumute, als die Überlebenden der Vernichtungslager von ihrem Los zu berichten begannen. Gehlen dagegen hatte einzig seinen Verstand und das Glück auf seiner Seite, an John Boker und – durch diesen – an General Sibert geraten zu sein.

Die amerikanischen Behörden waren an Gehlens Akten interessiert, nicht an seiner Person, allerhöchstens und auch nur vorübergehend als Historiker. Doch Gehlen behauptete, seine Gruppe habe mehr zu bieten als die Fähigkeit, die Vergangenheit zu analysieren und fundierte Voraussagen über die Zukunft aufzustellen. Sie sei auch in der Lage, aktuelle Geheimdienstinformationen und neue Erkenntnisse zu beschaffen. Denn Major Hermann Baun, der für die verdeckten Aktionen in Osteuropa zuständige Offizier, habe den Kontakt mit Teilen seines Agentennetzes aufrechterhalten können. Wenn die Amerikaner doch nur zur Besinnung kämen, die Gefahr aus dem Osten begriffen und seine Gruppe schnellstens als Kollaborateure akzeptierten, ließen sich Bauns Agenten reaktivieren und der Informationsfluß Richtung Westen würde weiterfließen. Auf Grund der ihm zugänglichen Informationen hielt Boker es für recht wahrscheinlich, daß Bauns Agentennetz oder jedenfalls Teile davon überlebt hatten und sich reaktivieren ließen. Doch die Hindernisse auf dem Weg, die Behörden von einer Zusammenarbeit mit Gehlen zu überzeugen, waren gewaltig. Und die Wahrscheinlichkeit, daß Gehlen im Sommer 1945 die Unterstützung der Amerikaner errang, war gering.

Gehlen schien die mangelnde Legitimität als persönliches Problem zu empfinden, was zu zwei außergewöhnlichen Begegnungen führte; sollten sie wirklich stattgefunden haben, so sind sie höchst bezeichnend für Gehlens Gedankenwelt.

«Wir können und wollen nicht mit dem bisherigen Gegner gewissermaßen auf Söldnerbasis zusammenarbeiten (...). Diese Überlegungen veranlaßten mich zu dem Versuch, einen gewissen legalen Hintergrund für unsere Zukunftspläne zu schaffen. Ich wandte mich daher erst in den letzten Wochen vor Kriegsende – da dann andere Instanzen nicht mehr zu erreichen waren – an den stellvertretenden Chef des Wehrmachtführungsstabes, den General der Gebirgstruppen Winter, trug ihm die gesamten Überlegungen vor und erhielt von ihm das Sanktum zu unserem Vorhaben. Nach Kriegsende traf ich in der Gefangenschaft in Wiesbaden zufällig den Großadmiral Dönitz, der formal kurze Zeit das letzte Reichsoberhaupt gewesen war. Auch hier nutzte ich die Gelegenheit aus, ihm unsere Gedanken vorzutragen, denen er ebenfalls zustimmte.»[25]

Dies ist der Bericht, mit dem Gehlen seine Entscheidung rechtfertigte, für den Gegner seines Landes zu arbeiten. Ob wirklich geschehen oder nur für sein deutsches Publikum zurechtgeschustert, merkwürdig erscheinen diese Episoden allemal. Das Gespräch mit General Winter – zu einem Zeitpunkt, als Gehlens Pläne sein bestgehütetes Geheimnis waren – wirkt auf den ersten Blick eher unglaubwürdig, obwohl es Winter sieben Jahre später bestätigt hat. Innerhalb der Mauern jenes amerikanischen Gefängnisses, in dem Dönitz als Gefangener saß, um die Zustimmung des Mannes zu bitten (oder dies auch nur zu behaupten), den Hitler zu seinem Nachfolger als Staatsoberhaupt des infamsten Regimes der Neuzeit ernannt hatte, mit der Begründung, daß er Deutschlands Staatsoberhaupt war und damit Legitimität übertragen konnte, wirft schon ein interessantes Licht auf Gehlen. Die einfachste Erklärung dafür ist die, daß es sich hierbei um einen späteren Versuch Gehlens handelte, den Vorwurf abzuwehren, er sei lediglich ein Opportunist und Quisling gewesen. Der deutsche Generalstab betrachtete sich als Hort der besten Elemente des deutschen Nationalcharakters. Es versteht sich von selbst, daß eine seiner Grundüberzeugungen der Abscheu vor dem Verrat war. Auf der anderen Seite befanden sich unter Hitler viele Offiziere in einem tiefen Dilemma – sie liebten ihr Land, aber sie verachteten seinen Führer.

In dieser Lage wuchs die Überzeugung, daß zwischen Hochverrat, dem Verrat an der Regierung, und Landesverrat, dem Verrat am Staat, also der Verschwörung mit einer fremden Macht, ein grundlegender Unterschied bestehe. Als der Widerstand gegen Hitler in der Wehrmacht immer mehr zunahm, wurde Hochverrat – der Entschluß, gegen ihn und seine Regierung vorzugehen – trotz des Umstands, daß sich das Land im Krieg befand, als gerechtfertigt empfunden, weil er der tieferen Verpflichtung gegenüber dem Staat folgte. Die Zusammenarbeit mit dem Feind dagegen, die Weitergabe geheimer Informationen an eine andere Macht, die das Land und andere Deutsche gefährden konnte, der Landesverrat also, war unvorstellbar. Gehlen löste diese Frage für sich mit der Begründung, daß das, was er anzubieten hatte, die Westmächte stärken und damit Deutschland in der unvermeidlichen Auseinandersetzung mit der Sowjetunion schützen würde.

Auf jeden Fall war Gehlen in erster Linie Pragmatiker. Er hatte etwas zu verkaufen, etwas, von dem er wußte, daß es die Amerikaner brauchten, auch wenn sie dies noch nicht richtig begriffen hatten. Nun, als er einen Fuß in der Tür hatte, war es an ihm, den Handel mit seinen kaufkräftigen, aber noch unentschlossenen Kunden unter Dach und Fach zu bringen.

Gehlen in Amerika

Als der Befehl kam, Gehlen in die USA zu überstellen, hatte John Boker das Gefühl, ein betrogener Betrüger zu sein. Washington wollte Gehlen, die Handvoll FHO-Offiziere, die für ihn arbeiteten, sowie deren Dokumente nach «Post Office Box 1142» überstellt haben. Dies war der Deckname für das Vernehmungszentrum in Fort Hunt im Bundesstaat Virginia. General Sibert, der sich dafür eingesetzt hatte, den Rest der Einheit zusammenzuhalten und in Wiesbaden zu lassen, wurde ebenfalls übergangen.

Sobald die Gehlen-Leute in den Vereinigten Staaten waren, hatte das Pentagon das Sagen und nicht mehr das Hauptquartier der US-Streitkräfte in Europa. Washington hatte zudem deutlich gemacht, daß man dort an den Akten und nicht an den Menschen interessiert war. Siberts Einfluß hatte lediglich bewirkt, daß Gehlen und sechs seiner Leute mit den Akten mitfahren durften: Oberst Stephanus, die Majore Hiemenz, Hinrichs, Lütgendorf und Schöller sowie Hauptmann Fühner.[26] Ihre unfreiwillige Reise war ein ernster Rückschlag, der bedeutete, daß ein weiterer bürokratischer Krieg auf feindlichem Boden bevorstand.

Die Gruppe um Gehlen war zu diesem Zeitpunkt gleichwohl vor allem mit den kleinen Problemen beschäftigt. Das erste bestand darin, daß sieben deutsche Wehrmachtsoffiziere, die unter strengster Geheimhaltung und striktesten Sicherheitsvorkehrungen in die Vereinigten Staaten geflogen werden sollten – in einem Flugzeug, das Eisenhowers Stabschef, General Walter Bedell Smith, zur Verfügung stellte –, unmöglich Wehrmachtsuniform tragen konnten. Sie mußten sich also Zivilkleidung beschaffen. Diese Aufgabe erforderte Erfindungsgabe, gutes Zureden und Taktieren, doch mit Bokers Hilfe trieben alle sieben, wenn auch schlechtsitzende, so doch nichtmilitärische Hosen und Jacken auf. Keiner mußte sich danach noch Sorgen machen, für einen deutschen Generalstabsoffizier gehalten zu werden. Da sich Oberst Stephanus, der Ranghöchste nach Gehlen, einen Geigenkasten zugelegt hatte, in dem er seine wenigen Besitztümer mit sich führte, ähnelte die Gruppe einer Schar abgetakelter Musiker, die der adrette, untadelig gekleidete Captain Boker über die Piste zu der wartenden DC-3 brachte.[27] Während des Fluges über den Atlantik wurden die Männer von widersprüchlichen Gefühlen geplagt. Gehlen gibt zu, daß er neugierig war – auf die Vereinigten Staaten, überhaupt auf das, was vor ihnen lag –, doch sei er keineswegs gehobener Stimmung gewesen. Tatsächlich befand er sich in einer verzwickten Lage, denn sein mächtigster Beschützer, General Sibert, blieb in Deutschland zurück, und John Boker, der Mann, der für die «Wiedergeburt» verantwortlich war, die ihm und seiner Gruppe zuteil wurde, war lediglich Captain, dessen verhältnismäßig niedriger Rang ihm wahrscheinlich seine Durchsetzungskraft nahm, sobald er sich wieder unter den hohen Offizieren und Politikern in Washington bewegte. Vor allem aber waren Gehlen und die anderen bloß Gefangene, die unter Bewachung in das ferne Land der Sieger gebracht wurden, wo über ihr Schicksal von höchster Stelle entschieden werden sollte. Um wieder Mut zu fassen, mußte sich Gehlen jedoch nur daran erinnern, daß er trotz des Befehls des amerikanischen Oberkommandierenden, jeden zu überstellen, für den sich die Sowjets interessierten, nicht in sowjetische Hand geraten war; daß er zudem, obschon Generalstabsangehöriger, nicht von der Kommission für Kriegsverbrechen unter Anklage gestellt worden war und daß er nicht wie so viele seiner Kameraden ohne jede Hoffnung auf eine Zukunft in seinem zerstörten Land im Gefängnis saß.

Der Flug war lang; er dauerte 36 Stunden, doch die Deutschen hatten Lesestoff dabei. In der Sorge, daß deutschsprachige Publikationen in den USA wohl nicht so leicht zu bekommen sein würden, hatten sie sich im Haus des Augenarztes Pagenstecher vorsorglich eine kleine Handbibliothek «ausgeliehen», jedoch eine Notiz hinterlassen, in der, mit Namen abgezeichnet, aufgelistet war, was jeder mitgenommen hatte.

Der Anblick Manhattans, jener Insel der Türme, glitzernd und unversehrt, erfüllte die Flüchtlinge aus den rauchenden Ruinen ihrer eigenen zerstörten und verzweifelten Städte mit Unglauben. Auf diese Männer, deren Welt fünf Jahre lang aus Krieg und Zerstörung bestanden hatte, mag New York wie ein Wunder gewirkt haben. Als das Flugzeug schließlich auf dem National Airport in Washington gelandet war, fuhr es an ein entlegenes, «sicheres» Ende der Piste, wo es von Wachen umstellt wurde. Sobald die Tür geöffnet wurde, stürmte ein uniformierter Beamter, der schon ungeduldig darauf gewartet hatte, daß die Gangway endlich herangeschoben wurde, die Treppe hinauf und betrat das Flugzeug. An der Cockpit-Tür stehend, musterte er die höchst ungewöhnliche und streng geheime Fracht – diesen gefangengenommenen deutschen General und seine Geheimdienstoffiziere – und begann, sie sogleich ins Verhör zu nehmen. Es war eindeutig, daß es sich um einen überaus argwöhnischen Menschen handelte und daß er klare Antworten auf seine Fragen erwartete, doch weil Gehlen und die übrigen weder viel Englisch verstanden noch sprachen, wandten sie sich an Boker um Hilfe. Boker, der sein Bestes tat, nicht aus der Rolle zu fallen, erklärte ihnen, daß sie befragt würden, welche Blumen, Früchte, Pflanzen oder Samen sie ins Land zu bringen gedächten, und daß sie mit allem Ernst vor der illegalen Einfuhr solcher Produkte – weil strafbar – gewarnt würden. Der uniformierte Herr kam vom Landwirtschaftsministerium.

Wenn Gehlen und seine Gruppe von diesem ersten Kontakt mit amerikanischen Behörden in ihrem eigenen Land noch amüsiert sein mochten, sollten sie kurz darauf ernüchtert werden. Nachdem sie zu einem entlegenen Teil des Abfertigungsgebäudes eskortiert worden waren, wo sie eine kurze medizinische Untersuchung über sich ergehen lassen mußten, verabschiedeten sie sich recht ungern von Boker. Sie hatten guten Grund, sein Verschwinden zu bedauern, denn sogleich wendeten sich die Dinge zum Schlechteren. Seit Bokers Erscheinen waren Gehlen und seine Leute anders als die übrigen gefangengenommenen Offiziere behandelt worden. In Wiesbaden waren sie abgesondert worden, man hatte sie bevorzugt behandelt und verwöhnt. In den Vereinigten Staaten dagegen waren sie wieder deutsche Kriegsgefangene und wurden wie solche behandelt. Als sie das Abfertigungsgebäude verlassen hatten, wurden sie zu einem fensterlosen Bus geführt, einem Gefangenentransporter, und ohne viel Aufhebens hineinbefördert. Die Luft war zum Ersticken; ein einziger Ventilator vermochte gegen die Hitze und den Dunst eines Augusttages in Washington wenig auszurichten. Der Übergang vom Passagier im Flugzeug des Stabschefs zum Gefangenen im Knasttransporter hätte kaum knapper ausfallen können. Gehlen jedoch behielt seinen kühlen Kopf, und auch seine Spionagefertigkeiten ließen ihn nicht im Stich. Er hatte sich die Richtung gemerkt, in die der Wagen bei der Abfahrt wies, und weil er anscheinend eine genaue Karte der Gegend auswendig gelernt hatte, spielte er, der ja nichts sah, ein wenig Detektiv. Er schätzte die Geschwindigkeit, mit der sie fuhren, stoppte die Zeit zwischen den Kurven, folgte den Richtungsänderungen und verkündete, als sie an ihrem Bestimmungsort hielten, sie befänden sich 15 Meilen südlich von Washington. Es war eine beeindruckend genaue Schätzung. Sie befanden sich in Fort Hunt in der Nähe von Alexandria im Staate Virginia. Wie sehr er sich an seiner richtigen Schlußfolgerung auch gefreut haben mag – sie sollte ihm noch einige Unannehmlichkeiten eintragen.

Ein Teil von Post Office Box 1142 oder «Truman's Hotel», wie Fort Hunt auch genannt wurde, war das Old Building, das Zellengebäude für die Häftlinge. Es war nicht nur alt, sondern auch häßlich und von Stacheldraht sowie vier Wachtürmen umgeben. Das Old Building hatte keinerlei Ähnlichkeit mit der Villa Pagenstecher. Das beste, was sich über die Unterbringung der Gruppe noch sagen ließ, war, daß jeder eine Zelle für sich hatte, doch stellten sie rasch fest, daß die Türen innen keine Klinke hatten.[28] Und eine weitere Erniedrigung kam hinzu: Wie in allen Räumen im Post Office Box 1142 waren in den Zellen Wanzen installiert.

Das streng geheime Vernehmungszentrum Fort Hunt und sein Ableger an der Westküste, Byron Hot Springs oder Post Office Box 651 im kalifornischen Tracy, waren 1942 vom militärischen Geheimdienst zur Absonderung und intensiven Befragung von Kriegsgefangenen eingerichtet worden, die mutmaßlich über besonders wichtige strategische oder technische Informationen verfügten. Die psychologische Vorgehensweise war in das Ermessen der Vernehmer gestellt, einschließlich der Entscheidung, ob die Vernehmungen protokolliert oder auf Band genommen werden sollten. Die Vernehmungen spielten zwar offensichtlich eine zentrale Rolle bei dem Versuch, geheimdienstliche Erkenntnisse zu gewinnen, doch wurden sie auch mit weniger offenen Methoden beschafft.[29] Nun ist das Abhören von Gesprächen allerdings eines der mühseligsten, zeitaufwendigsten, frustrierendsten und teuersten Verfahren der Informationsbeschaffung. Die meisten Menschen neigen dazu, viel zu reden, aber wenig zu sagen. Daher wurden die in den Zellen der Gefangenen versteckten Mikrofone nur dann eingeschaltet, wenn man sich Erfolge versprach – in der Regel vor und stets unmittelbar nach einem Verhör. Das waren nämlich die Zeiten, in denen ein Gefangener noch am ehesten mit einem Mitinsassen besprach, was er auslassen, was er verschweigen, welche Strategie er dem Vernehmer gegenüber einschlagen sollte; und nach der Vernehmung – häufig mit nützlichen Einzelheiten –, wie es ihm gelungen war, seinen alles andere als gewieften Befrager auszutricksen. Eine weitere übliche, aber überraschend wirksame Methode war der Einsatz von Singvögeln; der Mitinsasse, mit dem der Gefangene über seine Vernehmung und womöglich über weit mehr redete, war häufig ein Spitzel. Der militärische Geheimdienst ging bei der Anwerbung solcher Informanten überaus vorsichtig vor; man fand sie nützlich, hatte aber wenig für sie übrig. Daß sie bereit waren, ihre Landsleute anzuschwärzen, machte sie in amerikanischen Augen verdächtig; doch wie die Besatzer entdecken sollten, erreichte die Bereitwilligkeit, den jeweils anderen anzuschwärzen, in Deutschland geradezu epidemische Ausmaße. «Alle machten einander gegenseitig schlecht», hat ein früherer CIC-Agent einmal gesagt. «So haben sie es unter Hitler gehalten, und genauso hielten sie es unter uns.» Im Fall von Gehlen jedoch kam der Einsatz solcher Informanten nicht in Frage; man mußte lediglich zuhören, was sich die Gruppe zu sagen hatte.

Als Boker Gehlen am National Airport verlassen hatte, war er sich nicht sicher gewesen, welches Maß an Kontrolle er im weiteren über die Gruppe haben werde. Am Tag darauf wußte er die Ant-

103

wort: Er hatte nicht einmal mehr offiziellen Zugang zu ihr. Boker, der sich so leicht nicht einschüchtern ließ, hielt den Kontakt dennoch aufrecht; doch Gehlen war aus dem Gleichgewicht gebracht – der Boden hatte unter seinen Füßen geschwankt. Der wenig Gutes verheißende, brüske und geschäftsmäßige Ton beim Empfang durch die Amerikaner auf dem Flughafen war in Fort Hunt zu einer bedrohlichen Melodie geworden. Die Entdeckung, daß ihre kleinen Einzelzimmer in Wahrheit Zellen waren, zusammen mit dem hastigen Rückzug von Boker, entmutigte Gehlen. Doch schon machte sich eine neue Gestalt, die eine entscheidende Rolle in seiner Zukunft spielen sollte, für ihren Auftritt auf der Bühne bereit.

Auf den ersten Blick klingt es unwahrscheinlich, daß ein deutscher General, der Hitler gedient hatte, ausgerechnet einem jungen Österreicher viel zu verdanken haben sollte, der nach der Nazi-Okkupation aus dem Land geflohen war und dessen Eltern beide ermordet wurden. Dennoch war Captain Eric Waldman, der nach seinem Eintritt in die US-Armee 1942 die amerikanische Staatsbürgerschaft bekommen hatte, in einzigartiger Weise dafür geeignet, gerade mit diesem Offizier umzugehen. Als Intellektueller und Kenner der deutschen Politik- und Militärgeschichte hatte Waldman seine Objektivität gegenüber den politischen Realitäten bewahrt. Trotz seiner tragischen Familiengeschichte war der Umstand, daß er gebürtiger Österreicher war, nicht nur in sprachlicher und kultureller Hinsicht bei der Arbeit mit einem Deutschen von Vorteil, er gab ihm auch ein Gefühl für die Stärke der Kräfte, die in Europa miteinander rangen. Nichtsdestoweniger hatte auch Waldman am Anfang seine Bedenken.

Nach einer der regelmäßigen Telex-Konferenzen zwischen dem Pentagon und dem Hauptquartier des militärischen Geheimdienstes im ehemaligen Gebäude der IG Farben in Frankfurt am Main erfuhr Waldman, daß Gehlen und seine Offiziersgruppe nach Fort Hunt kommen würden und er sich mit ihnen befassen sollte. Da er als Deutschsprachiger bereits in der Abteilung arbeitete, die sich mit der Beschaffung von Informationen über die möglichen Absichten und Stellungen der sowjetischen Armee-Einheiten beschäftigte, war die Wahl Waldmans für diese Aufgabe nur logisch. Er hatte eine Studie über die Taktik der deutschen Wehrmacht abgeschlossen, befand sich mitten in einer Untersuchung der sowjetischen Taktik und war zudem ein erfahrener Vernehmer. Als ihn John Boker jedoch in die Hintergründe einweihte und den Plan umriß, Gehlens Gruppe wiederauferstehen und unter amerikanischer Patronage weiterarbeiten zu lassen, war Waldman dennoch eher neugierig als überzeugt. General Gehlen trat er bei der ersten Begegnung mit gemischten Gefühlen gegenüber.

Boker machte sie miteinander bekannt, und als Gehlen Waldman musterte, kann ihm nicht entgangen sein, wie wichtig es war, die Unterstützung dieses Mannes zu gewinnen. Er hatte durch seine Erfahrungen mit Boker gelernt, daß der verhältnismäßig niedrige Rang eines Captain in der US-Armee kein Zeugnis für Unfähigkeit war; die Frage lautete eher, ob Waldman gewillt war, ihm zu helfen, und ob er es überhaupt konnte. Boker stand daneben, während die beiden einander taxierten. Sie waren praktisch gleich groß, doch Gehlen war schmal und blond, während Waldman dunkelhaarig und kräftig gebaut war; obwohl Waldman ein mitteilsamer Mensch war, übertraf er in diesem Moment noch die angeborene Zurückhaltung Gehlens.

«Wir sagten John Boker auf Wiedersehen, und dann machten Gehlen und ich einen kleinen Spaziergang», berichtet Waldman. «Ich war ehrlich gesagt ein wenig zugeknöpft. Ich versuchte, ihm auf die Schliche zu kommen. War er nun ein Nazi oder nicht? War er ein guter Deutscher? Ein Militär mit militärischer Tradition? Oder war er doch ein Nazi?» [30] Waldman brauchte einige Zeit, um seine Zurückhaltung zu überwinden, doch war er sich bald sicher, daß Gehlen nicht nur kein Nazi war, sondern daß sie die sowjetische Gefahr, Amerikas beängstigenden Mangel an Bewußtsein dafür, den dringenden Bedarf des Westens an Informationen und vieles andere mehr gleich einschätzten. Zum zweitenmal entwickelte sich der intellektuelle Rapport zwischen Gehlen und dem Vertreter seiner Bezwinger zu einer persönlichen Beziehung. Wie vor ihm John Boker wurde Eric Waldman nicht nur ein enger Mitarbeiter Gehlens, sondern auch dessen Freund.

Gehlens Status in Fort Hunt geriet zu einer *cause célèbre*, die bei den verschiedenen Geheimdiensten noch jahrelang für Ärger sorgen sollte. Genaugenommen hatte die Gehlen-Gruppe überhaupt nichts mit Fort Hunt zu tun. Die Armee-Abteilung, die dort auf die Gefangenen aufpaßte und für die Versorgung zuständig war, hatte keine Weisungsbefugnisse für Gehlen; für ihn war der militärische Geheimdienst G-2 verantwortlich, der ihn von Deutschland herübergebracht hatte und dem Boker und Waldman angehörten.[31] Auf diesem organisatorischen Umstand beruhte der Plan, den Waldman ins Werk setzte, um die Gruppe zu isolieren und ihre Lebensumstände zu verbessern.

Waldman war nicht nur der Ansicht, daß Gehlens Leute dazu gedrängt werden sollten, ihre Dokumente auszuwerten; er war ein uneingeschränkter Befürworter des Konzepts, die Gruppe als operativen Bestandteil des amerikanischen Geheimdienstes in Deutschland zu rekonstituieren. Bevor irgendwelche Schritte in diese Richtung unternommen werden konnten, war jedoch der Streit um die Zuständigkeit in Fort Hunt zu klären. «Es gab jede Menge Ressentiments, und ich habe mir keine Freunde gemacht», erinnert sich Waldman, «aber sie [die zuständigen Offiziere in Fort Hunt] hielten sich auch nicht an die Spielregeln.»[32] Nach einer Reihe heftiger Zusammenstöße setzte Waldman durch, daß die Gruppe Gehlen aus ihren Einzelzellen in drei kleine Hütten in einen abgelegenen, bewaldeten Teil des weitläufigen, unübersichtlichen Lagergeländes verlegt wurde, innerhalb dessen sie beträchtliche Bewegungsfreiheit genoß. Zudem verschaffte er ihr das Privileg, im PX, dem Laden der Armee, einzukaufen. Es schien, daß Waldman gewonnen und die Kommandanten von Fort Hunt ihre Ansprüche auf die Oberherrschaft über die Gruppe aufgegeben hatten, bis Gehlen sein – wie er es bezeichnete – «berufsmäßiges Mißtrauen» veranlaßte, dem geschenkten Gaul ins Maul zu schauen. Eine gründliche Durchsuchung der Hütten förderte überall sorgfältig und ideenreich versteckte Mikrofone zutage.

«Das hat mich furchtbar aufgeregt», erinnert sich Waldman. «Ich habe getobt. Denn das hieß schließlich nicht nur, daß sie Gehlen abhörten, sondern auch mich. Ich bin sofort ins Pentagon gefahren und habe einen Riesenaufstand gemacht.» [33] Er ging sogar noch weiter: Um unmißverständlich klarzumachen, wo er stand, kaufte er Gehlen ein Radio, das die Deutschen mit voller Lautstärke anstellten, wenn sie ungestört miteinander reden wollten. Anfangs arbeitete die Gruppe Gehlen mit Waldman an einem Handbuch der sowjetischen Militärtaktik, für das sie eine gewaltige Menge an Material auswertete. Zur gleichen Zeit lernten sie, was es bedeutete, in Amerika zu leben. Waldman hatte ihnen eine außergewöhnliche Bewegungsfreiheit erstritten, und Gehlen persönlich aß sein erstes Southern Fried Chicken, zubereitet von Mrs. Waldman, im Haus der Waldmans in der Nähe von Alexandria, Virginia.

Die Deutschen machten sich fleißig daran, Englisch zu lernen, und obwohl sich Gehlen über die Zeit beklagte, die sie dazu brauchten, waren sie Anfang 1946 schon geübt genug, um passable Dankschreiben an John Boker für die Geschenke zu verfassen, die er ihnen zu Weihnachten hatte zukommen lassen. [34]

Zur gleichen Zeit setzte die politische Wende ein, die Gehlen zu Hilfe kam. «Ich hatte ihm immer gesagt», erinnerte sich Waldman, «daß es nicht an unserer Schlauheit liegen werde, wenn der Westen aus seiner willfährigen Haltung herausfände, sondern an den Fehlern der Russen.» In Washington jedoch dauerte es noch eine ganze Weile, bis man einsah, daß Stalin keineswegs der nette Kerl war, für den ihn so viele Amerikaner hielten. Trotz der Tatsache, daß die Russen die erste Tagung der Vereinten Nationen zum Anlaß für Sperenzchen nahmen, daß in Österreich und Deutschland praktisch jeder Anschein von Zusammenarbeit in einem Sturm von Feindseligkeit und Aggressionen verschwunden war und daß das Überlaufen des russischen Codespezialisten Igor Gouzenko im September 1945 in Kanada überall in Geheimdienstkreisen die Alarmklingeln schrillen ließ, löste Präsident Truman Knall auf Fall den OSS auf.

Selbst als Truman – drei Monate nachdem er sich Donovans Behörde samt ihres Chefs vom Hals geschafft hatte – die Central Intelligence Group ins Leben rief, hob sich die Stimmung derjenigen, die mit Unbehagen in Richtung Moskau blickten, nur wenig. Die einzige Aufgabe der CIG bestand nämlich darin, den Informationsfluß zu koordinieren; Spionageaktivitäten als solche sollte es nicht geben. Es war offensichtlich, daß Truman keine Reinkarnation des OSS wollte. Es ist zwar nicht klar, was dem Präsidenten vorschwebte, doch die Zeremonie, der er bei der Taufe der CIG am 24. Januar 1946 vorsaß, läßt erkennen, mit welchem Maß an Ernsthaftigkeit er die Materie betrachtete.

«Heute zum Lunch im Weißen Haus», notierte Admiral William Leahy, Trumans Stabschef, «wurden Konteradmiral Souers und ich mit schwarzen Umhängen, schwarzen Hüten und Holzmessern bedacht. (...) ‹Für meine Brüder und Mitinsassen im Hundezwinger›», sagte der Präsident bei der Übergabe. «‹Kraft meines Amtes als Oberhund verlange und fordere ich, daß Admiral William D. Leahy und Konteradmiral Sidney W. Souers die Kleider und Abzeichen ihrer jeweiligen Ämter, des Leibschnüfflers und des Direktors der zentralisierten Schnüffelei, entgegen- und annehmen.›»[35]

Doch dann unternahmen die Russen einen Schritt, der die Amerikaner von Grund auf erschütterte. Sie widerriefen kurzerhand das Abkommen mit ihren Verbündeten über den Abzug sämtlicher fremder Truppen aus Nordpersien zum März 1946 und verlegten statt dessen sogar weitere Truppen dorthin.[36] Schlagartig gewannen nun jene in den Vereinigten Staaten, die schon immer vor den Sowjets gewarnt hatten, Respekt und Zuhörer – und mit ihnen jene Militärgeheimdienstler in Deutschland, die in aller Stille gegen das vorgegangen waren, was sie als umfassende kommunistische Infiltration betrachteten. Jetzt fiel die Entscheidung: Gehlen sollte nach Deutschland zurückgeschickt werden. Für ihn und den amerikanischen Geheimdienst war dies der Wendepunkt. Der Feind ihres Feindes war nun ihr Freund.

Die Entscheidung, Gehlen wieder nach Deutschland zurückzuschicken, sicherte zwar noch nicht dessen Zukunft, gab ihm aber eine neue Gelegenheit, seinen Wert unter Beweis zu stellen. Als abgeklärter Veteran militärischer und politischer Kriege wußte er, daß sein Schicksal letztlich in den Händen der Verantwortlichen an hoher Stelle lag, in den Händen von Männern wie den Generalen George V. Strong und Edwin Sibert, doch war er sich auch über den Dank im klaren, den er den beiden jungen deutsch- und österreichstämmigen Captains schuldete, deren Winkelzüge und Manipulationen ihm diese Chance eröffnet hatten. Vor seiner Abreise nach Deutschland schrieb er deshalb einen weiteren Dankesbrief:

17. Juni 1946
Lieber Mr. Boker,
mit unserer Abreise nach Europa ist eine erste Periode unserer Arbeit zu Ende gegangen. Ich betrachte es als meine Pflicht, Ihnen nochmals unseren Dank für Ihre Güte und Unterstützung auszusprechen; wir werden sie niemals vergessen. Nach unserer Rückkehr werden wir im selben Sinne wie bisher weiterarbeiten, und wir werden alles daransetzen, unsere Leistung bei den Aufgaben, die man uns geben wird, zu steigern. Ich hoffe, daß die Bande der Freundschaft, die sich im vergangenen Jahr gebildet haben, in der Zukunft noch an Stärke gewinnen werden.

Mit den besten Grüßen von uns allen,
stets der Ihre
R. Gehlen[37]

Die langen, heißen Tage vor seiner Abreise waren für Gehlen schwierig und voller Ungewißheit. Boker hatte ihm erläutert, daß er und seine Gruppe das Faustpfand in einem heftigen Machtkampf zwischen verschiedenen Zweigen des militärischen Geheimdienstes waren – wie auch Boker selbst. Doch werde Gehlen von der Atmosphäre des Zweifels und des Mißtrauens gegenüber der Sowjetunion profitieren, die sich – und dies schnell – in den Vereinigten Staaten ausbreite.

Die Helden von Stalingrad, so begannen sich die Amerikaner nunmehr zu erinnern, waren ja auch die Verbündeten Hitlers gewesen, als es ihnen nützlich erschien. Und die Russen, die in ihrem Kampf gegen Deutschland so tapfer gekämpft und so gewaltige Verluste hingenommen hatten, waren schließlich in erster Linie Kommunisten. Das Unbehagen im amerikanischen Volk wuchs und zeigte an, daß sich die Sympathien verlagerten, doch es war eine Wende nach rückwärts, die Rückkehr zu einer tiefempfundenen und langgehegten Angst vor dem Kommunismus.

Die sowjetische Gefahr

1946 sollte sich Gehlens Traum von der Wiedererrichtung eines deutschen Geheimdienstes endlich erfüllen. Die amerikanischen Ängste vor den Sowjets, die nach der russischen Revolution von 1917 die Szene beherrscht hatten, waren wiedererwacht. In den Vereinigten Staaten hatte die Revolution von 1917 mit ihrem blutigen Nachspiel ein tiefes Mißtrauen gegenüber radikalen politischen Kräften freigesetzt; für viele Amerikaner bestand dabei kein Unterschied zwischen Anarchisten und Kommunisten – das waren alles Rote. Beide Gruppen wollten den Umsturz der bestehenden Ordnung, beide waren zur Gewaltanwendung bereit, und der berühmte Kampfruf der Anarchisten, «Eigentum ist Diebstahl», klang eindeutig nach Kollektivismus. Dazu kam noch, daß vor nicht allzu langer Zeit, im Jahre 1901, Präsident William McKinley einem Attentat des Anarchisten – also Roten – Leon Czolgosz zum Opfer gefallen war.

Zwei Jahre nach der Revolution in Rußland, am 27. Dezember 1919, erreichte die Furcht vor dem Radikalismus in Amerika ihren Höhepunkt. An jenem Tag erließ der Generalstaatsanwalt Präsident Woodrow Wilsons, A. Mitchell Palmer, jene Geheimbefehle, die sechs Tage darauf zur Verhaftung Tausender von Menschen führten, die seiner Auffassung nach politisch verdächtig waren. In der Nacht des 2. Januar 1920, zwischen sieben Uhr abends und sieben Uhr morgens, wurden unter der Leitung von J. Edgar Hoover mehr als 4000 Menschen ins Gefängnis gebracht. Viele wurden ohne Haftbefehl festgenommen und trotz ausdrücklichen, dreifach wiederholten Befehls, daß «keine Gewalt angewendet» werden dürfe, auch mißhandelt. In Boston wurden 400 «Radikale» eingefangen, mit Handschellen aneinander gekettet und im Triumphzug durch die Stadt geführt. Palmer bejubelte den Erfolg mit der Behauptung, Aktionen wie diese zur Befreiung der Nation von unerwünschten Ausländern verhinderten die Ausbreitung des Radikalismus.

Das Volk und die Presse Amerikas jubelten mit ihm. Wer Zweifel an der verfassungsrechtlichen Grundlage der Verhaftungen anmeldete, wurde scharf zurechtgewiesen. «Generalstaatsanwalt Palmer und seine Untergebenen haben vielleicht einzelne Fehler gemacht», schrieb die *New York Times*, «doch ihr Zweck und Ziel und ihre Mühen, um einen Mob von gefährlichen Ausländern aus den USA zu vertreiben, werden von der Mehrheit des amerikanischen Volkes von ganzem Herzen unterstützt.» [1] Die Hysterie erreichte ihren Höhepunkt, als im selben Monat fünf rechtsgültig gewählte Mitglieder des New Yorker Landesparlaments daran gehindert wurden, ihr Mandat anzutreten, weil sie Sozialisten waren. Die meisten, die bei den Palmerschen Razzien festgenommen wurden, kamen jedoch später wieder frei. Das amerikanische Interesse an der Radikalen-Gefahr ließ nach. [2] Und 1936, als in Spanien die Konflikte zwischen den rechtsradikalen Nationalisten und den linksstehenden Republikanern zum Bürgerkrieg führten – einem Krieg von erschreckender Brutalität –, verlagerte sich die Sympathie der amerikanischen Liberalen auf die Seite der Linken, die in der Internationalen Brigade und der amerikanischen Abraham-Lincoln-Brigade gegen die faschistischen Falangisten kämpften. Als der Spanische Bürgerkrieg im März 1939 mit dem Sieg der Nationalisten unter General Franco endete, hatte Hitler die Welt an den Rand eines Krieges getrieben. Eine romantisierende Darstellung der Sache der Partisanen und Kommunisten in Spanien sowie die Angst vor den Folgen der faschistischen Aggression in Europa förderten in Amerika eine fragwürdige Sympathie für den Stalinschen Kommunismus. Dennoch ist die Gleichgültigkeit der amerikanischen Öffentlichkeit gegenüber dem kommunistischen Terror, den «Säuberungen», denen Millionen zum Opfer fielen, schwer zu erklären; die Presse berichtete ausführlich über die Schauprozesse gegen die Altbolschewiken in den Jahren 1936 bis 1938. Vielleicht war diese Apathie eine

112

Folge des damals verbreiteten Bildes, das die Amerikaner von den Russen hatten; man war der Auffassung, daß sie sich fundamental von den Europäern, überhaupt von jedem anderen Volk, unterschieden; sie galten nicht als zivilisiert wie etwa Franzosen oder Deutsche. Die Exzesse in der Sowjetunion kamen für viele Amerikaner deshalb weniger überraschend und wirkten weniger schockierend als in Europa.

Immerhin waren die Berichte, die im folgenden Jahrzehnt aus Rußland durchsickerten, bestürzend genug, um jedermann aufhorchen zu lassen; was jedoch fehlte war die Bereitschaft der Menschen, sie zur Kenntnis zu nehmen.[3] Als 1939 der Nichtangriffspakt zwischen Stalin und Hitler geschlossen wurde, war die Empörung in Amerika groß, doch genauso schnell legte sie sich auch wieder. Und dann befanden sich die Amerikaner plötzlich im Krieg, die Russen wurden von den Deutschen überfallen, wechselten die Seite und wurden ihre Verbündeten. Über Nacht wurde der Abscheu über Stalins kurzlebiges Bündnis mit Hitler von der Bewunderung für den Heldenmut und die Opfer des sowjetischen Volkes abgelöst.

Bei Kriegsende lenkten die Enthüllungen über die Schrecken des Hitler-Regimes weiter von denen Stalins ab. Die zivilisierte Welt starrte unverwandt auf die Greueltaten der Nazis. Das Entsetzen über die Verbrechen der Deutschen überdeckte, was an Abscheu vor der arroganten Heuchelei der Schauprozesse, der Barbarei und dem rüden Antisemitismus des brutalen, terroristischen, aber weniger sichtbaren Stalin-Regimes geblieben war. Eine gewisse Zeit nach dem Ende des Krieges konnten die Menschen anderer Nationen – unfähig, die Barbarei eines so gebildeten Volkes wie das der Deutschen zu fassen – nicht über die Vernichtungslager hinaussehen; sie vergaßen oder ignorierten sowohl den Antisemitismus wie den Terror in Rußland.[4]

Angesichts der Berichte über offen feindselige Handlungen der Sowjets in Europa und im Iran jedoch schlug der amerikanische Antikommunismus schnell wieder Wurzeln. Im Januar 1946 hatte

113

das Komitee des US-Repräsentantenhauses zur Aufdeckung un-amerikanischer Umtriebe mit seiner Untersuchung über subversive Propaganda begonnen. Und als Winston Churchill weniger als einen Monat darauf – am 5. März – in Fulton, Mississippi, seine Rede über den Eisernen Vorhang hielt, wurde der Antikommunismus vollends salonfähig.[5]

In diesem politischen Klima wurde über das Schicksal Reinhard Gehlens befunden; eine lebendige Bedrohung – die sowjetische – war an die Stelle einer toten – die deutsche – getreten. Gehlen sollte deshalb nach Deutschland zurückkehren, um für die Besatzungstruppen der US-Armee zu arbeiten und Erkenntnisse über die Aktionen der Sowjets zu sammeln.

Gehlens Plan geht auf

Das Deutschland, das Gehlen 1945 verlassen hatte, war nach den Worten seines späteren Kanzlers Willy Brandt eine Krater- und Höhlenlandschaft, voller Schuttberge und Ruinen, denen man kaum noch ansah, daß sie einst Häuser gewesen waren. Es gab kein Heizmaterial, keinen Strom, jeder kleine Garten war ein Friedhof; und über allem lag der Gestank der Verwesung. In diesem Niemandsland lebten Menschen, deren Leben aus dem täglichen Kampf um eine Handvoll Kartoffeln, einen Laib Brot, ein paar Klumpen Kohle, ein paar Zigaretten bestand. 1946 sah es kaum anders aus.[6]

Die Bevölkerung lebte unter der ständigen Bedrohung von Hungersnot und Seuchen. Wasser-, Kanalisations-, Transport- und Nachrichtensysteme waren zerstört. Und dann waren da plötzlich auch noch dreizehn Millionen Flüchtlinge. Zwangsarbeiter aus Rußland, Frankreich, Polen, Holland, vom Balkan und anderswoher, sowie Menschen, die aus den Konzentrationslagern kamen – sie alle versuchten, in ihre Heimat zu gelangen, sofern es sie noch gab. Mittellos und geschwächt, wie sie waren, brauchten sie Essen,

Kleider, medizinische Versorgung, Verkehrsmittel, aber nichts davon war vorhanden. Während die politisch Verantwortlichen in Washington ohne Konzept dastanden, handelte die Armee. Ein zerstörtes, verarmtes Europa konnte Deutschland nicht versorgen, selbst wenn es gewollt hätte. Der Kurs war klar: Amerika konnte nicht nur Besatzer sein, sondern mußte beim Wiederaufbau helfen. Und genauso klar war es für die Militärs, die in die Position geraten waren, den Kurs der amerikanischen Besatzungspolitik bestimmen zu müssen, daß das Land von Deutschen verwaltet werden mußte, die wußten, wie ihre öffentlichen Einrichtungen funktionierten – die Amerikaner konnten ja nicht einmal die Sprache.

Amerika würde für die Mittel sorgen, doch die organisatorischen Leistungen mußten von den Deutschen kommen. Es ließ sich nicht vermeiden, daß diejenigen, die unter der alliierten Besatzung wieder Züge fahren ließen und die Wasserversorgung aufrechterhielten, dieselben waren, die das auch schon unter Hitler getan hatten – sie als einzige wußten, wie es ging. Ein Land kann nicht ohne eine Bürokratie funktionieren, und der größte Teil der deutschen Beamten war in der NSDAP gewesen. Die amerikanische Regierung dagegen hielt nach wie vor an ihrem Programm der Entnazifizierung fest. Vom Feldherrenhügel des Capitol aus schien alles einfach: Der Nazismus muß ein für allemal ausgerottet werden, also findet alle Nazis und laßt sie bezahlen. Es war dann doch nicht ganz so einfach. Es gab andere drängende Prioritäten. Die Amerikaner mußten schnell und entschieden handeln, um mit einem Notstand von nie dagewesenem Ausmaß fertig zu werden. Die Besatzer brauchten die deutschen Bürokraten, ob sie Mitglieder der NSDAP gewesen waren oder nicht; und wenn das bedeutete, amerikanische Prinzipien preiszugeben, dann hatte die Preisgabe bereits begonnen.[7]

Wie die Angehörigen der Wehrmacht nahmen die deutschen Beamten traditionell die Haltung ein, daß sie Diener des Staates waren und daher jeder Regierung treu dienten, die das Land gerade führte. Unter Hitler wurde praktisch allen Staatsbediensteten abverlangt, Mitglied der NSDAP zu werden. Das Entnazifizierungsprogramm mit seinen Fragebögen, die kein Deutscher, der etwas zu verbergen hatte, ehrlich ausgefüllt hätte und das alle Deutschen ablehnten und lächerlich machten, war ineffektiv. Unter dem Zwang der Verhältnisse wurden trotz der Tatsache, daß dies im Gegensatz zur offiziellen amerikanischen Position stand, mehr und mehr NS-Beamte und -Mitarbeiter summarisch «entlastet» und wieder in ihre früheren Posten eingesetzt.

Die Politik der Vereinigten Staaten wurde durch zwei bedeutsame und miteinander nicht verträgliche Entwicklungen weiter ausgehöhlt: Die amerikanischen Streitkräfte betrieben einerseits eine überstürzte Selbstauflösung, andererseits wurde die Bedrohung des Westens durch die Sowjetunion immer offensichtlicher. Wieder und wieder bei seinen Versuchen enttäuscht, Präsident Roosevelt aus seinen russischen Träumereien zu reißen und ihn in die wirkliche Welt zurückzubringen, vergeudete Churchill keine Zeit, wenigstens Harry Truman wachzurütteln. Am 11. Mai 1945, kurz nach der deutschen Kapitulation, schickte Churchill dem neuen Präsidenten ein Telegramm, in dem er seiner Sorge vor einem Krieg mit den Sowjets Ausdruck gab.

Churchill, der in seiner Botschaft kein Blatt vor den Mund nahm, drängte darauf, daß mit den Sowjets offenstehende Fragen wie der Status Polens, der «provisorische Charakter der russischen Besetzung Deutschlands» und die Zukunft von Ungarn, Österreich, der Tschechoslowakei und des Balkans geregelt werden müßten. «Wenn sie nicht geregelt werden, bevor die Streitkräfte der Vereinigten Staaten aus Europa abziehen und die westliche Welt ihre Kriegsmaschinerie reduziert, bestehen keine Aussichten auf eine zufriedenstellende Lösung und sehr wenig Hoffnung auf die Verhinderung eines dritten Weltkriegs.» [8]

Das Gros der amerikanischen Streitkräfte zog ab, beinahe über Nacht. Die Regierung tat, was ihr Volk wollte, und brachte die «boys» nach Hause, so schnell die Schiffe sie nach Hause bringen konnten; nur die Besatzungstruppe blieb zurück. Der amerikanische Schutzschild, auf den sich die Europäer verließen, war keineswegs so stark, wie sie es sich vorstellten. Genau wie Churchill befürchtet hatte, wurde die westliche Kriegsmaschinerie reduziert, und es wurde innerhalb weniger Wochen, ja Tage nach der deutschen Kapitulation klar, daß der Versuch, mit den Russen zu einer Einigung über die offenen Fragen zu gelangen, ein riskantes Unterfangen sein würde, bei dem sich beide Seiten von einer Konfrontation zur nächsten belauerten.[9]

Die Sowjets verfolgten inzwischen ihre eigenen Ziele: Im Januar 1946 okkupierten sie die Mandschurei; dann marschierten sie in Nordkorea ein; im März 1946 weigerten sie sich, ihre Streitkräfte aus dem Iran abzuziehen; im selben Monat verstärkten sie ihre Truppen an der türkischen Grenze. Von 1945 bis 1947 schossen sie mehr als vierzig, meist britische, Flugzeuge ab, die ihre Grenze überflogen oder an ihr entlang flogen.[10] Die Serie von höchst provokanten Zwischenfällen in Europa riß nicht ab. Die Unkenntnis der Amerikaner über die Pläne der Sowjets war groß.[11] Sie wußten nicht, wie kriegsbereit die Sowjets waren – ein Mangel, der Gehlen unmittelbar zugute kam. Plötzlich waren Erkenntnisse über den neuen Gegner von höchster Wichtigkeit.[12] Gehlens kenntnisreiche Lageeinschätzungen – wie die über den russischen Nationalcharakter, die er nach der Gefangennahme durch die Amerikaner erstellt hatte – hinterließen bei denjenigen, die schon einmal in Rußland gewesen waren, gehörigen Eindruck. Für sie lag es auf der Hand, daß jemand wie Gehlen – egal, wer er war und woher er kam – für die Vereinigten Staaten von Nutzen sein konnte.[13] Im Juli 1946 trat Gehlen seine Rückreise nach Deutschland an, wo er auf Angehörige seiner alten Dienststelle Fremde Heere Ost treffen sollte, die die Amerikaner in der Nähe von Oberursel zusammengezogen hatten.

Rückkehr nach Deutschland

Sie nannten den Ort «Basket» – aus Gründen, an die sich heute keiner mehr erinnert. Doch trotz seiner Geschichte als Vernehmungszentrum, zuerst für die Luftwaffe und nun für die Amerikaner, war der deutsche Spitzname für Camp King bei Oberursel überraschend angemessen. Mit seinen Untertönen von Zusammengehörigkeit, Heimeligkeit und Sicherheit lag «Basket» für die Deutschen in jener trostlosen Zeit von 1945 und 1946 nicht eben weit vom Schuß.[1] Was dort zusammengeführt wurde und ein Dach über dem Kopf erhielt, war eine ausgewählte Gruppe von früheren Offizieren der Abteilung Fremde Heere Ost unter der Führung von Gehlen. Sicherheit und Heimeligkeit meinte jedoch nicht notwendigerweise auch allumfassende Einigkeit.

Während sich Gehlen in Post Office Box 1142 befand, machte General Sibert die beiden anderen Partner des Pakts von Bad Elster ausfindig, in dem sie vereinbart hatten, ihre gemeinschaftlich Dienste den Amerikanern anzubieten: Gerhard Wessel und Hermann Baun. Die beiden bildeten ein Gespann, das nicht so recht zusammenpassen wollte. Der schlanke, nüchterne und ansehnliche Wessel war derjenige Offizier, der Gehlen in den letzten Kriegstagen abgelöst hatte. Der Pastorensohn aus Holstein war einmal von Gehlen als «überragend tüchtiger, über Durchschnitt veranlagter Generalstabsoffizier ... [als] Führungspersönlichkeit» beurteilt worden.[2]

Niemand – Gehlen als letzter – hätte das von Hermann Baun behaupten mögen, dem früheren Chef der Gehlen nahen Frontaufklärung Ost. (Er hatte die Familie Gehlens und dessen Akten zweimal vor den anrückenden Russen gerettet.) Baun, ein Rußlanddeutscher, war ein temperamentvoller, emotionaler Mann, von dem gesagt wurde, er sei auf verdeckte Aktionen fixiert gewesen. Ver-

118

schwiegen, phantasievoll und impulsiv, lebte er im Zwielicht der Geheimdienstwelt regelrecht auf. Er kümmerte sich nicht um Details, sondern liebte den großen Entwurf, doch wurde nicht nur seine Führung im Berufsleben als irregulär empfunden; die Bewohner des «Basket» sahen voller Entsetzen auf die Frau, die den Platz seiner verstorbenen Gattin eingenommen hatte und die sich selbst «Frau Baun» nannte. Dennoch war es Hermann Baun und nicht Gerhard Wessel, der im «Basket» das Sagen hatte.

In der Tat sollte Gehlen – der davon ausgegangen war, daß er der unbestrittene Chef der Organisation sein werde, die er aushandeln konnte – bei seiner Rückkehr nach Deutschland entdecken, daß Baun ganz und gar die Oberhand gewonnen zu haben schien. Während Gehlen in den USA war, um die Sieger davon zu überzeugen, daß sein Wissen und seine Kenntnisse der Sowjets von unschätzbarem Wert für sie sein konnte, tat Baun in Oberursel dasselbe; und dabei sprach er direkt mit General Sibert. Darüber hinaus war das, was er anzubieten hatte, besonders attraktiv: seine Behauptung, über ein Netz von Agenten in ganz Ostdeutschland und Osteuropa zu verfügen. Kurz nachdem Gehlen nach Amerika geflogen war, gab Sibert Baun grünes Licht für den Versuch, wieder mit seinen Agenten Kontakt aufzunehmen und eine Arbeitsgruppe zusammenzustellen, die mit ihm in Camp King arbeiten sollte, wenn auch noch alles andere als sicher war, was aus dieser Gruppe werden sollte.

Während sich Baun auf den dunklen Wegen der geheimen Nachrichtenbeschaffung tummelte, bewegte sich Wessel frei umher. Er arbeitete eng mit den Amerikanern zusammen und versuchte, frühere FHO-Angehörige ausfindig zu machen und zur Mitarbeit zu bewegen; er fungierte als Verbindungsoffizier zu dem direkt für seine Einheit zuständigen Offizier.

Lieutenant Colonel John Russell Deane Jr. wurde im Alter von 26 Jahren ohne Kenntnisse im Geheimdienstwesen und mit nur geringen Deutschkenntnissen mit der Verantwortung für dieses delikate und potentiell explosive Experiment betraut. Viele Jahre später, nachdem er im Generalsrang aus der US-Armee ausgeschieden war

und nun den sichtbaren Erfolg seines Washingtoner Beratungs-
unternehmens genoß, betrachtete er die scheinbare Anomalität der
Lage recht nüchtern. Zum einen, meinte er, war man 1946, nachdem man den Krieg hinter sich hatte, mit 26 Jahren weit älter, als es
den Anschein haben mochte. Zum anderen, sagte er, «mußte ich
doch gar nichts von nachrichtendienstlicher Arbeit verstehen. Dafür waren sie die Experten.» Außerdem bekam er viel Hilfe von
jenem Mann, den er für einen der besten Geheimdienstprofis seiner
Zeit hielt, Generalmajor Robert A. Schow.[3]

Der Westpoint-Absolvent Deane war der Sohn von General John
Russell Deane, der als Chef der Militärmission in Moskau unter
Botschafter Averell Harriman mit William Donovan vom OSS bei
der Aufnahme von Kontakten zum NKWD zusammengearbeitet
hatte.[4] Deane Junior hatte während des Krieges in Europa ein Bat-
taillon kommandiert und schnell Karriere gemacht. Er war Opera-
tionschef und sollte eigentlich nach der Kapitulation Japans mit der
Besatzungsarmee dorthin geschickt werden. Doch im November
1945, als Gehlen noch in Fort Hunt war, fand sich Deane statt dessen als Geheimdienstoffizier in Oberursel wieder und meldete sich
bei General Sibert.

Deane störte weder die Problematik eines nachrichtendienstlichen Vorgehens gegen nominelle Verbündete, die Russen, noch der
Einsatz früherer Gegner bei diesem Unterfangen, während deren
Führer noch in Nürnberg vor Gericht standen. Ohne Rücksicht
darauf, wie real die Gefahr eines Angriffs durch die Sowjets war –
die sich, wie er sagt, in Washington realer ausnahm als in Europa –,
hielt er es für «klug», ein solches Unterfangen ins Werk zu setzen –
auch gegen Freunde. Was den Einsatz ehemaliger Hitler-Soldaten
anging, zog Deane seine Oberurseler Erfahrungen heran, um seine
Haltung zu verdeutlichen: «Fast alle unsere Leute im Vernehmungszentrum waren entweder in Deutschland geborene oder
deutschstämmige amerikanische Juden der ersten Generation. Für
manche mag es eine gewisse Genugtuung und für manche ein Gefühl der Macht mit sich gebracht haben, gegenüber den Deutschen

in einer überlegenen Position zu sein, aber ich habe nie jemanden darüber klagen hören, daß sie mit ihnen zusammenarbeiten mußten. Da waren sie, die Juden – die am meisten Betroffenen –, und sie haben sich nicht beklagt.» Denn zum einen, meinte Deane, wollten und konnten sie zwischen Nazis und Nicht-Nazis unterscheiden; und zum anderen, betonte er mit Nachdruck, «die Leute in Oberursel, das waren keine Nazis» [5]. Die markanteste Gestalt unter den Deutschen war Hermann Baun. Die meisten, die in dieser Zeit mit der Oberurseler Gruppe zu tun hatten, sprechen zurückhaltend über ihn, doch Deane äußert sich herzerfrischend offen. «Er hat sich in der Zeit, bevor Gehlen auftauchte, jede Menge Pläne ausgedacht. Vor allem wollte er sein altes Agentennetz reaktivieren. Ich hielt ihn für einen widerwärtigen Typ, aber er wußte sehr viel und hatte eine Menge Beziehungen. Als Gehlen auftauchte, änderte sich einiges für ihn.» Vor Gehlens Ankunft hatte Baun jedoch von Deane freie Fahrt für den Versuch erhalten, wieder Kontakt mit seinen Agenten im Osten aufzunehmen und sein Netz im Osten funktionstüchtig zu machen. Von Anfang an verursachte er aber nichts als Ärger. Baun war ständig irgendwohin unterwegs, niemand wußte, wo, um mit jemand, den niemand kannte, Kontakt aufzunehmen, und kehrte dann mit leerem Geldbeutel nach Oberursel zurück. Es kam zu Spannungen, doch durch die Möglichkeiten, die Baun eröffnete, traten die Schwierigkeiten, die sein geheimnistuerisches Verhalten und sein offenbar chaotisches Naturell aufwarfen, in den Hintergrund. Er wurde weder für seine Taten noch für sein Finanzgebaren zur Rechenschaft gezogen.

Die Freiheit, die Baun gelassen wurde, und das Ausmaß, in dem seine Geheimnistuerei in diesen ersten Tagen vom militärischen Geheimdienst geduldet wurde, machte die Operation von Anbeginn an verletzlich. Dies, so behaupten die Kritiker, war der Anfang eines Verhaltensmusters von seiten des amerikanischen Geheimdienstes, den sie als unverantwortlich bezeichnen und aus dem Gehlen Kapital schlagen, das aber ihn und Westdeutschland teuer zu stehen kommen sollte.

«Die ganze Fahrt über hatten wir wunderbares Wetter», berichtete Gehlen über seine Heimreise, die am 1. Juli 1946 begann. «Wenn auch in der Enge eines Truppentransporters, war es doch eine wunderbare Fahrt. Die See blieb auf der ganzen Reise spiegelglatt, so daß wir Luft, Wasser und Sonne richtig genießen konnten. Verpflegung und Betreuung waren gut, abends wurden auf Deck für Kriegsgefangene und Besatzung des Schiffes Filme gezeigt. Dies alles und das Bewußtsein, wieder nach Deutschland heimzukommen, hob die Stimmung, wenn auch für manche, die nicht unserer Gruppe angehörten, Ungewißheit über allem lag, was sie zu Hause erwarten würde.» [6]

Was Gehlen nicht erwähnte, war der Umstand, daß sie statt nach Bremerhaven, wie sie gehofft hatten, nach Le Havre unterwegs waren. Die Franzosen waren bereits bei ähnlichen Transporten aus Amerika an Bord gekommen und hatten sich deutsche Kriegsgefangene herausgeholt, von denen sie glaubten, daß sie für sie von Nutzen waren. [7] Waldman, der bereits seit Juni 1946 in Oberursel war, machte sich sofort auf den Weg, um jeden möglichen «Entführungsversuch» durch die Franzosen zu unterbinden. Er flog nach Paris und fuhr mit dem Auto nach Le Havre. Mit Bluff und Bravour gelang es ihm innerhalb von Minuten nach dem Herablassen der Gangway, seine Schutzbefohlenen vom Schiff zu holen und in sicheren amerikanischen Gewahrsam zu nehmen.

Auf der Fahrt von Le Havre nach Orly, wo das Flugzeug nach Deutschland wartete, brachte Waldman Gehlen auf den neuesten Stand und erklärte ihm in groben Zügen, wer und was ihn in Oberursel erwarten würde. Er sah etliche bekannte Gesichter wieder; Wessel hatte ehemalige FHO-Leute ausfindig gemacht, und Deane hatte dafür gesorgt, daß sie freikamen. Noch bedeutsamer war der Umstand, daß Baun beauftragt worden war, sein Agentennetz aus dem Krieg wiederzubeleben. Denn dies hieß, daß die Amerikaner aktiv die Idee verfolgten, die Gruppe in der aktuellen Nachrichtengewinnung tätig werden zu lassen. Gehlen beunruhigte allerdings die dadurch deutlich gestärkte Stellung Bauns bei den Amerikanern. In Deutschland war nach wie vor General Sibert für sämtliche militärischen Geheimdienste zuständig, und Colonel Philp, geschult durch einen Schnellkurs über das sowjetische Artilleriewesen, befehligte das gesamte Vernehmungszentrum. Colonel Deane war hier der einzige neue Amerikaner, der etwas zu sagen hatte, und dieser hegte keinerlei Illusionen über die sowjetischen Absichten.

«Gehlen war nervös, als wir uns zum erstenmal trafen», sagt Deane. «Er war sich nicht sicher, wie unser Verhältnis aussehen würde. Er war überaus proper und korrekt, aber es war deutlich zu sehen, daß er nervös war.» Was seine eigene Person angehe, fügt Deane hinzu, sei keine Berührungsangst vorhanden gewesen: «Wir unterhielten uns ein paarmal, und dann war klar, daß wir dieselben Ziele verfolgten. Wir hatten beide Respekt voreinander. Eric Waldman war derjenige, der direkt mit seinen Leuten zu tun hatte, aber wenn es um den Kurs des Ganzen ging, kam ich ins Spiel.» So war es Deanes Initiative, die letztlich zur Übergabe der Verantwortung für die Gruppe von der US-Armee an die CIA führte.

Im Juli 1946 gab es gute Nachrichten für die Deutschen: Ihre Familien durften zu ihnen ziehen. «Frau Gehlen war mit ihren Kindern und der Frau eines anderen Offiziers in Oberstdorf, also bin ich runtergefahren, um es ihr zu sagen und ihr einen oder zwei Tage Zeit zu lassen, ihre Sachen zu packen», berichtet Waldman. «Es war nach der langen Zeit eine solche Überraschung für sie, daß sie ein wenig durcheinander war, wie schnell es auf einmal gehen sollte. Ich sagte zu ihr: ‹Am Mittwoch kommt ein Auto und ein Möbelwagen für Sie›, und sie antwortete: ‹Mittwoch? Am Mittwoch? Oh, nein. Ich kann nicht am Mittwoch abfahren. Ich hab noch einen Rock beim Schneider. Der wird noch nicht fertig sein.›»[8]

Ebenfalls ungefähr um dieselbe Zeit erhielt Friedel D., eine frühere FHO-Mitarbeiterin, in dem amerikanischen Urlaubsheim, wo sie arbeitete, Besuch von einer Frau, die sich nicht auswies, sondern nur sagte, sie komme im Auftrag eines früheren Kollegen aus Gehlens Einheit. Sie sagte ihr, sie solle ihre Sachen packen und sich am nächsten Morgen für die Abreise bereithalten; sie habe eine neue

Arbeit, und man werde sie abholen. Es war keine Rede davon, wer sie abholte und wo sie hin sollte. Da das Heim, in dem sie arbeitete, jedoch geschlossen werden sollte, wäre sie andernfalls erst einmal arbeitslos gewesen. Die anonyme Botschafterin hätte also zu keiner besseren Zeit kommen können.

Bei den Amerikanern zu arbeiten war für einen Deutschen in der trostlosen Nachkriegszeit eine einzigartige Überlebenschance. Das mußte aber nicht heißen, daß man es gern tat, besonders wenn man als attraktive junge Frau dem rauhen Umgangston der Männer einer fremden Armee ausgesetzt war. «Die amerikanischen Soldaten waren die Besatzer», sagt Friedel D. heute ohne Verbitterung, «und so haben sie sich auch benommen. Besatzer sind arrogant, und sie waren arrogant. Manchmal haben die Soldaten Deutsche vom Bürgersteig geschubst, manchmal haben sie die Deutschen Schweine genannt. Es kam sofort zu Spannungen. Aber was hätte man erwarten sollen?» [9] Am nächsten Morgen hielt ein großer amerikanischer Wagen mit einem amerikanischen Fahrer vor der Haustür von Friedel D. Er sagte ihr nicht, wohin sie fuhren, und sie fragte ihn nicht danach. «In einem Auto zu fahren – Sie können sich nicht vorstellen, was für ein Luxus das war», sagt sie. «Woran ich mich beim Einsteigen am deutlichsten erinnere, war das Gefühl der Neugier, was wohl als nächstes kommen würde.»

Nach einer kurzen Fahrt in eine Nachbarstadt machten sie halt, um weitere Fahrgäste abzuholen: Frau Gehlen, ihre Kinder und Frau Hiemenz, die Frau eines der früheren FHO-Offiziere, die mit Gehlen nach Amerika gegangen waren. «Ich kann mich heute nicht mehr daran erinnern, worüber wir geredet haben, aber ich weiß noch, daß keiner von uns wußte, wohin wir fuhren. An eines erinnere ich mich genau: Unterwegs haben wir an einem amerikanischen Coffee Shop gehalten. Es war wie im Himmel. Wir aßen große ‹Rolls› und tranken richtigen Kaffee. Ich hatte seit so langer Zeit keinen mehr getrunken. Da saßen wir erst in einem großen Wagen, und dann kam dieser herrliche Coffee Shop. Dann, als wir in Oberursel ankamen, gingen wir durch ein Tor auf ein Gelände, das mit Stacheldraht abgezäunt war, und dort begrüßten uns alte Freunde.» Am nächsten Tag nahm Friedel D., die schon vor dem Amtsantritt von Gehlen bei FHO gewesen war, für ihre früheren Arbeitgeber wieder die vertraute Beschäftigung auf.

Die in Oberursel für die Gruppe getroffenen Sicherheitsvorkehrungen waren von obsessiver Gründlichkeit. Niemand außerhalb der Tore sollte wissen, wer sich hier aufhielt und woran hier gearbeitet wurde. Bei einer Gelegenheit schloß sich einer der Offiziere, für den Friedel D. arbeitete, mit ihr in seinem Zimmer ein, bis die Arbeit getan war. Diese Art der Isolation erzeugte eine enge Kameradschaft unter den Mitgliedern der Gruppe. «Wir haben in dieser kleinen Welt zusammen gearbeitet, gegessen und gewohnt. Wir waren eine richtige Familie», erinnert sich Friedel D.[10]

Die deutschen Berichte über die ersten Tage der Organisation Gehlen sind voll von Anekdoten über hohe amerikanische Geheimdienstoffiziere, die Gehlen umwarben, ihm Belohnungen dafür in Aussicht stellten, wenn er seine Organisation für sie arbeiten ließ. «Gehlens Bedingungen knallten auf den Tisch seiner Verhandlungspartner wie Peitschenhiebe», lautet eine Schilderung eines angeblich entscheidenden Treffens. «Es war das Diktat eines Besiegten, eines kleinen Mannes mit schwacher Stimme, aber eines Mannes, der wußte, was er wert war.»[11]

Doch in Wirklichkeit waren es die Amerikaner, die die Entscheidungen trafen. «Es war immer eine Einbahnstraße», sagt ein früherer Spitzenfunktionär der CIA. «Es mußte so sein, und es war auch so. Sie haben das Fachwissen und das Personal gestellt, und wir haben die Forderungen gestellt, für die Logistik gesorgt und das Produkt erhalten.»

Während Gehlen seine amerikanischen Vorgesetzten, von denen alles abhing, zu beeindrucken und zu Dank zu verpflichten suchte, ließ er gegenüber den Deutschen keinen Zweifel aufkommen, daß er immer noch ihr Kommandeur war – Generalmajor Reinhard Gehlen vom Generalstab. Sein Hauptanliegen zu dieser Zeit war es, die Gruppe seiner Kommandogewalt zu unterwerfen. Und er begann damit, zwischen den Amerikanern und der Organisation eine Mauer der Geheimhaltung zu errichten, indem er sich weigerte, die Identität seiner Agenten offenzulegen. Wenn Gehlen enttäuscht war, an Hermann Baun einen früher nicht vermuteten Ehrgeiz und ein ungekanntes Maß an ihm übertragener Verantwortung zu entdecken, so konnte er doch mit Zuversicht konstatieren, daß Baun unfähig gewesen war, sich ihrer zu bedienen, um das Vertrauen der Deutschen und der Amerikaner zu erwerben. Der Organisationsplan, den die Amerikaner der Gruppe vorschlugen, sah anfangs eine paritätische Arbeitsteilung vor: Baun sollte für die Nachrichtenbeschaffung verantwortlich sein, und Gehlen sollte die Auswertung übernehmen. Doch war dieses Konzept von bemerkenswert kurzer Dauer. Mit Hilfe Waldmans, der die Gruppe für effizienter hielt, wenn sie nur von einem Offizier geführt wurde, und mit der Unterstützung Deanes, der gegen Baun ohnehin Vorbehalte hatte, rückte Gehlen rasch zum alleinigen Chef auf. Die Organisationstafel wies Baun zwar immer noch als Verantwortlichen für die Beschaffung aus, doch neben ihm stand Gerhard Wessel als Chef der Auswertung, und über diesen beiden – Reinhard Gehlen.

Baun fühlte sich düpiert, doch fehlte es ihm an Rückhalt in der Gruppe. Er war ein Außenseiter, hatte den Ruf, ein Lügner zu sein, und sorgte ständig für Spannungen. Hinzu kam, wie Deane sagt, der soziale Faktor: «Nicht nur, daß Gehlen General war und Baun nur Oberst – Gehlen war ein Gentleman. Er und Baun kamen aus verschiedenen Klassen, und Baun ärgerte sich, weil er nicht als gleichwertig anerkannt wurde. Diese Dinge sind für die Deutschen ziemlich wichtig, und man sah es Gehlen an, daß er keine Achtung vor ihm hatte. Er betrachtete Baun als notwendiges Übel.» Schließlich entschieden sich die Dinge in einer umstrittenen Episode, die vielleicht sogar von Gehlen als Gnadenstoß für seinen strauchelnden Rivalen inszeniert wurde: Zur Finanzierung für den Wiederaufbau seines Agentennetzes erhielt Baun eine bestimmte Geldsumme, die – was ungewöhnlich war – in einem Safe deponiert

126

wurde, zu dem nur Baun Zugang hatte. Er bediente sich daraus, ohne, wie sich erwies, genaue Aufzeichnungen über die entnommenen Summen anzulegen. Es kamen Gerüchte auf über die zweifelhaften Verwendungszwecke der Gelder, und als diese Gerüchte Colonel Deane erreichten, der für die Finanzen zuständig war, und nachdem eine besonders große Diskrepanz zwischen Ausgaben und Verwendungszweck entdeckt wurde, stellte Deane Baun zur Rede. Ihm wurde Betrug vorgeworfen, und er mußte die Organisation verlassen.[12] Baun starb am 17. Dezember 1951. Welche der verschiedenen Vermutungen über Baun auch wahr sein mögen – ob er ein Betrüger war oder einfach sorglos mit dem Geld umging, ob er für die Sowjets arbeitete oder unwillentlich von ihnen benutzt wurde, ob er eine schwierige Persönlichkeit oder ein sozialer Außenseiter in einer geschlossenen Gruppe des Establishments war, ob er eine Gefahr für die Position Gehlens darstellte und deshalb einer Verschwörung zum Opfer fiel –, Gehlen jedenfalls setzte seinen unumschränkten Führungsanspruch über die Gruppe durch, und er tat dies mit Deanes Segen.

Wie sehr Gehlen seine Autorität wiederhergestellt hatte, wurde wenige Monate später bei einer Familienfeier deutlich, an die sich Rudolf von Glinski erinnert. Er war einer der früheren FHO-Offiziere, die Wessel ausfindig gemacht hatte; der hochgebildete, weitgereiste frühere Militärattaché hatte sich Gehlens Einheit im April 1945 angeschlossen, gerade noch rechtzeitig, um sich an ihrer Evakuierung zu beteiligen. Drei Monate zuvor, im Januar 1945, war Glinski noch an der Kriegsakademie in Berlin gewesen, wo er zur Abteilung des Militärattachés abgeordnet war und Gehlen das erste Mal getroffen hatte. «Es war beim alljährlichen Empfang der Militärattachés zu Ehren des Geburtstags Friedrichs des Großen am 24. Januar. Das war seit jeher das schönste Fest bei der Wehrmacht», sagt von Glinski, «und selbst angesichts der Russen vor der Haustür war das nicht anders. Es waren ungefähr hundert Leute da, einschließlich der Militärattachés aller anderen Länder. Ich kann mich noch gut an die besonders fröhlichen Siamesen entsinnen, und als das Fest so richtig auf Touren kam, haben die Ungarn auf den Tischen getanzt. Aber das kam später.» Zuvor waren die Trinksprüche und Reden an der Reihe, einschließlich einer bemerkenswerten Ansprache des Doyens des diplomatischen Corps, des schwedischen Attachés: «‹Es ist wichtig, sich am Geburtstag dieses großen Helden daran zu erinnern›, sagte er überaus würdig und gemessen, wie es seine Stellung verlangte, ‹daß Friedrich die Niederlage in einen Sieg umzumünzen verstand, genau wie die deutsche Wehrmacht dies auch heute tun wird.› Zu dieser Zeit rückten uns die Russen auf den Pelz, und alle wußten, daß es keinen Sinn mehr hatte, aber die Trinksprüche und Reden gingen gerade so weiter.

Während all das geschah, sah ich den General mit dem blassen Gesicht, der ganz ruhig dastand. Der Grund, warum er auffiel, war der, daß dieser General, bei dem es sich natürlich um Gehlen handelte, nur eine einzige Auszeichnung um den Hals trug, und die war ihm nicht für Verdienste im Kampf verliehen worden. Die anderen Generale dagegen prunkten mit einer Ordensspange an der andern. Gehlen trug das Kriegsverdienstkreuz, eine Auszeichnung für ausgezeichnete Führung. Er sah eigentlich mehr wie ein Universitätsprofessor aus und nicht wie ein Soldat, trotz der Uniform. Gerade das ließ ihn hervorstechen; er hatte so wenig von einem Soldaten an sich.»

Ende April stieß von Glinski auf Gehlens Einheit, die bereits in Auflösung begriffen war. Er wußte nicht, daß Gehlen bereits mitsamt seinen Akten untergetaucht war; er meldete sich einfach zur Stelle und erwartete weitere Befehle. Was zu dieser Zeit dringend erledigt werden mußte war das Auffinden von Verstecken: Sogenannte Vorräte sollten vergraben werden; zur Beaufsichtigung mußten weibliche Stabsangehörige in der Nähe des verborgenen Materials untergebracht werden. Selbst heute noch behauptet von Glinski, nicht zu wissen, woraus diese «Vorräte» bestanden; er dachte an Nahrungsmittel. CIC-Berichte über zum Teil umfangreiche Goldfunde legen jedoch nahe, daß es sich dabei um eher noch

Wertvolleres gehandelt haben muß. (Allein bei einer kurzen Operation stellten die Amerikaner beinahe acht Tonnen Goldbarren sicher, die von den Deutschen versteckt worden waren.) Was immer es war, ob Gold, noch mehr Dokumente oder Nahrung – von Glinski machte sich eilends daran, sichere Verstecke dafür aufzutreiben.[13]

Von Glinski hatte sich binnen kurzer Zeit für seinen Wagemut und seine Phantasie einen glänzenden Ruf erworben und stand weit oben auf der Liste der früheren FHO-Angehörigen, die Gerhard Wessel suchte. Als dieser ihn in einer Mansarde in Marburg ausfindig machte, packte von Glinski die Gelegenheit beim Schopf, wieder zu seinen alten Kameraden zu stoßen, einer verschworenen Gemeinschaft, oder, wie Friedel D. sagte, einer richtigen Familie. Und in der Tat hätte keine Familie die anschließende Romanze von Glinskis mit Friedel D. mit intensiverem Interesse verfolgt. Bei ihrer Hochzeit genoß Gehlen die Rolle des pater familias. Die Eltern des Brautpaars konnten aus Gründen der Geheimhaltung nicht anwesend sein, weshalb Gehlen die Rolle des Brautvaters übernahm. Sein Trinkspruch auf das Paar – es gab Champagner, den von Glinski aufgetrieben hatte; in Schwarzmarktgeschäften geschickt, war er zum außerordentlich effektiven Nachschubbeschaffer der Gruppe geworden – erlaubt einen seltenen Blick auf den Privatmann Reinhard Gehlen:

«Wenn ich nun hier zu Ihnen spreche, um den heutigen festlichen Anlaß zu würdigen, so tue ich dies in dreifacher Eigenschaft. Erstens sozusagen als Stellvertreter des abwesenden Brautvaters, zweitens als Ihr ehemaliger befehlshabender Offizier und zum letzten als Ihr jetziger Chef.

Ich übernehme die erstgenannte Aufgabe ohne offiziellen Auftrag. Ich bin mir jedoch sicher, daß ich selbst ohne ein ausdrückliches Mandat im Einklang mit den Wünschen Ihres geschätzten Vaters handle, wenn ich seiner Freude Ausdruck verleihe und seine Glückwünsche zu der heutigen Feier überbringe. Ich muß seine Gedanken und Glückwünsche wohl nicht näher ausführen, weil Sie diese aus seinen Briefen bestens kennen. Wäre er hier, so bin ich mir sicher, daß er auf die Bande zwischen den beiden Familien zu sprechen gekommen wäre. In diesem Sinne: Mögen Ihre Gedanken dem Wohl Ihrer Verwandten gelten, besonders der Mutter des Bräutigams, und Ihren nächsten Freunden, die heute nicht hier mit Ihnen zusammen sein können.

Ich wende mich nunmehr meinem zweiten Amt als Ihr ehemaliger befehlshabender Offizier zu. In dieser Hinsicht erinnere ich an die Tage, in denen Sie, verehrter Bräutigam, alle jene Vorbereitungen so tatkräftig in die Hand genommen haben, die Sie schließlich zusammen mit unseren beiden für diese spezielle Operation abgestellten Stabshelferinnen in einer Berghütte bei Kufstein stranden ließen. Schon damals, wenige Tage nach dem Waffenstillstand, berichtete – wenn ich mich recht entsinne – einer meiner Agenten, dessen scharfen Jägeraugen nichts entgeht: ‹Zwischen Fräulein D. und Herrn v. G. tut sich etwas. Das könnte durchaus zu einer Verlobung führen.› Ich freute mich damals sehr über diese gute Neuigkeit und war dann enttäuscht, als Berichte, die ich in Amerika empfing, darauf schließen ließen, daß sich die anfangs scheinbar erfolgreiche Offensive in einem langwierigen Stellungskrieg festgerannt hatte. Es schien genauso schwierig, den Ausgang vorherzusagen, wie zu entscheiden, ob sich die strategischen Ziele der angreifenden Partei geändert hatten.

In meiner dritten Eigenschaft als Ihr jetziger Chef fand ich mich einer ungewissen Situation gegenüber, die – wenn auch nur auf Grundlage ungenügender Erkenntnisse – den generellen Eindruck vermittelte, daß sich die beiden politischen Mächte nunmehr in wohlwollender Neutralität gegenüberstanden. Wiederholte Aufklärungsversuche zeitigten keine exakten Ergebnisse – wie übrigens üblich –, förderten jedoch einige Hinweise zutage, die uns nach sorgfältiger Würdigung zu dem Verdacht auf wohlgetarnte, verdächtige Vorbereitungen durch eine der beiden Seiten führten. So wurden in der Anfangsphase wiederholte Erkundungsmissionen über den Eisernen Vorhang zwischen Haus Zwei und Haus Drei beobachtet, bis schließlich eine geschickt getarnte regelmäßige Kurierverbindung erfolgreich eingerichtet war.

Die gegen diese Operation gerichtete Gegenspionage konnte diesen Kuriermissionen nur in wenigen Fällen auf der Spur bleiben. Es folgten die Einrichtung einer akustischen Kommunikationsverbindung zwischen Haus Zwei und Haus Drei – die Verschlüsselung der Pfiffsignale konnte übrigens nicht aufgelöst werden – sowie verdecktes Einschmuggeln von Kuriergut unter dem Decknamen ‹Blumen›, was als besonders besorgniserregendes Symptom gedeutet wurde. Es mußte vermutet werden, daß es sich dabei in Wirklichkeit um Explosivstoffe handelte, die den zu erwartenden Widerstand von innen zermürben und brechen sollten.

Schließlich wiesen Erkenntnisse aus dem politischen Bereich darauf hin, daß sich die Gegenpartei bei Verhandlungen, die unter strengster Geheimhaltung geführt wurden, den Argumenten zugunsten einer politischen Zusammenarbeit durchaus aufgeschlossen zeigte. Daher konnte der am 7. September 1946 geschlossene Vertrag über ein enges politisches Bündnis in Verbindung mit einem gegenseitigen Beistandspakt und einem Konsultationsabkommen, der heute ratifiziert wird, den Geheimdienst nicht mehr überraschen. Nun aber Spaß beiseite – wir alle sind überaus glücklich, daß Sie beide einander gefunden haben, und freuen uns, dieses Ereignis heute mit Ihnen feiern zu dürfen.

Zuallererst jedoch lassen Sie mich unsere guten Wünsche aussprechen. Wir wünschen Ihnen von ganzem Herzen viele Jahre gemeinsamen Glücks und gegenseitigen Beistands beim Erreichen dessen, was wir als den Sinn des Lebens betrachten sollten: die Entwicklung und Ausbildung unserer Persönlichkeit hin zu dem kaum einmal erreichten Ziel höchster Vollkommenheit und Harmonie. Auch Ihnen werden – wie allen anderen Menschen – Enttäuschungen und Widrigkeiten nicht erspart bleiben. Doch auf dem eben angedeuteten Wege werden Sie den Schlüssel finden, das Unbegreifliche des eigenen Geschicks zu meistern und sich von einer kleinlichen Sicht auf die Welt zu befreien. Unsere Wünsche umfassen viele weitere Gedanken, die zum Teil schon von jedem von uns einzeln geäußert wurden. Sie alle sollen in unser gemeinsames Hoch! auf Sie eingeschlossen sein. ‹Lang soll'n sie leben, Braut und Bräutigam (…)›» [14]

Gehlen, wieder auf heimatlichem Boden, doch für die Amerikaner tätig, lebte auf wie nie zuvor. Mit klarem Blick für seinen Vorteil hatte er stets das Beste aus jeder Situation gemacht, sogar trotz der eisernen Disziplin der Nazis. Nun fand sich Gehlen unter der nachlässigen Kontrolle gutwilliger Bewacher – Amateursoldaten, die nicht einmal seine Muttersprache beherrschten – in einer Situation, die geradezu dazu herausforderte, ausgenutzt zu werden. Plötzlich hatte Gehlen noch mehr Autorität über seine Landsleute; von den Amerikanern unterstützt und mit dem Gütesiegel amerikanischen Wohlwollens versehen, war er für die Deutschen mehr, als er je als Generalstabsoffizier hätte sein können. Für Amerikaner, die in einer bunt zusammengewürfelten Gesellschaft groß geworden sind, ist es besonders schwer, die subtilen gesellschaftlichen Konventionen und Statussymbole in anderen Ländern zu verstehen; in der Regel kommen sie ihnen anachronistisch und lächerlich vor. Dieser Mangel an Verständnis war in den vierziger Jahren, bevor Flugreisen amerikanische Touristen scharenweise nach Europa brachten, noch verbreiteter als heute. Auch waren damals die Klassenunterschiede noch viel signifikanter als nach der Amerikanisierung des Kontinents. Die meisten Amerikaner, die mit Gehlen zu tun hatten, konnten deshalb weder Gehlens gesellschaftlichen Status noch die Reaktionen seiner Landsleute auf ihn richtig einschätzen.

Während die Amerikaner Gehlen einzig und allein für die Nachrichtenbeschaffung einsetzen wollten, standen Gehlen schon die Position und die Rolle Nachkriegsdeutschlands in einem neuen Europa vor Augen, dessen politische Landschaft, wie er wußte, von dem Verhältnis zwischen der Sowjetunion und den Vereinigten Staaten beherrscht sein würde; besonders ging es ihm dabei um den

Part, den er und seine Organisation in diesem Europa spielen würden. Gehlens großes Glück war es, daß Deane sein erster amerikanischer Vorgesetzter wurde, ein Mann, der ein Gespür für das politische Klima der sowjetisch-amerikanischen Beziehungen besaß; und daß er zuvor an John Boker und Eric Waldman geraten war, die dank ihrer Herkunft die kulturellen Kräfte in Gehlen erkannten.

Gehlen wußte als Kenner der Geschichte und als gestandener Politiker, wie weit sich das dichte Netz deutschen Einflusses über Europa erstreckte, und er kannte die Rolle, die die Abwehr dabei gespielt hatte. Er wußte um die Feinheiten der politischen Beziehungen und erkannte die langfristige Bedeutung, die der Wiederaufbau der Abwehr für Deutschland besaß. Nach dem Ersten Weltkrieg, als Deutschland sich als Opfer des Versailler Vertrags empfand, hatte Gehlen ja aus erster Hand mitbekommen, wie seine militärischen Führer die Streitkräfte unter den Augen der Alliierten heimlich wiederaufgebaut hatten. Die Schlußfolgerungen daraus lagen auf der Hand: Erstens – und das war am wichtigsten – konnte man die Amerikaner manipulieren; zweitens mußten – und konnten – Elemente des deutschen Offizierskorps bewahrt werden. Der Generalstab war die übriggebliebene Aristokratie der Nation, ihr natürlicher Führer, und eines Tages, eher früher als später, würde Deutschland wieder eine Armee brauchen. Auf lange Sicht konnte es Gehlen also nur nützen, wenn er es war, der die Arbeit übernahm, seinen Angehörigen ein Rettungsboot zur Verfügung zu stellen. «Es war damals wichtig, so viele Offiziere wie möglich von der Straße zu holen», sagte Heinz Herre, der engste Mitarbeiter Gehlens. In schneller Folge stießen ehemalige Generalstabsangehörige zu der neuen Einheit, und viele von ihnen sollten wieder zu Führern der neuen deutschen Streitkräfte werden. Adolf Heusinger, der frühere Vorgesetzte Gehlens, wurde Generalinspekteur der Bundeswehr; Heinz Günther Guderian, Sohn des früheren Heeresgeneralstabschefs, sollte eines Tages Inspekteur der Panzertruppen werden. Gehlen half bewahren, was zum

Kern der deutschen militärischen Führung wurde, eine Tat, die ihm später Unterstützung einbringen sollte.[15]

Nachdem sich Gehlen und Waldman häuslich niedergelassen hatten, begannen sie mit der Entwicklung eines Konzeptes zur nachrichtendienstlichen Ausforschung der Sowjets. Obwohl von den Amerikanern völlig abhängig, war die «Organisation», wie sie einfach nur noch genannt wurde, nun in der Tat Gehlens Organisation, und ihre Aktivitäten richteten sich auf Ziele, die – wie er es sah – im ureigenen Interesse seiner Arbeitgeber, seines Landes und seiner selbst lagen. Die Amerikaner betrachteten Gehlens Initiativen mit Wohlwollen, was wiederum den Ehrgeiz Gehlens verstärkte.

Wachstum und Wandel

Ein Posten bei der Organisation, egal auf welcher Ebene, war damals hochbegehrt. Ein Deutscher arbeitete hier unter Landsleuten und für seine Landsleute, aber mit all den materiellen und sonstigen Vorteilen, die die amerikanische Unterstützung mit sich brachte. «Die Deutschen haben einen Charakterzug, der nach dem Krieg sehr deutlich zutage trat», sagt Deane. «Wenn sie am Boden liegen, sind sie servil; wenn sie ein bißchen Macht haben, werden sie sofort arrogant.» Die Agenten Gehlens hatten eine gewisse Macht und stellten sie auch zur Schau, ein Verhalten, das ihnen unter anderem die ewige Feindschaft der amerikanischen Militärpolizei und des CIC eintrug, die beide Gegenwehr leisteten.

Was die Agenten Gehlens an Macht besaßen, ging direkt auf die Sondervollmacht zurück, die Deane von General Lucius D. Clay, dem Chef der amerikanischen Militärregierung, übertragen worden war. Deane und Waldman besaßen nämlich Ausweise, die besagten, daß sie den General persönlich vertraten und in jeder Hinsicht zu unterstützen waren – gleich, was sie gerade brauchten, von Benzin oder Nylonstrümpfen bis hin zu einem Gefangenen, der irgendwo einsaß. Daß denjenigen, die die Organisation Gehlen überwachten, dieses einzigartige Privileg gewährt worden war, erboste andere Zweige des amerikanischen Militärs. Die «Organisation» lief bald unter dem Begriff «dieser Nazihaufen».

In den ersten Tagen jedoch hatte die taktische Aufklärung höchste Priorität. Hierzu gehörten Erkenntnisse über die Lage der sowjetischen Streitkräfte hinter dem Eisernen Vorhang, über ihren Kampfwert und ihre Bewaffnung. Washington wollte militärische Erkenntnisse, und man machte sich daran, diese zu beschaffen. Agenten wurden in den Osten geschickt, wo sie Truppenbewegungen ausspähten und mit Ortsansässigen Kontakt aufnahmen.[16] Um jedoch einen Agenten in den Osten einschleusen zu können, mußte man ihm eine glaubwürdige Identität verschaffen, damit er überhaupt frei herumreisen konnte. Denn überall in Deutschland war die Bewegungsfreiheit eingeschränkt, und die Besatzungsbehörden konnten sich jederzeit jedermanns Papiere vorweisen lassen. Weil die Amerikaner, die das Unternehmen Gehlen betrieben, die höchste Geheimhaltungsstufe angeordnet hatten, und weil die Identität seiner Angehörigen vor anderen amerikanischen Dienststellen ebenfalls geheimgehalten wurde, mußte ein Weg gefunden werden, ihnen eine falsche Identität zu verschaffen, die sowohl amerikanischen wie gegnerischen Nachforschungen standhielt.

Deane besorgte sich deshalb eine große Menge offizieller amerikanischer Blanko-Entlassungspapiere für Kriegsgefangene, trug den Decknamen des Agenten und andere fiktive Persönlichkeitsmerkmale ein und unterschrieb dann den Entlassungsschein. «Im allgemeinen», sagt Waldman, «sollte man nicht mehr als ein Dokument fälschen. Alle übrigen sollten echt sein. Wenn wir einen Mann nach Dresden in die Ostzone schicken wollten, haben wir ihn also als den Kriegsgefangenen Heinz Schmidt oder sonst jemanden aus Dresden entlassen. Mit diesem Stück Papier konnte er sich alle anderen Papiere besorgen, die er brauchte, ganz legal, damit er wieder ‹nach Hause› konnte. Es hat prima funktioniert.» Während das Hauptziel in der Gewinnung militärischer Erkenntnisse bestand, verfolgten Gehlen und Waldman auch andere, politische Ziele, die sie unter anderem nach Italien, in die Schweiz und nach Spanien führten.[17]

Bei Kriegsende bestanden die Beziehungen zwischen dem deutschen und dem spanischen Geheimdienst schon 30 Jahre, und das gegenseitige Wohlwollen war groß. Die Zeiten hatten sich jedoch geändert; der Faschismus war geächtet, und Gehlen mußte als Kostgänger der Amerikaner bei Wiederaufnahme der Kontakte mit den Spaniern sehr diskret vorgehen. Er mußte aber auch mit Blick auf die Deutschen vorsichtig sein. In Spanien hatte es während des Kriegs nicht nur von deutschen Agenten gewimmelt, Spanien war auch ein Zufluchtsort für jene Deutsche, die sich nach dem Ende des Krieges auf der Flucht befanden. Außerdem waren nach Spanien und in andere Länder SD-Leute geschickt worden, die in den Untergrund gehen und den siegreichen Alliierten Ärger bereiten sollten, wie Informationen der Amerikaner belegten.[18] Vermutlich kannte Gehlen diese Pläne und war auf der Hut. Der erste Kontakt mit der spanischen Regierung wurde von Waldman und Gehlen bei einem Treffen mit dem spanischen Militärattaché in Bern hergestellt, der für sie einen Flug nach Spanien zu Gesprächen mit dem Chef des spanischen militärischen Geheimdienstes arrangierte. Im Verlauf der Gespräche brachte der Spanier den Wunsch seiner Regierung zum Ausdruck, mit den Vereinigten Staaten zusammenzuarbeiten, und äußerte die Hoffnung, die Amerikaner würden erkennen, daß Spanien für die Westmächte zum «festen Flugzeugträger» in Europa werden könne. Es kam zu einer Zusammenarbeit auf verschiedenen Ebenen. Was die Organisation Gehlen anging, bot Spanien einen großen und vollständig ausgestatteten Rückzugsort für den Fall eines Krieges oder einer anderen Kalamität, die ihre Evakuierung aus Deutschland nötig gemacht hätte. Pläne für eine Notevakuierung der Organisation nach Spanien wurden bis in die letzte Einzelheit ausgearbeitet, bis hin zur Verteilung des Personals auf die einzelnen Busse.

Die Organisation wiederum bewies ihren Kooperationswillen,

indem sie General Franco half, eine alte Dankesschuld abzustatten. Der Chef des spanischen Geheimdienstes gab Waldman und Gehlen einen faszinierenden Einblick in die Geschichte des Krieges, indem er ihnen anvertraute, daß es der deutsche Geheimdienstchef Admiral Canaris gewesen war, der Franco überredet hatte, sich nicht dem deutschen Druck zu beugen und der Achse beizutreten. Als Spanien-Freund und aus der Überzeugung heraus, daß Deutschland letzten Endes den Krieg verlieren werde, hatte der alte Admiral die Zukunft ins Visier genommen und sich überzeugend für die Beibehaltung der Neutralität der Franco-Regierung eingesetzt. Nun eröffnete der Chef des spanischen Militärgeheimdienstes seinen Besuchern, daß Franco seiner Dankbarkeit Ausdruck geben wolle durch das Angebot eines Hauses in Spanien und einer lebenslangen Ehrenrente für die Witwe von Canaris. Die Organisation schätzte sich glücklich, helfen zu dürfen: Frau Canaris wurde schnell und sicher aus Deutschland heraus und nach Spanien gebracht.[19]

Ein Licht auf diesen Besuch wirft die Auswahl der Adjutanten, die Waldman und Gehlen von den Spaniern zugewiesen wurden. Am 20. November 1948 war Waldman zum Ritter des Malteserordens geschlagen worden, eine der höchsten Ehren, die einem Laien von der katholischen Kirche verliehen werden kann; der für Waldman ausgesuchte Adjutant war bezeichnenderweise ebenfalls Malteserritter. Gehlens Adjutant war ein Hauptmann, der in der Blauen Division gedient hatte, der spanischen Einheit, die mit den Deutschen gegen die Russen gekämpft hatte – ein erhellendes Exempel für die Realpolitik im Europa der Nachkriegszeit.

Ein weiteres entscheidendes Reiseziel für Gehlen und Waldman war der Vatikan. Die Aktivitäten der katholischen Kirche ziehen sich wie ein roter Faden durch das Gewebe der Spionagegeschichte während und nach dem Zweiten Weltkrieg. Ihre Rolle ist jedoch so vielschichtig, so dunkel und intrigenreich, daß es kaum möglich ist, ein umfassendes Bild von ihr zu zeichnen. Von Zeit zu Zeit kommen immer wieder einzelne Vorfälle ans Licht, die neue Kontroversen schaffen oder alte wieder aufflammen lassen, während sie nur aufs neue davon zeugen, daß die katholische Kirche als umfassendste, zentral gesteuerte Organisation dieser Erde für all jene ein ungeheuer attraktives Vehikel darstellt, die – aus welchen Gründen auch immer – einen Zugang zu einem weltumspannenden Netzwerk suchen.

Die Hilfe, die den von alliierten Geheimdiensten gesuchten Kriegsverbrechern von Organisationen und Personen zuteil wurde, die direkt mit der Kirche verbunden waren, ist gut dokumentiert. So auch die Tatsache, daß der Vatikan nach der Befreiung Roms im Juni 1944 dem OSS Berichte vom neuen päpstlichen Nuntius in Japan zukommen ließ, die nützliche Hinweise für Bombenangriffe enthielten.[20] Die Geheimdienste rekrutierten ihre Informanten im Vatikan wie in allen anderen Regierungen auch. 1945 bezahlte das OSS in Rom einem Chiffrierer im Vatikan 100 Dollar pro Woche dafür, daß er Zusammenfassungen der weltweiten Geheimberichte des päpstlichen Nuntius herausrückte, nur um zu entdecken, daß er das gleiche Material auch den Russen gab.[21] Gehlen tat es nur den anderen Geheimdiensten gleich, wenn er sein Augenmerk auf Rom richtete. Gehlen selbst war nicht katholisch; Waldman dagegen war nicht nur Katholik, sondern sogar Malteserritter. Als Gehlen eine Privataudienz bei Papst Pius XII. haben wollte – «es betraf etwas Geschäftliches, mehr kann ich auch heute noch nicht sagen», sagt Eric Waldman –, gelang es Waldman, sie innerhalb eines Tages zu arrangieren. Und die Wahrscheinlichkeit spricht dafür, daß sein Entree eine weitere Personalentscheidung förderte, die sich zweifellos im Laufe der Jahre für die Organisation als äußerst wertvoll erwies: Gehlens Halbbruder, dessen Deckname «Giovanni» lautete, bekam den Posten eines Sekretärs beim Direktor des Malteserordens.[22]

Einen Agenten dorthin zu bekommen, wo man ihn hinhaben wollte, bildete den ersten Schritt; der zweite war, an Informationen zu kommen. Doch dann kam der entscheidende Schritt: die Informationen zu jenen zurückzuschaffen, die sie brauchten. Zu diesem

Zweck wurden sämtliche Standard-Spionagetechniken jener Zeit eingesetzt. Funkgeräte wurden ins gegnerische Territorium geschmuggelt; Telefone waren unter falschen Nummern eingetragen; chiffrierte und mit Geheimtinte geschriebene Mitteilungen wurden von Kurieren transportiert, in toten Briefkästen deponiert, in Zigarettenschachteln und Zeitungen versteckt, ja sogar mit der Post verschickt. Doch gelegentlich ließen sich Gehlens Agenten in einem Anfall von Originalität auch etwas Neues einfallen.

Potsdam liegt am Ostufer des Glienicker Sees; das gegenüberliegende Ufer lag im Westsektor, und hinüber führt eine Brücke, die damals von russischen Soldaten bewacht wurde. Der Wechsel von einem Ufer zum andern war für einen Spion auf konventionelle Weise riskant – man wurde angehalten, befragt, mußte seine Ausweispapiere vorzeigen und einen glaubhaften Grund für die Reise nennen, und das in beiden Richtungen. Deshalb dressierten Gehlens Leute einen der ortsansässigen Schwäne, gravitätisch von einem Ufer zum andern zu paddeln und in vornehmer Haltung die Brotbrocken anzunehmen, die ihm von den Russen auf der Brücke zugeworfen wurden; die Soldaten hatten keinen blassen Schimmer, daß unter seinen Flügeln Plastikbeutel voller geheimer Botschaften steckten.

Schon etwas ernsthafterer Natur war eine Operation gegen das Agentennetz des tschechoslowakischen Geheimdienstes in Westdeutschland, vermutlich das bedeutsamste Unternehmen der Organisation Gehlen in der Waldman-Ära. 1945, unmittelbar nach dem Krieg, ereigneten sich in der Tschechoslowakei zwei Dinge von Bedeutung. Sudetendeutsche – lange dort ansässige Bewohner mit engen familiären und freundschaftlichen Bindungen an das Land – wurden in großer Zahl ausgewiesen; und die unter sowjetischer Kuratel stehende tschechoslowakische Regierung eröffnete in Prag eine Spionageschule. Schon bald wurden Absolventen dieser Spionage-Akademie nach Westdeutschland eingeschleust, wo sie sich die Dienste der Vertriebenen aus dem Sudetenland mit der üblichen Münze erkauften: Versprechen von Belohnung und Drohen mit

Vergeltung. Schnell war ein ausgedehntes Agentennetz entstanden, und die Informationen begannen nach Prag zu fließen – Namen und Adressen amerikanischer Geheimdienstoffiziere, Aktivitäten der CIC-Gegenspionage, Führer politischer Gruppierungen in den Flüchtlingslagern, Truppenbewegungen und so weiter. In einem Fall stahl die Frau eines bayrischen Regierungsbeamten Berichte über Flüchtlingsangelegenheiten aus den Akten ihres Mannes und schickte sie in Umschlägen des bayrischen Innenministeriums in die Tschechoslowakei. Die Angriffe kamen von allen Seiten.

Dann kam es im Sommer 1948 zu einer Flaute. Frühere Angehörige der FHO – Sudetendeutsche, die sich noch in der Tschechoslowakei aufhielten und mit Agenten der Organisation Gehlen in Kontakt standen – berichteten, daß es in der Abteilung des tschechischen Geheimdienstes, der für die westdeutschen Aktivitäten verantwortlich war und den Codenamen «Tomička» trug, zu einem Krach gekommen sei. Am 1. April hatte Ottokar Fejfar den bisherigen Chef der Abteilung, Hauptmann Janda, abgelöst, und es gab Gründe für die Annahme, daß Fejfar zum Überlaufen bereit war. Zwei Angehörige der Organisation Gehlen bekamen die Aufgabe, alles zusammenzutragen, was sie über Fejfar in Erfahrung bringen konnten – seinen beruflichen Werdegang, seine persönlichen Vorlieben und Schwächen, seine Freundschaften und familiären Verhältnisse. Im Herbst waren sie soweit. Man trat an Fejfar heran, der bereit war, die Seite zu wechseln und sich damit einverstanden erklärte, für Freiheit und Einreise in die USA alles zu sagen, was er wußte.

Fejfar hielt mehr als nur Wort. Er zog seinen Kollegen Hauptmann Vojtech Jarabek ins Vertrauen, und auch dieser entschied sich für den Verrat. In der Nacht des 8. November 1948 flüchteten Fejfar und Jarabek. Sie ließen den Wagen, mit dem sie in die Nähe der Grenze gefahren waren, stehen und gingen zu Fuß zu einem Punkt, von dem sie mit einiger Sicherheit annahmen, daß sie die Grenze dort unbemerkt überschreiten konnten. Sobald sie in der Westzone waren, wurden sie von Grenzschützern aufgegabelt, die den Auftrag hatten, nach ihnen Ausschau zu halten.[23]

Ungefähr zur gleichen Zeit stieg die Tochter eines Überläufers in Prag in den Schnellzug nach München. Im Futter ihrer Handtasche war eine Liste mit den Namen von etwa zwanzig Spionen eingenäht, die für den tschechischen Geheimdienst in Westdeutschland arbeiteten; sie sollte sie ihrem Vater bringen. Einer dieser Agenten jedoch reiste im selben Zug, ohne daß sie es hätte wissen können: František Klecka, ein 30jähriger Tscheche, war vor dem Krieg Philologiestudent und Pianist in Wien gewesen. Er war überzeugter Kommunist und hatte sich nach Moskau abgesetzt, als ihm klar wurde, daß die österreichische Polizei ihn suchte. Dort hatte er eine Geheimdienstausbildung erhalten. Nach Kriegsende war Klecka von den Russen zurück in seine tschechoslowakische Heimat geschickt worden, wo er eine Stellung gefunden hatte, die in Geheimdienstkreisen hochgeschätzt wurde: Er war Kellner im Expreßzug Prag–München–Paris.

Klecka, der keine Ahnung hatte, wer sie war, begegnete der jungen Frau als Kellner im Speisewagen. Als sich der Zug der deutschen Grenze näherte, wo tschechische Grenztruppen zustiegen, wurde sie immer nervöser, aus Angst, das verräterische Schriftstück könne entdeckt werden. Schließlich stand sie auf und bat Klecka, ein Auge auf ihre Handtasche zu haben, bis sie wieder zurück sei. Sie kam jedoch erst wieder, als sie sicher in Deutschland waren. Klecka tat, was sie ihn gebeten hatte, und es kam ihm nicht in den Sinn, ihre Handtasche zu filzen. Kurz nachdem die junge Frau ihre Namensliste überbracht hatte, wurde er festgenommen.

Klecka zählte zu den mehr als 40 Männern und Frauen, die unmittelbar nach dem Übertritt von Fejfar und Jarabek von der amerikanischen Militärpolizei verhaftet wurden. Die Verhaftungen erfolgten sofort, um das tschechische Hauptquartier in Prag daran zu hindern, seine Agenten in Deutschland zu warnen und ihnen die Flucht zu ermöglichen. Die Spionageverfahren begannen am 17. Februar 1949; die Verhandlung von Klecka war die erste und endete mit einem Urteil von 20 Jahren Haft.[24]

Obwohl die Verhaftungswelle die tschechischen Geheimdienstoperationen nicht zum Erliegen brachte, verringerte sie doch deren Umfang.[25] Die Fejfar-Jarabek-Episode war ein Beispiel für eine erfolgreiche Operation der Organisation Gehlen, doch gab es deren nicht viele, und ihr Nutzen war nur von kurzer Dauer. Amerikanische Geheimdienstoffiziere versichern immer wieder, daß der größte Wert der Organisation für die Vereinigten Staaten – abgesehen von Beobachtungen und Vernehmungen von Kriegsgefangenen in den ersten Nachkriegstagen – in ihrem Potential für Gegenspionage lag.[26]

Reibereien und Veränderungen

Der begrenzte Nutzen der Organisation Gehlen für den amerikanischen Geheimdienst rückte im Herbst 1946 in den Vordergrund, als der Militärattaché eines Ostblocklandes an Deane herantrat und anbot, ihm den telegrafischen Schriftverkehr seiner Botschaft zuzuspielen – gegen Geleitschutz für ihn und seine Familie in die Vereinigten Staaten oder nach Südamerika, falls er von seiner Regierung zurückberufen werden sollte. Er erklärte, seine Motive seien ideologischer Natur, und er verlange kein Geld oder irgendeine andere Belohnung, sondern nur die Fluchtmöglichkeit in die westliche Hemisphäre an Stelle der Rückkehr in die Heimat.[27] Deane, der erkannte, daß dieser Attaché, falls er war, was er behauptete, eine große Chance für die Amerikaner darstellte, wollte sich diesen Fall jedoch nicht auf den Hals holen, denn dies hätte eine dramatische Ausweitung in den Bereich der politisch sensiblen Geheimdienstarbeit bedeutet. Er zog deshalb General Schow ins Vertrauen, der ihm beipflichtete. Seiner Meinung nach kam die Armee für eine solch delikate Operation auf keinen Fall in Frage – und Gehlens Einheit schon gar nicht.

Bei den eigenen Leuten war Gehlen der unbestrittene Chef, ein wiedererstandener Generalstabsoffizier; doch bei seinen amerikanischen Unterstützern befand er sich auf dem Prüfstand. Während

142

er hart arbeitete, um seine Effizienz und seinen Willen zur Kooperation unter Beweis zu stellen, tat er zugleich alles, um seine Truppe auszubauen und sie sicher einzugraben. Er erkannte jedoch nicht, wie unsicher seine Position tatsächlich war. Teile des militärischen Geheimdienstes, die sich sowohl auf politische wie auf Sicherheitsgründe beriefen, wurden in ihrem Widerstand gegen die amerikanische Unterstützung für die Organisation immer nachdrücklicher, und selbst Colonel Deane entschied schließlich, daß er nach neuen Eigentümern für seine Promenadenmischung Ausschau halten mußte, obwohl er sie lieber behalten hätte. Das Angebot des Ostblockoffiziers war der Auslöser für diesen Beschluß. Ein solches dem Anschein nach attraktives Angebot mußte sorgfältig geprüft werden – aber von jenen, die die erforderliche Kompetenz besaßen, um seine politischen Implikationen einschätzen zu können.

Die Central Intelligence Group, die unter der Federführung des Außen- und des Kriegsministeriums arbeitete und über einen großen Stamm befähigter und weitsichtiger früherer OSS-Angehöriger verfügte, war die Institution, in der Deane die Organisation Gehlen unterbringen wollte. Trotz ihrer Beschränkungen schien die CIG eine breite Fähigkeit zur nachrichtendienstlichen Arbeit zu haben, und in Deanes Augen mochte Gehlens Gruppe bei richtiger Beaufsichtigung und Kontrolle durchaus ein Vehikel für Operationen wie die von dem Ostblockoffizier vorgeschlagene sein. Es hätte eine ganze Menge Probleme gelöst, wenn die CIG sie übernommen hätte; also reiste Deane im Herbst 1946 in die Vereinigten Staaten.

In dem altehrwürdigen, aus Sandstein erbauten Naval Medical Building, das dem CIG als Hauptquartier diente, traf er sich mit General Hoyt Vandenberg, ihrem Chef. Vandenberg horchte Deane aus und schlug dann vor, er solle nach New York fahren und die ganze Sache mit ein paar Leuten diskutieren, die sich in solchen Dingen auskannten. Also klopfte Deane bald darauf an die Tür eines Stadthauses in Manhattan und versuchte dort, die Organisation Gehlen an den früheren Geheimdienstoffizier der US-Armee William Jackson und an Allen Dulles vom OSS zu verkaufen. Während des Kriegs, als sich Gehlen noch alle Mühe gab, die Kriegsmaschinerie aufzuhalten, die Deutschland die Niederlage bringen sollte, hatte Dulles von der Herrengasse 23 in Bern aus alles getan, um eben jene Maschinerie auf Hochtouren zu bringen. Die Wohnung in Bern mit Aussicht auf die Aare war groß, komfortabel und leicht zugänglich, für ihren Zweck also bestens geeignet. An ihrer Rückseite befand sich ein Garten, durch den nächtliche Besucher unbeobachtet in die Wohnung gelangen konnten, die, so hoffte Dulles bei ihrer Anmietung, viele Besucher haben würde. Er brachte zwar kein Schild an, daß hier das Büro des OSS logierte, tat aber, was er konnte, um in einschlägigen Kreisen bekannt werden zu lassen, daß die Amerikaner in der Schweiz nachrichtendienstlich präsent waren, und zwar in seiner Person. Den Garten ließ er unbeleuchtet, die Hintertür offen.

Der amerikanische Mieter dieser Wohnung hatte eine schöne Jugend in einer angesehenen Familie verlebt, die sich rühmen konnte, drei Außenminister hervorgebracht zu haben. Allen Dulles mit seinen guten Verbindungen, seiner guten Erziehung und seinen vielen Reisen machte auf den ersten Blick nicht den Eindruck eines Mannes, der eines Tages die *Prawda* zu dem literarischen Höhenflug inspirieren sollte, «(...) sollte (er) durch jemandes Geistesabwesenheit jemals in den Himmel gelangen, würde er anfangen, die Wolken in die Luft zu sprengen, die Sterne zu verminen und die Engel hinzuschlachten»[28]. Doch für Dulles war Spionage ein gewaltiges Spiel, bei dem es ums Gewinnen ging. Er war vielleicht der letzte große Romantiker seines Fachs, für den Geheimnisse und Rätsel, die er voll auskostete, zum Handwerk gehörten.[29]

Deane, der in New York mit Jackson und Dulles zusammensaß, zog ein Diagramm aus der Tasche, das den Aufbau der Organisation Gehlen zeigte. Die Deutschen, wie immer um Geheimhaltung bemüht, hatten eine komplizierte Zeichnung angefertigt, die als elektrischer Schaltplan eines großen Hauses getarnt war. Während seine Gesprächspartner das Diagramm in Augenschein nahmen, erläuterte Deane seine Position und zählte die Argumente auf, die

144

nach seinem Dafürhalten für eine Übernahme durch die CIG sprachen. Nach längerer Diskussion wurde man sich einig, daß sich die CIG den Apparat zumindest gründlich anschauen und dann eine Entscheidung treffen sollte.

Etliche Monate später traf der CIG-Mann Samuel Bossard in Oberursel ein und ließ sich dort häuslich nieder. «Von diesem Augenblick an hatte ich keine Gelegenheit mehr zum Alleinsein», sagt Eric Waldman. Wie ein Schatten blieb Sam Bossard Eric Waldman ständig auf den Fersen, hielt die Augen offen und nahm jede Ecke und jeden Winkel der Organisation unter die Lupe. «Er folgte mir überall hin, um herauszubekommen, was die Organisation taugte. Er ging mit mir raus und besah sich meine Kontaktpersonen, wir fuhren weiß Gott wohin. Ich machte meine Arbeit ganz normal weiter, außer daß Bossard die ganze Zeit dabei war.»

Bossard folgte Waldman nicht nur überall hin, er studierte auch Berichte, führte ausgedehnte Gespräche mit den Chefs der verschiedenen Abteilungen der Organisation Gehlen und sammelte massenweise Informationen für den Bericht, den er schreiben mußte. Er hatte reichlich Gelegenheit, gründliche Arbeit zu leisten; er blieb mehr als drei Monate. Schließlich schloß Bossard seine Studien ab und reichte der CIG seinen Bericht ein. Auf dessen Grundlage und unter Einbeziehung weiterer Informationen fiel die Entscheidung, daß die CIG die Organisation Gehlen nicht übernehmen wollte. Sie blieb ein Kind des militärischen Geheimdienstes, und der einzige ausgebildete Geheimdienstmann unter den paar jungen amerikanischen Soldaten, die die Verantwortung für diese neu entstehende Organisation deutscher Geheimdienstexperten trug, war Eric Waldman.

Waldmans Arbeit mit Gehlen war nicht fest umschrieben. Als Ratgeber, Helfer, Agent – manchmal getarnt als Dolmetscher, manchmal als Kriminalbeamter – konnte Waldman nach Gutdünken schalten und walten. In der einen Tasche trug er gefälschte Personalpapiere bei sich, in der anderen das Wunder bewirkende Papier, das die Vertreter sämtlicher amerikanischer Dienststellen dazu verdonnerte, Waldmans Forderungen zu erfüllen, ganz gleich, worum es sich handelte. Wenn überhaupt irgendein Zweifel an dem aufkam, was er forderte, dann mußte es erst einmal erledigt werden; nur hinterher durfte nachgefragt werden. Deutsche Gefangene freigeben zu müssen, die wegen irgendeines Verstoßes einsaßen, besonders im Zusammenhang mit Schwarzmarktgeschäften, muß dabei für die amerikanischen Besatzungsbehörden eine besonders bittere Pille gewesen sein.

Die Organisation, deren Umfang Gehlen enorm schnell erweiterte, steckte ständig in Geldnöten; was ihr von der US-Armee zugewiesen wurde, reichte vorn und hinten nicht, und der Schwarzmarkt wurde zu ihrer Haupteinnahmequelle. Das System war ebenso effektiv wie skrupellos: Die Armee gab ihr Geld für Versorgungsgüter aus, die Sonderkommandos der Organisation auf dem Schwarzmarkt verhökerten. Nach getätigtem Verkauf konfiszierte die Criminal Affairs Division die Waren unter dem Vorwurf, sie seien illegal auf den schwarzen Markt gebracht worden, und überführte sie wieder in ihr Eigentum – das anschließend prompt wieder auf den Schwarzmarkt geworfen wurde. Dieser profitable Kreislauf wurde nach der Währungsreform vom Juni 1948, als die neue Deutsche Mark ausgegeben wurde, zu einer regelrechten Überlebensfrage – Gehlen zufolge hatten sie danach 70 Prozent weniger Kaufkraft zur Verfügung. Doch diese Praxis vergrößerte zugleich den ohnehin vorhandenen Widerwillen gegen Gehlens Truppe.

«Uns standen nur äußerst knappe Dollarbeträge zur Verfügung», erläutert Waldman. «Aber wir gaben unseren Leuten, die draußen die Agenten führten, Dollars, und die haben sie dann auf dem Schwarzmarkt umgetauscht, womit wir unsere Finanzkraft mindestens verzehnfachten. Zigaretten waren ebenfalls ein Zahlungsmittel. Wir konnten eine Stange für 80 Cents kaufen; auf dem Schwarzmarkt brachten sie ein Vielfaches davon. Und dann gab es noch das Penicillin, das wir ostdeutschen Ärzten zukommen ließen, die damit sowjetische Offiziere behandelten – zu einem enormen Preis. Da unsere Agenten nicht nur eine falsche Identität benutzten, sondern auch den Auftrag hatten, auf dem Schwarzmarkt tätig zu werden, flogen sie natürlich viel leichter auf. Und die Armee war stocksauer, daß sie uns die Jungs wieder herausrücken mußte. Natürlich wurde bald überall bekannt, daß wir unsere Agenten wieder freibekamen.»

Reibungen zwischen dem amerikanischen Militärpersonal und den Gehlen-Agenten waren von Anfang an weitverbreitet, doch in Oberursel selbst war das – bis zur Ankunft von Colonel Liebel, der Deane ablöste – nicht der Fall. Der Ton wurde von Deane angegeben, der mit Gehlen auf der Basis gegenseitigen Respekts verkehrte, weil er es für seine Aufgabe hielt, dafür zu sorgen, daß die Arbeit glatt vonstatten ging; aber auch von Waldman, der das Unternehmen vollauf unterstützte und hart für seinen Erfolg arbeitete. Draußen traten sich die amerikanischen Agenten und die Gehlen-Leute dauernd auf die Füße, und ihre Kollisionen gingen weit über berufliche Rivalität und Sicherheitsbedenken hinaus; sie reichten tief in den Sumpf gegenseitiger Nachkriegsressentiments hinein. Gehlens Agenten genossen ihre Macht über jene Amerikaner, die ihre Mission in Frage stellten; sie vergaßen aber gern, daß ihnen diese Macht von anderen Amerikanern verschafft worden war, und schlugen häufig über die Stränge. Sie liebten es, die Amerikaner, von denen sie vernommen wurden, zu demütigen, indem sie ihnen vorführten, daß sie bei deren kommandierenden Offizieren mehr Gewicht besaßen als sie selbst. Viele Amerikaner wiederum, einfache Soldaten und Offiziere, reagierten mit Verbitterung, Zorn und Frust, wenn ein deutscher Zivilist nicht nur versuchte, seine Beziehungen zu den höheren Rängen spielen zu lassen, sondern damit auch noch durchkam.

Gehlens Agenten setzten auch, wie sie selber behaupteten, alle möglichen Taktiken ein, um dem amerikanischen Geheimdienst das Wasser abzugraben. Bei Vernehmungen ermahnten sie die Gefangenen, den Amerikanern nichts zu erzählen, weil «Amerikaner und Russen nach wie vor zusammenarbeiteten wie im Krieg». Was der Gefangene dem US-Geheimdienstoffizier sage, werde an die Sowjets weitergegeben. Wenn er bei den Amerikanern plaudere, sei sein Leben in Gefahr, weil ihn ein kommunistischer Agent nach der Freilassung ermorden werde.

Deane beabsichtigte nicht, beim Geheimdienst zu bleiben. Er stimmte mit Gehlen darin überein, daß dieser für einen Militär eine Sackgasse darstellte, und hatte – anders als Gehlen – kein großes Interesse an dieser Arbeit. Mitte 1947 war es ihm schließlich gelungen, Washington davon zu überzeugen, daß er an anderer Stelle für sein Land wertvoller war, so daß er von Colonel Willard K. Liebel abgelöst wurde, was in den Augen vieler Beteiligter kein glücklicher Griff war.

Colonel Liebel traf im Herbst 1947 ein, und die Atmosphäre in Oberursel wandelte sich abrupt. Waren die Beziehungen zwischen Deutschen und Amerikanern zuvor harmonisch gewesen, herrschten nun Gehässigkeit und Konfrontation. Der Colonel hatte für Deutsche wenig übrig und machte kein Geheimnis daraus. Die Amerikaner hatten den Krieg gewonnen, die Deutschen hatten ihn verloren; die Amerikaner machten die Musik, und die Deutschen hatten nach ihr zu tanzen.

Was Colonel Liebel vorfand, als er in Oberursel antrat, war eine Gruppe, der man weithin freien Lauf gelassen hatte, und er war entschlossen, sie wieder an die Kandare zu legen. Ob es überhaupt noch möglich war, die aufstrebende Organisation wieder unter jene Art von militärischer Kontrolle zu bekommen, die Liebel vorschwebte, ist dabei offen; in Geheimdienstkreisen war mancher der Ansicht, sie hätte unter Beibehaltung nur weniger Elemente einfach zerschlagen werden müssen. Doch selbst wenn es noch möglich gewesen wäre: Liebel jedenfalls war nicht der richtige Mann dafür. Er besaß weder das Ansehen noch den Rückhalt bei der Gruppe wie Waldman und die anderen Amerikaner, die eng mit Gehlen zusammenarbeiteten. Je mehr er über die Aktivitäten von Gehlens Agenten zu wachen versuchte, desto mehr hielt Gehlen dagegen, und der natürliche Zusammenhalt zwischen den Deutschen wurde nur noch stärker.[30]

148

«Kein einziger», sagt Waldman, «und ich muß betonen, kein einziger von Gehlens Offizieren war ein Nazi, jedenfalls in der Zeit, in der ich dort war. Solange ich mit ihm zusammen war, bis zum März 1949, hatten er und ich ungeachtet meiner relativen Jugend und meines damals niedrigen Dienstgrads ein sehr gutes Einvernehmen. Er nahm mich stets mit, wenn er sich mit jemandem unterhalten wollte. Ich spreche hier nur von den ranghohen Leuten, die er für seinen Stab ins Auge gefaßt hatte, nicht von den rangniedrigen, die draußen arbeiteten; die hat er sowieso nicht direkt angeheuert. Der Grund, warum er mich mitnahm, sagte er, war der, daß er meinte, ich hätte ein ‹Fingerspitzengefühl›, was Menschen anging.

Ich habe von Anfang an absolut klargestellt, daß ich mit einem SD-Mann nichts zu schaffen haben wollte», sagt Waldman weiter. «Ich hätte nie mit so jemandem zusammengearbeitet. Walter Schellenberg zum Beispiel wollte für uns arbeiten, und da habe ich gesagt: ‹Kommt absolut nicht in Frage. Ich arbeite nicht mit SD-Leuten›. Und auf der Führungsebene hatten wir tatsächlich niemanden vom SD. Ich muß leider sagen, daß sich die Dinge änderten, nachdem ich gegangen war. Sie sagten, sie seien knapp an Personal und unter Druck – jedenfalls haben sie später welche von denen genommen. Aber ich habe immer nein gesagt. Ich hätte erstens aus persönlichen Gründen nie mit einem Nazi gearbeitet, und zweitens war ich der Meinung, daß sie jederzeit erpreßbar waren. Und das waren sie auch.»

Gehlen jedoch hatte immer auch sein eigenes Programm, das die amerikanischen Militärs wenig interessierte. Als Deutscher machte er sich große Sorgen um das zukünftige Wohlergehen und die politische Richtung seines eigenen Landes. Als ehrgeiziger, politisch erfahrener und differenzierter Mensch erkannte er die große Gelegenheit, einen Traum zu verwirklichen und eine bleibende Leistung zu vollbringen. Liebels fehlendes Gespür für diese Situation machte es praktisch unvermeidlich, daß die Deutschen die Reihen noch dichter schlossen und jede Bereitschaft zur Offenheit verloren.

Zu dem mangelnden Gespür für die Interessen und Ziele der

Deutschen, die unter ihrem Kommando standen, kam ein Mangel an Erfahrung. Amerikanische Feldkommandeure waren für eine Gruppe deutscher Geheimdienstexperten verantwortlich; trotz des nicht gerade überwältigenden Rufs des deutschen Geheimdienstes im Krieg waren die Deutschen die Profis – und die Amerikaner, die sie beaufsichtigten, waren bis auf Waldman pure Amateure in der Spionage. Gehlen hatte zudem Einblick in die Geheimdienstpolitik der Vereinigten Staaten und erkannte, daß sich der Wind drehte.

Gehlens eigene Lage war gleichwohl schwierig. Obwohl er mit Waldman weiter zusammenarbeitete, war sein Verhältnis zu Liebel miserabel und bot kaum Aussicht auf Verbesserung. Überdies steckte die Organisation Mitte 1947 in großen Finanznöten und wuchs in einem derartigen Tempo, daß ihr Oberurseler Quartier bereits stark überfüllt war. Liebel, der in vielen Dingen nicht besonders kooperativ war, zeigte sich in dieser Frage entgegenkommend: Als Waldman einen Umzug nach Pullach, 10 Kilometer südlich von München, vorschlug, gab Liebel grünes Licht.

Das Gelände in Pullach ist in Deutschland zur Legende geworden. Es liegt in einer Kleinstadt am Ufer der Isar und ist ringsum von hohen Mauern umgeben. Das Gelände gehörte ursprünglich Rudolf Heß und wurde dann das Hauptquartier von Martin Bormann, Hitlers treuestem Vasallen. Unmittelbar nach dem Krieg war es kurze Zeit das Hauptquartier der amerikanischen Postzensur. Innerhalb der Mauern standen bei Waldmans erstem Besuch das Herrenhaus Bormanns, etwa zwanzig kleine Einfamilienhäuser, etliche Baracken, ein Kasino, Garagen, ein Klubhaus und ein Schwimmbad. Es war, wie Waldman sagte, «der perfekte Ort» [31].

Am 6. Dezember 1947 zog die Organisation um. Da es kurz vor Weihnachten war, wurde das neue Quartier von den Deutschen «Camp Nikolaus» getauft. Sie freuten sich nicht nur, weil nun viel mehr Platz zur Verfügung stand; die Stabsangehörigen der Organisation wurden außerdem aus Sicherheitsgründen regelrecht aufgefordert, ihre Familien zu sich auf das Gelände zu holen. Der Umzug nach Pullach bedeutete schließlich auch den Abschied von Oberursel mit seiner starken militärischen Präsenz der Amerikaner. Liebel, Waldman und die Handvoll Amerikaner, die zu ihrem Stab gehörten, waren zwar weiterhin in Pullach präsent und führten auch das Kommando, aber die Deutschen übertrafen sie bei weitem an Zahl. War die Organisation Gehlen in Oberursel eine Art große «Familie» gewesen, wuchs sie nun schnell zu einer regelrechten Gemeinde an.

Das Bormannsche Haus, das größte auf dem Gelände, bildete das Zentrum des Areals. Im Parterre waren die Büros von Waldman und Liebel; im ersten Stock befand sich Liebels Wohnung, und darüber, im Dachgeschoß, lagen mehrere kleine Zimmer. Im Parterre eines kleineren Hauses gegenüber dem amerikanischen Hauptquartier hatte Gehlen sein Büro. Über dem Haupteingang des Bormannschen Hauses war ein steinerner Adler angebracht. Er war ursprünglich ein Nazi-Symbol, ein deutscher Adler mit einem Hakenkreuz in den Klauen; die Amerikaner hatten das Hakenkreuz aus seinen Fängen entfernt und den gewaltigen Vogel mit leeren Fängen hängen gelassen.

Die Übernahme der Pullacher Anlage schloß ein, daß das Gelände getarnt wurde – als Hauptquartier eines großen Unternehmens, das ein Netz von örtlichen Filialen unterhielt; eine Fiktion, die gar nicht so weit von den Fakten entfernt war. Der Zwang zur Geheimhaltung machte es überdies notwendig, die Anlage in eine Art autarkes Dorf zu verwandeln. Ein Kindergarten und eine Schule wurden eingerichtet. Es entstanden eine Krankenstation und ein kleiner PX-Laden, so daß die «Dörfler» keine weiten Wege außerhalb der Mauern mehr riskieren mußten. Sämtliche Einwohner arbeiteten in der Organisation – die Frauen des deutschen und des amerikanischen Personals dienten als Sekretärinnen oder Verwaltungsangestellte. Diese physische Isolation verstärkte nicht nur die Geheimdienstlern eigene Tendenz, unter sich zu bleiben, sondern brachte auch die Intimität des Lebens in einer Kleinstadt mit sich – mit all ihren Vor- und Nachteilen.

Nachdem sich Gehlen mit Waldmans Hilfe in Pullach niedergelassen hatte, setzte er den schnellen Ausbau seiner Organisation weiter fort. Mit Hilfe eines ausgeklügelten Anwerbungssystems wurden mehr und mehr Agenten rekrutiert, und es war immer weniger möglich, ihren Werdegang gründlich abzuklären. Zum einen hatten die Deutschen keinen direkten Zugang zu den Akten, die im Berliner Document Center lagerten; wenn sie eine Identitätsklärung vornehmen wollten, mußten sie das über die Amerikaner tun. Gerade über diese Frage spitzten sich die Differenzen zwischen Waldman und Liebel weiter zu. Liebel verlangte die Herausgabe der Personaldaten sämtlicher Gehlen-Agenten, doch Waldman bestärkte Gehlen aus Sicherheitsgründen in seiner Weigerung, Liebels Befehl Folge zu leisten. Nach Waldmans Abberufung aus Pullach beschleunigte Gehlen noch das Anwerbungstempo – ein Vorgehen, das immer suspekter wurde.[32] Zugleich richtete sich die mit jeder Spionagetätigkeit verbundene Geheimhaltung zunehmend gegen Gehlens Förderer selbst – die Amerikaner.[33]

Im Hauptquartier, mit Waldman an seiner Seite, mag Gehlen es vermieden haben, frühere SD-Männer anzuheuern; doch weiter unten in der Hierarchie funktionierten die alten Seilschaften aus dem ehemaligen Geheimdienst der Nazis. (Zum unendlichen Bedauern Waldmans setzte Gehlen, nachdem die Amerikaner offiziell aus Pullach abgezogen waren, diese Praxis fort.) Solange sie nicht aktiv an der Wiederbelebung des Nazismus beteiligt waren, sahen auch viele französische, britische, amerikanische (und sowjetische) Geheimdienstler vor allem die praktischen Vorteile der ehemaligen SD-Agenten. Sie hatten Erfahrung, kannten sich aus, galten als antikommunistisch und waren eifrig darauf bedacht, die Vergangenheit vergessen und sich bei den Besatzern beliebt zu machen.

Gehlens Hauptsorge galt dem Ausbau seiner Organisation, doch während sie ständig wuchs, wurde sie auch immer verletzlicher. Der Schacher mit Informationen war ein wichtiges deutsches Gewerbe, aber die in diesem Gewerbe tätigen «Freiberufler» hatten es nicht leicht – ein Platz in der von den Amerikanern alimentierten Organisation Gehlen war also ein Glückstreffer. Auf einen Schlag kam man dadurch an Fleisch, Milch, Unterkunft heran, ja sogar an Pakete mit Essen und Seife für die Verwandtschaft. Kein Wunder also, daß es nicht an Bewerbern mangelte; doch manche der besten stellten sich als Diener fremder Herren heraus. Zu den vielen Ironien in der Geschichte der Organisation Gehlen gehört die Tatsache, daß ihr schwächster Punkt letztlich gerade die Sicherheit war – trotz der manischen Beschäftigung mit falschen Identitäten und Decknamen, mit denen sich die Agenten auch untereinander ausschließlich anredeten.

Für Gehlen bedeutete der Ausbau der Organisation keineswegs einfach nur eine Ausweitung der Agententätigkeit. Wie immer hatte er die Zukunft im Blick, und seine Vision – auch wenn es nicht zum Krieg mit der Sowjetunion kam – war eine Partnerschaft mit den Vereinigten Staaten und den übrigen Alliierten, in der Deutschland der stärkste der europäischen Partner sein würde. Schon meldeten sich die ersten Persönlichkeiten zu Wort, Männer, die in einer künftigen deutschen Regierung führende Rollen übernehmen sollten. Die herausragende Gestalt unter ihnen war Konrad Adenauer, der sich schon vor dem Zweiten Weltkrieg und vor dem Aufstieg Hitlers erste Sporen verdient hatte.

Adenauer, früherer Präsident des Preußischen Staatsrates und Oberbürgermeister von Köln, hatte unter den Nazis beide Ämter verloren und wurde zweimal verhaftet, erst 1934 und dann nochmals 1944. 1945 war er von den Briten wieder in das Amt des Kölner Oberbürgermeisters ein-, aber bald wegen übertriebener Querköpfigkeit wieder abgesetzt worden. Sein politischer Aufstieg ging dennoch weiter, und 1947 war er Führer der CDU, die auf Jahrzehnte hinaus die herrschende Partei in der Bundesrepublik werden sollte. Als überzeugter Antikommunist betrachtete er einen Ausgleich mit der Sowjetunion als Verrat an der Westbindung und als Hinnahme der Finnlandisierung Westeuropas. Um diesem Schicksal zu entgehen, war Adenauer auch bereit, den Preis einer langfristigen Spannung und Rivalität zu zahlen.[34]

Hatte Gehlen sich in aller Eile – wohl wissend, daß es eines Tages eine neue deutsche Armee geben würde – darangemacht, prominente Wehrmachtsoffiziere zu retten und sie vorübergehend in den sicheren Hafen seiner Organisation zu schaffen, so begann er jetzt, an die neuen politischen und industriellen Führer des zukünftigen Deutschland heranzutreten.[35] Er brauchte ihre Unterstützung, um seine Organisation zu legitimieren und in den deutschen Regierungsapparat einzubringen; für Gehlen zweifelsfrei ein Grund, diese Kreise entsprechend zu pflegen. Er sah jedoch auch, daß zwischen dem Volk und den sich formierenden politischen Parteien Widersprüche bestanden – wie immer zog er es vor, hinter der Bühne zu agieren und die Darsteller zu manipulieren. Seine Position machte ihn für diese Aufgabe besonders geeignet. Auf längere Sicht mochte er geeignet sein, Brücken zwischen den Deutschen und den Amerikanern bauen zu helfen, doch zuerst mußte er wieder glaubwürdig werden und sich bei jenen Rückendeckung verschaffen, die Deutschland in Zukunft führen würden. Anders als die Amerikaner, die aus historischen Gründen dazu neigten, seine Bedeutung zu verkennen, waren sich dabei die Deutschen der Bedeutung des Geheimdienstes als einer Waffe im Arsenal der nationalen Selbstverteidigung wohl bewußt – und suchten ihrerseits die Verbindung zu Gehlen.

Doch während Gehlen daran arbeitete, sich einen festen Platz im entstehenden neuen Deutschland zu sichern, verschlechterte sich sein Verhältnis zum Vertreter seiner amerikanischen Förderer, Colonel Liebel, laufend weiter, was durch die Gabe des Amerikaners, saftige Beleidigungen auszuteilen, noch beschleunigt wurde. So klärte er bei einer denkwürdigen Begebenheit die Generale Gehlen, Winter und Heusinger darüber auf, der deutsche Generalstab sei «ein Nichts» gewesen, so daß die vorgesetzten Stellen nach einer Reihe immer unerfreulicherer Konfrontationen erkannten, daß Liebel der falsche Mann für seine Aufgabe war – im August 1948 wurde er aus Pullach wegversetzt.[36]

Die Nachricht von Liebels bevorstehendem Weggang hatte Pullach schon ein paar Wochen früher erreicht. Waldman weilte

154

dienstlich in der Schweiz und traf sich in Luzern mit Colonel Russell «Rusty» Philp, der das Kommando in Oberursel innehatte. Philp machte sich Waldmans Standpunkt zu eigen, nachdem er Waldmans Bericht über die Lage in Pullach gehört hatte, und ließ seine Beziehungen spielen – mit dem Ergebnis, daß er selbst zum Nachfolger Liebels ernannt wurde. Philp, ein aufgeschlossener und umgänglicher Offizier, der von Gehlen eine hohe Meinung hatte, übernahm die Gruppe im Dezember 1948.

«Im ‹Basket›», sagte Friedel von Glinski über Oberursel, «waren wir wie eine Familie, aber Pullach war anders. Es wuchs so schnell, es war so groß, die Atmosphäre war nicht mehr dieselbe.»

In der Tat lag ein gewaltiger Wandel in der Luft. Die internationalen Spannungen, die ihren Höhepunkt in der sowjetischen Blockade Berlins und dem anschließenden Drama der Luftbrücke erreicht hatten, machten den Kalten Krieg zu einer Lebenstatsache. Die Bildung einer deutschen Regierung stand bevor, und 1947 war durch den National Security Act die CIA geschaffen worden. Beides, die gewandelten Beziehungen zu den Deutschen und die Schaffung einer zentralen Geheimdienstbehörde für die Auslandsarbeit, führte zu einer neuen Haltung gegenüber der Organisation Gehlen.

Teil II

Von der «Organisation» zum Bundesnachrichtendienst

Gehlen und die CIA

Nachdem die moralisch umstrittene und politisch riskante Entscheidung gefallen war, Gehlens Dienste in Anspruch zu nehmen, stellte seine Organisation ihre Nützlichkeit für die Amerikaner schnell unter Beweis. Durch Nachforschungen über Personen, Befragungen von zurückgekehrten deutschen Kriegsgefangenen und die Analyse abgefangener Meldungen gelang es Gehlens Agenten, frühzeitig Erkenntnisse über sowjetische Truppenbewegungen und -konzentrationen zu liefern. Zu einer Zeit, in der die Kriegsgefahr sehr real schien, verschaffte die Organisation Gehlen den Amerikanern somit wertvolle operative Erkenntnisse, die sie anders nicht bekommen hätten. Erst nachdem die Gefahr eines «heißen» Krieges in den Hintergrund getreten war und das Ringen mit den Sowjets in den Kalten Krieg überging, trat das Unvermögen der Organisation immer deutlicher zutage, ihre Versprechungen auf dem Gebiet der strategischen Aufklärung einzulösen, also auch Erkenntnisse über die Planung des Gegners zu liefern. Gehlen hatte beim eiligen Aufbau seiner Organisation immer aus dem doppelten Motiv heraus gehandelt, nicht nur den Amerikanern seine Nützlichkeit zu beweisen, sondern auch einen funktionierenden Geheimdienst bereit zu haben, dessen Übernahme durch eine künftige deutsche Regierung praktisch zwangsläufig erfolgen mußte. So hatte es zwar seine Vorteile für die Vereinigten Staaten, daß Gehlen ehemaligen Angehörigen des deutschen Generalstabs eine sichere Zuflucht bot, vor allem, was Kontakte zur Elite des entstehenden deutschen Staates betraf, stellte zugleich aber auch einen eindeutigen Schritt in deutschem Eigeninteresse dar – ein Schritt, der von der amerikanischen Öffentlichkeit, hätte man sie darüber ins Bild gesetzt, mit Empörung aufgenommen worden wäre.

Als die Aufsicht über die Organisation Gehlen von der US-Armee auf die CIA überging, wuchsen die Bedeutung der Aktivitäten Gehlens und das Interesse an ihren politischen Aspekten. Daß sich die Verantwortung vom Pentagon auf die CIA verlagerte, war ein Vorgang von erheblicher Bedeutung, der ohne Zustimmung der ranghöchsten Angehörigen der Administration in Washington nicht hätte stattfinden können. Der politisch erfahrene Gehlen, dessen Beziehung zum militärischen Geheimdienst immer gespannter wurde, sah darin mehr als einen neuen Aufschwung, eine neue Stabilität. Er erkannte die gewaltigen Chancen, die sich ihm boten.

Im September 1948 fuhr James Critchfield in seinem verbeulten schwarzen Chevrolet in Pullach vor und hielt vor dem Haupteingang des früheren Hauptquartiers von Martin Bormann. Critchfield, 31 Jahre alt, athletisch gebaut und in der Uniform eines Colonel der amerikanischen Armee, stieg aus und ging energischen Schrittes zur Tür. Dort wurde er von einem schlanken blonden Deutschen in den späten Vierzigern begrüßt, der die kältesten blauesten Augen besaß, die der Amerikaner jemals gesehen hatte. Der Deutsche, der sich als Dr. Schneider vorstellte, und Critchfield, der sich Marshall nannte, schüttelten einander die Hand und gingen ins Haus.[1] Während sie sich zum Kaffee setzten – der Doktor, wie Gehlen von allen genannt wurde[2], trank wie immer Tee –, taxierten die Männer einander beide wußten, daß der andere nicht der war, den er vorgab.

«Herr Marshall», wie James Critchfield von der vielsprachigen Truppe der Geheimdienstoffiziere in Europa bald genannt werden sollte, war bei Kriegsausbruch in den Vereinigten Staaten als ROTC-Stipendiat auf dem College gewesen. Nach seiner Beförderung zum Lieutenant entdeckte er zu seinem eigenen Erstaunen, daß er der geborene Soldat war, daß ihm nichts im Leben mehr Spaß machte. Zunächst diente er bei der letzten Kavallerie in den Vereinigten Staaten an der Grenze zu Mexiko, dann als Panzerkommandeur in Nordafrika, Italien, Frankreich und Deutschland.

Bevor er sich am 15. August 1944 zum H-Hour-Landungsunternehmen von Italien nach Südfrankreich einschiffte, übernahm er ein Bataillon, das aus Angehörigen der 36. Division der texanischen Nationalgarde bestand, die unter ihren Flaggen aus Alamo und St. Jacinto den Angriff auf die Strände anführte. Von diesem Augenblick an standen er und seine Männer ständig im Kampf. In dem harten, scheinbar endlosen Feldzug versuchten sie, die 19. deutsche Armee im Süden Frankreichs einzukesseln; doch erst gegen Ende Dezember schafften sie es, die Front zu durchbrechen. Später, in Pullach, arbeitete er eng mit General Kühlein zusammen, dessen Truppen Critchfield zur Weihnachtszeit in der Rheinebene gegenübergestanden hatten.

Dies war nicht die einzige Ironie der Geschichte. Am 4. Mai 1945, kurz vor Kriegsende, führte Critchfield eine Panzerkolonne jene Straße entlang, die direkt unter der Almhütte vorbeiführte, in der sich Gehlen versteckt hielt. Nur wenige Tage später wurde Critchfield losgeschickt, um die Kapitulation der 1. deutschen Armee in ihrem Hauptquartier in Kufstein entgegenzunehmen. Er und ein weiterer Amerikaner fuhren in einem Jeep mit weißer Fahne vor, die deutsche Feldpolizei ließ sie ein, und Critchfield nahm an einem Tisch mit sechs ranghohen deutschen Offizieren Platz. Fünf von ihnen sollte er wiederbegegnen – als Angehörigen der Organisation Gehlen.

Als der Krieg endgültig vorbei war, kam Critchfield, der jüngste Colonel in der amerikanischen Armee, fürs erste wieder nach Hause. Ein Jahr darauf kehrte er aber schon wieder nach Europa zurück. Die amerikanische Zone wurde von Deserteuren aus der polnischen und russischen Armee sowie von Vertriebenen jeder Art und Herkunft überschwemmt. Alle waren ohne Habe. Nur der amerikanische Nachschub an Nahrungsmitteln, Kleidung, Heizöl und Treibstoff – ja, eigentlich an allem – rettete in jenem grausamen Winter, der zu den härtesten seit Menschengedenken zählte, Millionen das Leben.

Damals hörte er zum erstenmal gerüchteweise von der «Operation Rusty». Niemand wußte etwas Genaues. «Wir sammelten immer wieder diese Spione auf», erinnert sich Critchfield, «und wenn wir sie durchsuchten, fanden wir amerikanisches Geld, Hundertdollarnoten, die ins Futter ihrer Mäntel eingenäht waren. Sie erzählten uns, daß sie für die Amerikaner arbeiteten und daß wir das nur zu überprüfen bräuchten. Mein Standardbefehl lautete also: ‹Schneidet das Futter auf, nehmt das Geld raus und jagt sie wieder über die Grenze.›»

Zu den Amerikanern, die mit der Fülle von Problemen im Nachkriegseuropa kämpften, zählte auch die verantwortliche Wirtschaftsbeauftragte im besetzten Österreich, Eleanor Lansing Dulles. Sie begegnete Critchfield und berichtete ihren Brüdern John Foster und Allen von dem begabten Offizier, dessen Talent ihrer Meinung nach im Außenministerium oder bei der neugegründeten CIA besser aufgehoben war als in der Armee. Als Critchfield 1948 Befehl erhielt, in die Vereinigten Staaten zurückzukehren, um ein anderes Kommando zu übernehmen, bat ihn Foster Dulles, doch auf dem Weg bei ihm vorbeizuschauen. Dulles, zu jener Zeit Berater von Thomas E. Dewey bei dessen Präsidentschaftswahlkampagne gegen den Amtsinhaber Harry Truman, war daran interessiert zu erfahren, wie Critchfield die Lage in Osteuropa einschätzte. Gleichermaßen interessiert war Fosters Bruder Allen; obschon Partner in der Anwaltskanzlei seines Bruders, Sullivan and Cromwell, war er drauf und dran, zum Geheimdienst zurückzukehren, mit dem er seit dem Ende des OSS in enger Verbindung geblieben war. Kurz nach diesem Treffen im Jahre 1948 trat James Critchfield in die CIA ein.[3]

Es dauerte nicht lange, bis er seinen ersten Auftrag bekam. Er sollte nach München gehen und dort eine große Operationsbasis gegen die Sowjetunion aufbauen.[4] Den Auftrag, Pullach zu visitieren, sollte Critchfield in der Zeit erledigen, die er von seiner Hauptaufgabe abzweigen konnte; er wurde ihm teilweise deshalb übertragen, weil niemand sonst in der CIA ihn haben wollte. Manche drückten sich vor diesem Auftrag, weil sie ihn als hochriskant für ihren weiteren Aufstieg in der Behörde hielten, andere, weil ihnen ein wiederauferstandener deutscher Geheimdienst vorwiegend militärischer Natur zuwider war. «In der CIA gab es lauter ranghohe Beamte, die für diese Aufgabe weit besser geeignet waren als ich, aber weil das ganze Projekt so umstritten war, haben sie beschlossen, es dem Neuen im Haus zu geben – also mir», erinnert sich Critchfield.

Die Organisation Gehlen war für sämtliche Geheimdienste ein ständiger Stein des Anstoßes. Der militärische Geheimdienst hatte die CIG ersucht, sie zu übernehmen, und die CIG hatte abgelehnt. Die Gegenspionage der US-Armee stand ihr offen feindlich gegenüber, und alle waren sich darin einig, daß ihre Förderung durch die Amerikaner politisch ein heißes Eisen war. Schließlich vereinbarten die CIA und der militärische Geheimdienst im September 1948, eine gemeinsame Studie über die Organisation Gehlen erstellen zu lassen und dann endgültig über ihr Schicksal zu entscheiden. Sollte sie aufgeteilt werden? Wenn ja, welche Teile von ihr sollten erhalten bleiben? Und welcher Dienst sollte mit der Aufsicht über welche Funktion betraut werden? James Critchfield von der CIA sowie Colonel Charles Bromley vom militärischen Geheimdienst wurden damit beauftragt, diese Untersuchung durchzuführen und einen Bericht darüber abzufassen. Wie sich herausstellte, war Bromley jedoch nur kurze Zeit dabei; der größte Teil der Arbeit wurde von Critchfield geleistet. Und bei jedem Schritt stieß er auf den entschiedenen Widerstand von Colonel Philp.[5]

Bei seinem ersten Treffen mit Gehlen sagte Critchfield lediglich, er sei gekommen, um die Organisation näher kennenzulernen. Er sagte nicht, wer ihn geschickt hatte, doch Gehlen wußte, daß er von der CIA war und ebenso stark wünschte, daß die CIA die Organisation übernahm, wie Philp dagegen war. In der Folge erwies sich, daß die Deutschen weitaus bereitwilliger waren, Critchfield die Hilfe zu geben, die er brauchte, als seine amerikanischen Landsleute. Die Untersuchung nahm beinahe zwei Monate in Anspruch, und als sie im Dezember 1948 abgeschlossen war, schickte er seinen Bericht als langes Kabel an das CIA-Hauptquartier. Der Kern dieser

2000 Worte umfassenden Botschaft lautete, daß die Amerikaner von der Geschichte überholt worden waren. Die Organisation existierte; sie beschäftigte bereits die staunenerregende Zahl von 4000 Deutschen und ließ sich längst nicht mehr wie vorgeschlagen in einzelne Teile zerlegen und den verschiedenen amerikanischen Interessen zuordnen. Der Geist war aus der Flasche, und er ließ sich nicht mehr zurückstopfen, selbst wenn Washington es gewollt hätte. Aus Critchfields Sicht blieben nur noch zwei Optionen: Die Organisation völlig zu zerschlagen oder sie unter Kontrolle zu halten.

Bei seiner Analyse, wie den amerikanischen Interessen am besten gedient sei, betonte Critchfield den möglichen politischen Wert der Organisation für die Vereinigten Staaten. Er wies darauf hin, daß es früher oder später ohnehin wieder ein unabhängiges Deutschland geben werde und daß die USA deshalb besser daran wären, wenn sie so lange wie möglich den nicht zu vermeidenden deutschen Geheimdienst im Auge behielten und beaufsichtigten. Es müsse hingenommen werden, daß diese Organisation, in der Gehlen Männer von potentiellem Einfluß um sich gesammelt habe, einen schnellen Wandel durchmachen werde, der ihr schließlich ein deutsches Gesicht geben werde. Doch sei es, argumentierte Critchfield, für die Vereinigten Staaten durchaus von Nutzen, die Richtung ihres Wachstums mitzubestimmen.

Critchfield kam zu dem Schluß, daß die CIA in Wirklichkeit keine andere Wahl habe, als die Organisation zu übernehmen. Nicht nur, weil sie existiere, sondern auch, weil sie gewaltig gewachsen sei; der militärische Geheimdienst unterstütze sie lediglich, kontrolliere sie aber nicht. Da die Organisation den Keim für Nutzen wie für Schaden für die Vereinigten Staaten in sich trage, müsse geklärt werden, was es mit der Organisation tatsächlich auf sich habe – danach könne die CIA entscheiden, wie sie mit der Organisation Gehlen weiterverfahren wolle.

Die Antwort auf diese telegrafische Gewalttour war ein kurzes Kabel, das lautete: Dranbleiben und abwarten. Kurz darauf erreichte ihn eine weitere Botschaft; sie besagte: «Dranbleiben.»

Critchfields Bericht war in Washington gelesen worden, und seine Empfehlung hatte auf höchster Regierungsebene Zustimmung gefunden. Nun war er aufgefordert, in Deutschland zu bleiben und sie in die Tat umzusetzen. Er sollte die amerikanische Aufsicht über die Organisation Gehlen übernehmen, mit der speziellen Aufgabe, herauszubekommen, was sie eigentlich wo tat und wen sie dazu einsetzte. Und er sollte eine Empfehlung aussprechen, was die CIA mit ihr anfangen sollte. Ihm wurden zwei Jahre Zeit gegeben, um seine Studie abzuschließen.

In den Monaten zwischen Dezember 1948 und der offiziellen Übernahme der Organisation durch die CIA am 1. Juli 1949 – Monate, in denen Philp, wie berichtet wird, einen Kampf hinter den Kulissen um die Rücknahme der Entscheidung ausfocht – begann Critchfield mit der Anwerbung seines Personals. Er holte sich Leute, von denen er wußte, daß sie in Deutschland und Österreich Geheimdiensterfahrung gesammelt hatten; etliche von ihnen waren OSS-Veteranen, alle sprachen Deutsch.[6]

Eric Waldman geriet bei der Überstellung der Organisation vom militärischen Geheimdienst zur CIA zwischen die Fronten. In beiden Geheimdiensten gab es Gruppierungen – die einen aus dem «Das sind doch alles Nazis»-Lager und andere, weniger ablehnend eingestellte –, die der Meinung waren, daß die US-Armee die Organisation Gehlen viel zu lax beaufsichtigt habe. Sie verwiesen darauf, daß der Gruppe, seit Gehlen 1946 wieder nach Deutschland gebracht worden war, lediglich ein einziger amerikanischer Offizier – Waldman – mit Geheimdienstausbildung zugeteilt gewesen sei, der zudem noch österreichischer Abstammung war, und argwöhnten, dieser könne seine Unvoreingenommenheit verloren haben. Weil die Armee nicht mehr für die Organisation Gehlen zuständig war, blieb Waldman nichts anderes übrig, als Pullach zu verlassen, wenn auch die Möglichkeit bestand, als CIA-Mann wieder dorthin zurückzukehren. Als er begriffen hatte, welche Kontroverse in seiner unmittelbaren Umgebung im Gang war, besann er sich auf seine wissenschaftlichen Ambitionen, die er zurückgestellt hatte, als er in die Armee eintrat, quittierte den aktiven Dienst und nahm einen Posten im Department of Political Science an der Marquette University an.[7]

Im Juli 1949 wurde Critchfield offiziell Chef der Pullacher Basis, obwohl er und die CIA-Gruppe unter militärischem Schutz blieben. Critchfield kehrte als Panzeroberst wieder zum militärischen Status zurück und hatte dem äußeren Anschein nach Philp einfach als kommandierender Offizier der militärischen Einheit ersetzt. Er und die sieben anderen CIA-Leute, die in eine kalte Hütte verbannt worden waren, die als das «Sibirien» der Anlage bezeichnet wurde, zogen schließlich in das Bormannsche Haus um.

Dort begannen die Bestrebungen, neue grundlegende Spielregeln durchzusetzen. Sie bedeuteten lange, gründliche und ausführliche Diskussionen mit Gehlen. Die Legende besagt, daß diese Diskussionen in Wahrheit eine Reihe böser Kräche waren, doch paßt diese Darstellung nicht zur Persönlichkeit der beiden Männer. Obwohl beide stark und entschlossen waren, pflegten sie einen unterkühlten und in der Wortwahl zurückhaltenden Umgangsstil. Zwischen ihnen lagen weite Bereiche, in denen sie uneinig waren, doch beide wußten, daß ihnen keine andere Wahl blieb, als diese Differenzen zu überbrücken. Obwohl die Treffen von Gehlen und Critchfield über Monate hinweg ein einziges Tauziehen waren, wäre es irreführend, ihre Beziehung auf Konfrontation zu reduzieren.

Anfangs standen Autoritäts- und Geldangelegenheiten auf der Tagesordnung – brisante Themen, die ihre Wurzeln in Fragen wie Verantwortung, Vertrauen und Nationalstolz hatten. Im für Gehlen schwierigsten Punkt bestand jedoch keine Unstimmigkeit – die Organisation sollte eines Tages in deutsche Hand übergehen. Allen Dulles, Richard Helms und Gordon Stewart, diejenigen, die bei der CIA am eingehendsten mit der Entscheidung befaßt gewesen waren, Gehlen zu übernehmen, waren sich bewußt, daß die Organisation im Laufe der Zeit Teil einer neuen deutschen Regierung werden würde. Doch Gehlen wollte nicht voll und ganz anerkennen, daß es bis dahin Critchfield und die Amerikaner waren, die das Sagen hatten – und nicht Gehlen und die Deutschen.

Später sollte Gehlen reichlich großspurig erklären, seine Bewunderung für die Angehörigen des ersten CIA-Verbindungsstabs sei «grenzenlos» gewesen; sie hätten eingesehen, daß ihre eigene Mutterorganisation erheblich jünger war als die seine und hätten es deshalb als ihre Aufgabe angesehen, von den Deutschen so viel wie möglich zu lernen.[8] Diese Sichtweise löste bei den früheren Angehörigen jenes CIA-Verbindungsstabs Verwunderung aus. Die CIA hatte die Übernahme der Organisation schon einmal abgelehnt, und sie hatte sie letzten Endes nur wegen Critchfields Argument – versuchsweise – übernommen, daß die Übernahme das kleinere Übel sei. Was das Lernen betraf, so merkte ein Angehöriger des damaligen CIA-Stabes an: «Es wäre genauer gewesen, wenn man gesagt hätte, daß wir es eindeutig als unsere Aufgabe ansahen, so viel über sie in Erfahrung zu bringen, wie wir konnten.»

Als die Organisation noch unter Führung der US-Armee stand, waren nur wenige Fragen zu den Details dieser inzwischen riesigen Einrichtung gestellt worden; nun verlangte Critchfield einen umfassenden Bericht, einschließlich vollständiger, eingehender Angaben über sämtliche Operationen und Quellen. Doch Gehlen stellte sich quer. Die CIA solle Vertrauen in ihn haben und ihm glauben, daß er nichts tue, was nicht im Interesse des westlichen Bündnisses liege. Critchfield erwiderte, wenn Gehlen meine, was er sage, gäbe es keinen Grund, nicht alle Karten auf den Tisch zu legen. Vertrauen dürfe nicht einseitig sein.

Die Auseinandersetzungen, die in gedämpftem Ton und Stil geführt wurden, reichten von praktischen bis zu philosophischen Fragen. Die CIA sei dem Kongreß und dem Weißen Haus rechenschaftspflichtig und deshalb verpflichtet, genaue Informationen über ihre Tätigkeit vorzulegen, sagte Critchfield. Details über Quellen und Operationen offenzulegen, sei für den Chef eines Geheimdienstes ein unverantwortliches Verhalten, hielt Gehlen dagegen. Und immer kehrte die Kontroverse zum selben Punkt zurück: Was immer vorausgegangen war – Deutschland und Amerika saßen jetzt, im rauhen Klima der Nachkriegsära im selben, hastig zusammengezimmerten Boot; sie mußten, gemeinsam mit den anderen Verbündeten, im gleichen Takt rudern, wenn sie die Sowjets hinter sich lassen wollten.

«Gehlen», erinnert sich Critchfield, «war zuallererst ein politischer Kopf. Er hatte die große Vision eines vereinten Europas, das mit den Vereinigten Staaten verbunden und stark genug war, der sowjetischen Gefahr zu trotzen.» Daß es früher oder später wieder einen souveränen deutschen Staat geben werde, stand für Gehlen außer Zweifel, und er wollte in ihm eine wichtige Rolle spielen, gleich welche Partei an der Macht war. Mit diesem hehren Ziel vor Augen gingen er und Critchfield, stets die Konfrontation vermeidend, in ihr subtiles Ringen um die Kontrolle über die Organisation. Nicht mehr lange, und Gehlen würde, wenn alles nach seinem Plan verlief, in der Lage sein, der neuen Regierung einen großen, funktionierenden deutschen Geheimdienst zu präsentieren, mit ihm an der Spitze – und genau da lag das Problem.

Für Gehlen war ein Zusammengehen mit den Amerikanern, selbst die Annahme von Hilfe aus den Vereinigten Staaten, etwas anderes, als ein Geschöpf der Amerikaner – der Sieger und Besatzer – zu sein. Er wollte immer sagen können, daß er Critchfield und den Amerikanern vieles vorenthalten hatte, denn er brauchte ein politisches Image, mit dem er leben konnte. Er mußte deshalb das Konzept verfolgen, daß die amerikanische Beziehung zu seiner Organisation eine Treuhänderschaft war, daß die Amerikaner diese für die künftige deutsche Regierung treuhänderisch versorgten und verwalteten. «Wir gingen offen miteinander um; wir haben uns verstanden und gegenseitigen Respekt entwickelt», betont Critchfield, doch das bedeutete keineswegs, daß sie auch einander vertrauten. «Es gab auf beiden Seiten kein einfaches Vertrauen in das Gesagte, und für uns stand stets die Frage im Raum: ‹Kann man den Deutschen wirklich vertrauen?› Aber wir hatten ein breites Spektrum gemeinsamer Interessen», sagt Critchfield. «Die Gemeinsamkeit endet dort, wo die nationalen Interessen auseinandergehen, doch an diesem Punkt war unser Ziel dasselbe. Wir waren uns im wesentlichen darüber einig, den anderen im jeweils eigenen nationalen Interesse zu benutzen.»

Die Auseinandersetzungen zwischen Gehlen und der CIA führten zu keinem schriftlichen Abkommen. Critchfield zufolge kam es zu vielen Einigungen in Einzelfragen. «Diese entwickelten sich aus unserem persönlichen Verhältnis und daraus, daß zwischen unseren Organisationen eine lebendige Beziehung herrschte», sagt Critchfield. «Es wurden etliche ineinandergreifende Absprachen getroffen, die aber überhaupt nichts wert waren, wenn sie nicht eingehalten wurden. Es handelte sich also letztlich doch um eine Frage des Vertrauens – es war alles, und es war nichts.»

Die Verhandlungen zwischen Gehlen und Critchfield wurden in langen Sitzungen fortgesetzt, an denen auch Heinz Danko Herre, Gehlens rechte Hand, teilnahm, der, wie Critchfield berichtet, «als Heiratsvermittler agierte, indem er jahrelang zwischen uns hin und her lief» [9]. Schließlich einigte man sich darauf, der CIA im Gegenzug für ihre Hilfe gewisse Rechte einzuräumen. Die CIA stellte die materiellen Mittel – die Organisation leitete die Operationen. Jedem deutschen Mitarbeiter, der eine Abteilung leitete, wurde ein CIA-Mann beigeordnet, und die CIA bekam alle Berichte, die an ein deutsch-amerikanisches Lagezentrum gingen, sowie sämtliche Auswertungen. Das Hauptproblem aber blieb: Critchfield beharrte weiter auf der Herausgabe der Namen der Agenten, und Gehlen lehnte dieses Ansinnen ebenso beharrlich immer wieder ab.

Weil sämtlichen Angehörigen der Organisation falsche Identitäten, aufgelistet nach Nummer und Decknamen, gegeben wurden, hatte Critchfield – es sei denn, Gehlen sagte es ihm – kein direktes Mittel, die Klarnamen derjenigen in Erfahrung zu bringen, die für ihn arbeiteten. Dies war für die CIA eine Angelegenheit von entscheidender Bedeutung, weil sie unter anderem befürchtete, daß die Organisation sowohl Nazis als auch Kommunisten Zuflucht bieten könne. Weil Gehlen den Amerikanern weder die Namen der Kandidaten für eine Anwerbung noch die seiner Agenten gab, konnten sie weder die einen noch die anderen überprüfen.

Diese Frage war von solcher Bedeutung, daß der kleine CIA-Verbindungsstab zu dem Zeitpunkt, an dem sich Gehlen widerwillig bereit erklärte, die Namen seiner 150 Top-Leute herauszurücken, die Sache bereits in die eigene Hand genommen hatte. Die CIA, die sich in der bizarren Position sah, eine Organisation ausspionieren zu müssen, deren einzige Stütze sie war, besann sich auf die Mittel ihres Gewerbes. Indem die Amerikaner ihre finanzielle Macht geschickt mit dem Ordnungsbedürfnis der Deutschen kombinierten und darauf bestanden, daß sämtliche Projekte mit ihnen diskutiert werden mußten, bevor sie in die Tat umgesetzt wurden, und indem sie die persönlichen Beziehungen zu ihrem jeweiligen Gegenüber pflegten, kamen sie nach und nach dahinter, was die Organisation tatsächlich trieb und wen Gehlen für sich arbeiten ließ.

Mit Hilfe eines raffinierten Systems von Kontrollen und Gegenkontrollen – der Anforderung von Reisepapieren, der Kostenaufstellungen, der Operationsaufträge und so weiter – begann die CIA ein Dossier über das deutsche Personal anzulegen. Den Deutschen gefiel das gar nicht. Klaus Ritter, einer der Agentenführer Gehlens, beklagte sich, die Amerikaner verlangten «immer mehr und genauer bis ganz nach unten Einblick (...)» [10]. Die Sicherheitsbedenken der CIA – mögliche sowjetische Unterwanderung und, in weit geringerem Maße, die Mitarbeit von Nazis in der Organisation – wurden dabei als zwei separate Probleme betrachtet, ein Zusammenhang zwischen den erzantikommunistischen Nazis und der sowjetischen Spionage nicht in Betracht gezogen. [11]

Critchfield besteht darauf, daß Gehlens Rückgriff auf ehemalige Nazis nie ernsthaft problematisch gewesen sei. «Als wir die Fakten auf dem Tisch hatten, waren es kaum mehr als vier oder fünf Namen, die uns Sorgen machten. Ich habe mit Gehlen darüber gesprochen, und es war keine große Sache.» Die Ereignisse jedoch sollten ihn widerlegen. Obwohl die Zahl der Nazis innerhalb der Organisation nicht groß war, stellten sie ein reales und ernstes Problem dar, das weitreichende Folgen zeitigen sollte.

Teilweise gingen die Sicherheitsmängel schlichtweg auf intellektuelle Überheblichkeit zurück. Anders als alle anderen Geheimdienste vertrauten Gehlen und sein Stab so sehr auf ihre Fähigkeit, die eintreffenden Informationen auszuwerten, daß sie überzeugt waren, sie würden mit falschem oder eingeschleustem Material keine Schwierigkeiten haben. Diese Einstellung aber beschwor die Katastrophe geradezu herauf. Denn obwohl der Generalstab zahlreich vertreten war, hatte es Gehlen nun nicht mehr mit der Wehrmacht, sondern mit einer bunten Schar unterschiedlichster Typen zu tun, von denen viele – besonders am Ende der Kette – einen nur wenig gesicherten Leumund hatten. Gehlen stützte sich auf das Netz der «alten Kameraden» aus dem Generalstab, auf Offiziere, die er kannte und die frei vom Stigma des Nazismus waren. Doch bei der Anwerbung von Leuten für die Organisation griffen die ehemaligen Offiziere auf ihre Freunde zurück, die wiederum ihre Freunde nachzogen und damit eine Kette bildeten, die mit jedem neu hinzukommenden Glied schwächer wurde. Gehlen vergab auch Posten an Flüchtlinge aus Ostdeutschland [12], verließ sich auf magere Überprüfungstechniken und weigerte sich, Lügendetektoren einzusetzen. Es war unvermeidlich, daß auch frühere SD-Leute angeworben wurden, als sich die Aktivitäten der Organisation ausweiteten.

Die ehemaligen Nazis, sagte ein Mitglied jenes frühen CIA-Verbindungsteams, seien die Leiche in Gehlens Schrank gewesen. Die Nazi-Frage wuchs sich jedoch zu mehr aus als nur zu einer persönlichen Belastung für ihn oder – wenn auch indirekt – für den amerikanischen Geheimdienst. Als deutlich wurde, daß die alten Seilschaften aus der Nazizeit noch genau dieselbe skrupellose Horde waren wie unter Hitler, war bereits irreparabler Schaden entstanden. In der Zwischenzeit jedoch galt das bekannte Argument: Das Ziel rechtfertigt die Mittel – wenigstens dann, wenn das Ziel damit erreicht werden kann. [13]

Eine gemeinsame Operation

Als man sich zum Ziel gesetzt hatte, an Informationen über das neue sowjetische Chiffriersystem heranzukommen, zeigte sich die CIA nicht besonders wählerisch beim Einsatz ihrer Mittel. Sie stieß sich nicht einmal an Otto von Bolschwing, einem hohen Nazi, den sie in ihre Dienste nahm. Von Bolschwing, ein großer, patrizisch wirkender Abkömmling einer preußischen Adelsfamilie, hatte Mitte der dreißiger Jahre Adolf Eichmann beraten, den späteren Organisator der sogenannten Endlösung; danach wurde er SD-Chef in Rumänien, wo er mit der fanatisch antisemitischen Eisernen Garde Verbindung hielt. Er stand so entschieden auf ihrer Seite, daß er der Eisernen Garde sogar bei ihrem vergeblichen Versuch half, die rumänische Regierung unter Marschall Ion Antonescu zu stürzen.

Dieser Umsturzversuch sicherte der Eisernen Garde einen bleibenden Platz in der Geschichte der antisemitischen Greueltaten. Während des Pogroms, das den Umsturzversuch begleitete, wurden Synagogen, Häuser und Geschäfte zerstört; mehr als 600 Juden wurden erschlagen, etliche regelrecht abgeschlachtet, und weitere 400 blieben verschwunden. Es gelang Antonescu, die Revolte niederzuschlagen, doch ihre Nachwirkungen, wenn auch damals für von Bolschwing gefährlich, verhalfen ihm nach dem Krieg zu einem angenehmen neuen Leben.

Der fehlgeschlagene Putsch der Eisernen Garde wurde nämlich von den Nazis als eine Aktion zur Unterminierung Hitlers betrachtet; von Bolschwing wurde nach Berlin gebracht, von der Gestapo ins Gefängnis geworfen und erst 1943 wieder freigelassen. Zudem hatte er in zweiter Ehe eine Halbjüdin zur Frau genommen, eine Handlung, die – wie er wissen mußte – schwerwiegende Konsequenzen haben konnte; immerhin wurde er deshalb im Februar 1945 aus der SS ausgestoßen. Mit diesen «Empfehlungen» arbeitete von Bolschwing schon wenige Monate nach Kriegsende für den Geheimdienst der Vereinigten Staaten, und 1950 ließ er ihn wissen, er habe eine Quelle mit Informationen über eine neue sowjetische Chiffriermethode.

Während des Krieges waren in Finnland die Überreste eines teilweise verbrannten russischen Codierungs-Buches geborgen worden.[14] Mit seiner Hilfe unternahmen die amerikanischen Dechiffrierspezialisten einen großangelegten Versuch, den russischen Code zu knacken. Die Armed Forces Security Agency, später die National Security Agency (NSA), sammelte – was sie bis heute tut – alle Nachrichten der Sowjets, und in mühseliger Kleinarbeit gelang ihr 1947 der Durchbruch, der nicht nur einen zusätzlichen Motivationsschub brachte: Den Dechiffrierern war es gelungen, den Text eines Telegramms von Premierminister Churchill an Präsident Truman zu entziffern. Die Russen mußten also über einen Spion verfügen, der so placiert war – allem Anschein nach in der britischen Botschaft in Washington –, daß er den vollständigen Text eines privaten Schriftwechsels zwischen den beiden Weltmachtführern an sich bringen und an die Sowjets weitergeben konnte.

Durch die Überprüfung der Korrespondenz-Durchschläge, die ihnen von der britischen Botschaft überlassen wurden, fügten die Codeknacker weitere Teile des Chiffrierpuzzles zusammen, wobei sie während ihrer Arbeit schlüssige Beweise dafür fanden, daß sowohl aus der britischen Botschaft in Washington wie auch aus dem Manhattan Project in Los Alamos enorme Mengen geheimsten Materials in die Sowjetunion abgeflossen waren.

Die Entschlüsselung des sowjetischen Chiffriersystems trug reiche Früchte. Mit ihrer Hilfe konnte abgeprüft werden, was bereits mühsam zusammengesetzt worden war. Sie führte schließlich zur Entdeckung der Spione Klaus Fuchs und Donald MacLean und erbrachte Hinweise auf Guy Burgess und Harold «Kim» Philby. Es ist nicht ohne Ironie, daß der britische Geheimdienstoffizier, der mit den Amerikanern beim Aufspüren der Spione zusammenarbeitete, deren Decknamen in den russischen Papieren auftauchten, ausgerechnet jener Philby war. Ob er durch Zufall oder per Manipulation an diesen Posten gelangte – die Folge war, daß die Sowjets jeden Schritt verfolgen konnten, den das FBI bei der Aufdeckung ihres Agentennetzes unternahm. Und Philby konnte mitverfolgen, wie genau man die Zeichen las, die auf ihn deuteten.

1948 änderten die Sowjets abrupt ihr gesamtes Chiffriersystem. Sie waren von William Weisband, einem amerikanischen Informanten in der Armed Forces Communications Agency, darüber in Kenntnis gesetzt worden, daß ihr Chiffriersystem geknackt worden war, woraufhin die Amerikaner erneut vor einem völlig unzugänglichen Code standen. 1950 war die CIA deshalb auf jede nur denkbare Information über den sowjetischen Code aus, so daß sie sofort anbiß, als eine von Bolschwing geführte österreichische Unterabteilung über eine mögliche Spur nach Pullach berichtete. Gehlen operierte in Österreich mit Leuten, die halb unabhängig arbeiteten und über die er jene laxe operationelle Kontrolle ausübte, die Sicherheitsgefahren schuf und auf verschiedenste Art und Weise zur Ausnutzung einlud. Von Bolschwing war einer von jenen, die meinten, daß es seinen eigenen Zwecken dienlich war, mit den Amerikanern direkt ins Geschäft zu kommen. Seine Gruppe in Österreich reichte die Berichte über ihre Operationen bei den Amerikanern in Salzburg ein – und als ein Bericht eintraf, in dem es um den sowjetischen Code ging, wollte die CIA ihm allein nachgehen.

Folgendes war geschehen. Graf Friedrich Coloredo-Wels, ein unbemittelter Bonvivant von illegitimer Geburt, dessen Charme trotz seines Alters von 65 Jahren ihm immer noch die Gunst zahlloser Damen mit guten Beziehungen und ordentlichem Auskommen eintrug, teilte mit, ein russischer Offizier sei mit einem interessanten Vorschlag an ihn herangetreten. Der Graf, der im sowjetischen Sektor Wiens wohnte, hatte sich mit etlichen russischen Offizieren angefreundet und ging im sowjetischen Hauptquartier im Hotel *Imperial* an der Ringstraße ein und aus. Einer jener Offiziere im *Imperial*, Major Iwan Galkin, so berichtete der Graf, habe seine Hilfe bei der Herstellung eines Kontakts zu den Amerikanern erbeten.

Galkin behauptete, die Seite wechseln zu wollen, und bot einen

Handel an. Im Gegenzug für freies Geleit in die Vereinigten Staaten und 25 000 Dollar (es ist nicht klar, ob er oder die CIA diese Summe nannte) wollte er sich eine neue sowjetische Chiffriermaschine aus dem Chiffrierbüro des *Imperial* «borgen» und sie den Amerikanern für ein paar Stunden «ausleihen» – lange genug, daß sie diese genau in Augenschein nehmen konnten. Es handelte sich um einen Apparat, etwa so groß wie eine Schreibmaschine, und ein Buch, das ungefähr so dick war wie das Telefonbuch einer mittelgroßen Stadt. Der Graf, der mit von Bolschwing persönlich bekannt war und der um dessen Verbindungen zur Organisation Gehlen und den Amerikanern wußte, übermittelte von Bolschwing das Angebot des Russen.

Die erste Sorge der Amerikaner galt der Frage, ob der Vorschlag echt oder ein sowjetischer Trick war. Wien wurde in jenen Tagen als Zentrum der Weltspionage nur noch von Berlin übertroffen. Die Geheimdienstaktivitäten nahmen derart häufig gewalttätigen Charakter an, daß sich die Stadt den Spitznamen «Die Schießbude» verdient hatte. Doch selbst wenn es sich bei dem von Bolschwing übermittelten Angebot um eine Falle handelte, war der Köder so verlockend, daß man ihn nicht ignorieren wollte. Ein Bericht über das Angebot wurde per Post an das CIA-Hauptquartier in Washington geschickt, das umgehend antwortete: Bei der Verfolgung der Spur dürfe kein Aufwand gescheut und keine Zeit verschwendet werden.

Ein Angehöriger des Pullacher Verbindungsteams übernahm die Leitung der Operation; er sprach fließend Deutsch und hielt Kontakt mit dem CIA-Mann in Bad Reichenhall, bei dem die Berichte der Gruppe von Bolschwing einliefen. Bei seinem ersten Treffen mit dem Grafen Coloredo-Wels wurde abgemacht, das weitere Vorgehen bei einem Abendessen in München zu besprechen. Nach dem Essen, an dem auch Peer de Silva teilnahm, war jedoch die Begeisterung der Amerikaner der Skepsis gewichen. Es waren nicht nur zu wenige harte Fakten zutage getreten; auch der liebenswürdige Graf machte mehr und mehr den Eindruck eines faulen Kunden. Am nächsten Tag wurde ein Kabel nach Washington geschickt, das empfahl, den Kontakt mit dem Grafen abzubrechen und das gesamte Projekt fallenzulassen. Das Hauptquartier schickte eine scharfe Erwiderung zurück, in der auf die überragende Bedeutung der Informationsbeschaffung über das sowjetische Chiffriersystem hingewiesen und angeordnet wurde, die Spur bis zum Ende zu verfolgen.

Der Graf, das war klar, hatte die Absicht, die Verhandlungen in die Länge zu ziehen, doch die Amerikaner wollten sofort zur Sache kommen. Ihm wurde deshalb mitgeteilt, er solle Major Galkin davon in Kenntnis setzen, daß man mit seinen Bedingungen einverstanden sei. Er werde in die Vereinigten Staaten gebracht, und die 25 000 Dollar lägen in bar für ihn bereit. Sobald der Graf berichtete, daß der Russe Tag und Ort genannt hatte – Grieskirchen, ein kleines österreichisches Dorf am Rand der sowjetisch besetzten Zone – sowie einen Zeitraum – nicht mehr als drei bis vier Stunden –, machten sich die Amerikaner an die Arbeit.

Sie beschafften sich eine konspirative Wohnung jenseits der Bahnlinie, die die amerikanische Zone von der russischen trennte, und besorgten sich die beste verfügbare fotografische Ausrüstung. Ein Angehöriger der Marine, Elektronik-Experte von der National Security Agency, stand mit einem hochmodernen Werkzeugkasten bereit, mit dessen Hilfe er alles auseinandernehmen und wieder zusammenbauen konnte; man hatte ihn darauf vorbereitet, daß die Teile der Maschine gleichzeitig fotografiert wurden. Als alles bereit war, begann das Warten. Der Mechaniker-Zampano spielte mit seinen exotischen Werkzeugen herum, an Kameras und Beleuchtung wurden geringfügige letzte Änderungen vorgenommen, und die Anspannung vor dem großen Moment erreichte ihren Höhepunkt. Dann begann die Stimmung allmählich zu sinken, während ihnen die verrinnende Zeit sagte, daß niemand kommen werde.

Die Operation war ein Reinfall, und die Amerikaner vor Ort waren willens, sie abzuschreiben. Washington dagegen war keineswegs bereit, die Sache fallenzulassen. Die Beschreibung des Apparats klang authentisch, und wo Rauch war, war vielleicht auch

Feuer. Der Schlüssel war Coloredo-Wels – was genau wußte er eigentlich? Als sich der Graf bereit erklärte, von Wien nach München zu kommen, schickte Washington daher das sogenannte Pelican-Team zu seiner Vernehmung.

Dieses Team, das von einem Arzt angeführt wurde, den de Silva bestenfalls als Quacksalber schildert, machte sich eine Kombination aus Sodium-Pentathol und Hypnose zunutze, um aus seinen Probanden die Wahrheit herauszuholen. Im Falle des Grafen jedoch förderte sie lediglich den Inhalt seines Magens zutage – ihm wurde von dem Medikament fürchterlich schlecht. Angewidert von der Pelican-Methode ließ de Silva einen Lügendetektor und dessen Bediener kommen, der den Grafen an seine Maschine anschloß und ihn zweimal denselben Fragensatz beantworten ließ. Sein Urteil: «Der Mann lügt wie gedruckt.» Er hatte vom sowjetischen Chiffriersystem nicht die geringste Ahnung. Darüber hinaus war er auch noch Sowjet-Informant. Angesichts der Lügendetektor-Ergebnisse gab der Graf zu, daß es sich um einen Betrugsversuch gehandelt habe, einen Versuch, sein ungewisses Einkommen als alternder Gigolo aufzubessern. Mit der Warnung, die Sowjets wissen zu lassen, daß er in Wahrheit für die Vereinigten Staaten arbeite, falls er je wieder versuchen sollte, mit einem alliierten Geheimdienst in Verbindung zu treten, gab man ihm das Geld für den Zug nach Wien und ließ ihn ziehen.

In dieser Episode des Kalten Krieges spielte von Bolschwing lediglich eine Nebenrolle. Die Schlüsselrolle hatte der unternehmungslustige und – am damaligen Standard des Spionagegewerbes gemessen – nur mäßig skrupellose freie Mitarbeiter Graf Coloredo-Wels. Das größere Problem war der Einsatz – und damit der Schutz – eines Nazis wie von Bolschwing, der von der Organisation Gehlen unter die Fittiche genommen worden war. Angenommen, das Ergebnis wäre anders ausgefallen und von Bolschwings Kontakt mit dem Grafen hätte zu der unendlich wichtigen Enträtselung des russischen Code geführt, bliebe dennoch die Frage: Lädt man zum Kampf gegen den Teufel Dämonen ein?

Diejenigen, die die damalige Praxis verteidigen, Leute wie von

Bolschwing einzusetzen, führen das Argument ins Feld, die Amerikaner hätten nur auf seine nachgewiesene antinazistische Tätigkeit gesehen, seine Haft und seinen Ausschluß aus der SS, womit sie zugleich unterstellen, daß der amerikanische Geheimdienst von den Verbindungen zu Eichmann und der Eisernen Garde womöglich gar nichts wußte. CIA-Leute, die es wissen müßten, stellen jedoch nicht in Abrede, daß es angesichts der zusammengetragenen Akten völlig unwahrscheinlich ist, daß der US-Geheimdienst nicht über alle Fakten im Bilde war; und sogar von Bolschwing selbst berichtet, die Amerikaner hätten seine Geschichte gekannt – was immer man auf seine Aussage geben mag.

«Die Regierung im nachhinein zu kritisieren, weil sie Leute beschäftigte, deren Charakter nicht gerade vorbildlich war, ist doch pure Heuchelei», meint Robert Cline, der frühere stellvertretende CIA-Planungsdirektor. «Man sucht sich solche Leute doch nicht vorsätzlich aus, sondern man sucht einen gangbaren Weg zu lebenswichtigen Daten. Und in vielen Fällen, ob man es mit der Mafia, dem Drogenhandel oder den Absichten der Sowjets zu tun hat, wird man den besten Zugang zu dem, was man wissen will, bei den schrägen, den verkrachten, den enttäuschten, den kriminellen Typen finden. Zu sagen: ‹Ich will diese für das Land lebenswichtige Information nicht haben, weil mir dieser Kerl nicht gefällt›, das kann man sich einfach nicht erlauben. Der amerikanische Geheimdienst hat keine Vorliebe für solche Leute, aber er hat ein vitales Interesse an der nationalen Sicherheit.»

Ein weiterer Geheimdienstler sieht das anders. «Wenn man hinter der Mafia her ist, versucht man einen Mafioso auf seine Seite herüberzuziehen. Um Namen preiszugeben, seine Bosse zu nennen und vor Gericht gegen sie auszusagen. Dasselbe gilt für jede kriminelle Vereinigung, von Murder Incorporated bis zum Drogenring. Genau dafür ist das Federal Witness Protection Program da, das heißt für die Belohnung des Informanten: Straffreiheit, ein neuer Name und ein neues Leben. Wir machen das aber auch mit russischen Überläufern. Wenn wir das Glück haben, einen ranghohen

KGB-Offizier zu kriegen, dann werden wir ihn nicht wegschicken, nur weil er an etlichen teuren Operationen gegen uns beteiligt war. Er besitzt zu viele lebenswichtige Informationen, die unsere derzeitige nationale Sicherheit betreffen. Bei einem Nazi-Kriegsverbrecher ist das aber eine andere Sache, es sei denn, er gibt Informationen über weitere Nazi-Kriegsverbrecher preis oder er verfügt über eine ganz bestimmte, hochwichtige Information, die nur er und niemand sonst liefern kann. Dann kann man ihn meinetwegen deswegen benutzen. Aber man nimmt ihn doch nicht in die Gehaltsliste auf und hofft, daß er sich eventuell einmal als nützlich erweisen wird. Irgendwo muß man eine Linie ziehen.» [15]

Das Tauziehen in der CIA

Obwohl die Organisation Gehlen das Wohlwollen der politischen Führung genoß – General Bedell Smith, Allen Dulles, Präsident Eisenhower –, herrschte in der CIA selbst keineswegs Einigkeit über deren Unterstützung. Vielmehr tobten über Jahre verbitterte, hochideologische Debatten und Dispute, in denen es um Fragen wie den deutschen Antisemitismus oder die historische Verpflichtung gegenüber der Weimarer Republik ging. Doch gab es innerhalb der CIA auch eine Gruppe von Puristen; sie waren stolz auf ihren hochentwickelten Professionalismus und hielten ihn für das Wichtigste. Sie machten einen Fetisch daraus, die reine Lehre der internationalen Spionage immer von neuem zu kodifizieren, zu definieren und umzudefinieren. Diese Gruppe verband eine enge Freundschaft mit den Briten und ihrer MI-6, die selbst einen ganz besonderen Club der «alten Kameraden» darstellte, und stand der Organisation Gehlen wegen der – in ihren Augen – mangelnden Professionalität kritisch gegenüber. Obwohl also die Opposition in der CIA eher von jenen kam, die dem OSS entstammten und sich selbst als die wahren Profis betrachteten, waren die jeweiligen Gründe doch unterschiedlich.

In den frühen fünfziger Jahren verschärfte sich die Anti-Gehlen-Stimmung innerhalb der CIA, als das Verteidigungsministerium auf der Basis von Informationen, die es aus der Armee erhalten hatte, schwere Bedenken zu äußern begann. Die Folge war die Bildung einer Kommission, die eine gründliche Untersuchung der Tätigkeit der Organisation Gehlen vornahm. Zu jener Zeit hatten sich die Meinungen bereits polarisiert. In der CIA gab es Kreise, nach deren Auffassung die Untersuchung darauf abzielte, die CIA-Arbeit in Deutschland zu diskreditieren. Critchfield trug deshalb sein ganzes Material zusammen, das viele Akten aus dem Archiv der US-Armee enthielt, und führte die Mißwirtschaft in Armee-Zeiten vor; die Angehörigen der Kommission waren derart schockiert, daß die Untersuchung eilends abgebrochen wurde.

Die Befürworter einer dauerhaften Unterstützung der Organisation Gehlen wie Critchfield nahmen eine pragmatische Haltung ein, die über die geheimdienstliche Arbeit im strengen Sinn hinausging. Critchfield ist der erste, der zugab, daß Gehlen, wie er sich ausdrückte, «am Handwerklichen überhaupt nicht interessiert war. Geheimdienstaktionen per se waren ihm vollkommen egal.» Obwohl Spionage und Gegenspionage sein Beruf waren, betrachtete Gehlen die Organisation in Wirklichkeit als Vehikel für politische Ziele. Er hatte die gesamte Struktur der Organisation mit der Politik verwoben; wenn er sie als Vehikel benutzte, so gab es aber immer noch jene in der CIA, unter ihnen auch Critchfield, die eine gewisse Kontrolle über die Richtung haben wollten, die er einschlug. Als die Verantwortung von der Armee auf die CIA überging, entdeckte Critchfield, daß ein von einer Gruppe ehemaliger Generalstabsoffiziere verfaßter Rundbrief mit dem Titel «Orientierung» unter den deutschen Angehörigen der Organisation kursierte. Aus Sorge, sein Inhalt könne gefärbt sein, und weil er sich nicht sicher war, was Gehlen wirklich beabsichtigte, machte Critchfield dem ein Ende – ein Wiederaufleben des deutschen Nationalismus sollte auf keinen Fall ermutigt werden.

Gehlen jedoch ließ in seiner Fürsorge für die hohen Generalstabsangehörigen, die er gerettet hatte, in keiner Weise nach. Er hatte vorausgesehen, daß Deutschland letztlich wieder eine eigene Armee haben werde, und zwar, wie sich herausstellen sollte, eher früher als später. Der Ausbruch des Korea-Krieges im Juni 1950 führte dazu, daß die Vereinigten Staaten den Umfang ihrer Streitkräfte in Europa verringern mußten, um sie im Fernen Osten konzentrieren zu können. Noch im selben Jahr fand unter der Leitung Gehlens eine Tagung statt, bei der die Bedingungen für die deutsche Wiederbewaffnung festgelegt wurden. In einer Jagdhütte nördlich von Frankfurt sprach Generaloberst Halder, der frühere Generalstabschef des Heeres, vor einer Gruppe ehemaliger Kollegen und erläuterte diese Bedingungen. Unter anderem wollte man darauf bestehen, daß die Deutschen in der 1949 gegründeten Nato als gleichwertiger Partner behandelt würden und daß die deutschen Soldaten in deutschen Verbänden und nicht als Kanonenfutter in der Armee einer anderen Nation dienen sollten.

Die Verbindungen der CIA zur Organisation eröffneten den Amerikanern einen breiten Zugang zu den Plänen der zukünftigen deutschen Führung – und einen gewissen Einfluß auf diese. Ein Jahrzehnt später sollte Karl Carstens, Staatssekretär im Bundeskanzleramt in den sechziger Jahren, erklären: «So entstand frühzeitig eine Partnerschaft mit den westlichen Nachrichtendiensten, die nicht ohne Einfluß blieb auf die spätere politische und militärische Zusammenarbeit der Bundesrepublik Deutschland mit ihren Alliierten.» [16]

Die Militärs, die Gehlen «für Deutschland gerettet» hatte, waren zugleich auch seine politische Speerspitze, die Brückenbauer zwischen dem Gestern und dem Heute, und er faßte diejenigen, die sich in den gesellschaftlichen Strukturen Deutschlands am besten auskannten, eilends in der Dienststelle für Sonderverbindungen «35» zusammen. Mit General Horst von Mellenthin an der Spitze erstellte sie eine umfangreiche, detaillierte Studie aller Aspekte der entstehenden deutschen Nachkriegsgesellschaft; anschließend stellte sie jene Persönlichkeiten zusammen, von denen sie glaubte, daß sie zu den einflußreichsten in Regierung und Industrie gehören würden. Die Angehörigen der Einheit nahmen dann Kontakt mit ihnen auf, um eine persönliche Beziehung zu ihnen aufzubauen. Es war natürlich, daß von Mellenthin und seine Leute diese Kontakte herstellen sollten: Sie hatten Erfahrung im Umgang mit den höchsten politischen und gesellschaftlichen Kreisen; deshalb war es für sie leicht und unverfänglich, diese neuen Beziehungen zu knüpfen.

Die militärische Besetzung Deutschlands endete 1949 und wurde durch die Alliierte Hohe Kommission ersetzt. Westdeutschland, wenn auch noch kein souveräner Staat, erhielt die Erlaubnis zur Abhaltung freier Wahlen für den Bundestag, und Konrad Adenauer bildete am 12. September die erste Regierung der Bundesrepublik. Gehlens Kampagne zur Herstellung «besonderer Beziehungen» zur Politik begann so früh und besaß eine solche Effizienz und Gründlichkeit, daß er sich am 20. September 1950 zum erstenmal mit Adenauer treffen und mit ihm handelseinig werden konnte. 24 Stunden später hatte er eine weitere herzliche Begegnung, diesmal mit Dr. Kurt Schumacher, dem Chef der SPD, die in Opposition zu Adenauer stand. «Gehlen», sagt Critchfield, «war ein vollendeter politischer Ränkeschmied.» Für die Puristen in der CIA jedoch hieß die eigentliche Frage nicht, welche Leistungen seine Organisation in der Vergangenheit vollbracht oder welches politische Potential sie hatte; sie lautete schlichtweg: Ist er ein guter Geheimdienstprofi?

Ideologie und Professionalität waren allerdings weder die einzigen noch die wichtigsten Fragen, die in der CIA für Zerwürfnisse sorgten. Die Organisation Gehlen geriet in den Kampf zwischen zwei Organisationen des verdeckt arbeitenden Teils der CIA – des Office of Special Operations (OSO), das mit der Gewinnung nachrichtendienstlicher Erkenntnisse befaßt war, und des Office of Policy Coordination (OPC), das die verdeckten Operationen leitete. Frank Wisner, ein Südstaatler mit einer Vorliebe für vollmundige Phrasen, wurde im Sommer 1948 zum Chef des OPC ernannt. Er war von Haus aus Rechtsanwalt, doch prägten seine Erfahrungen als OSS-Chef in Rumänien während des Krieges sein weiteres Le-

182

ben. Als der Krieg vorüber war, kehrte Wisner in das New Yorker Anwaltsbüro Carter, Ledyard and Milburn zurück, war jedoch im November 1947, kurz nach der Gründung der CIA, bereits wieder in Washington, diesmal als Zweiter Staatssekretär für die besetzten Gebiete. Zehn Monate später wurde ihm die Führung des drei Monate alten OPC übertragen, das sich jedoch als Hornissennest entpuppen sollte.

Am 18. Juni 1948 war mit der Geheimdienstdirektive NSC 10/2 des Nationalen Sicherheitsrates die Geheimabteilung der CIA für verdeckte Aktionen, das OPC, aus der Taufe gehoben worden. Es sollte ein Team erfahrener, verdeckter, politischer Operatoren sein, die hinter den Kulissen zum Eingreifen bereitstehen sollten, wenn man sie brauchte. Doch von Anfang an nahm sich das OPC in der Struktur des Geheimdienstes merkwürdig aus. Kontrolliert wurde es nicht vom Direktor der CIA, sondern von einem speziellen Gremium des Außen- und des Verteidigungsministeriums. Der CIA-Direktor war in der direkten Befehlskette nicht einmal vorgesehen, und Frank Wisner war vom Außenminister ernannt worden.[17] Dieser zimperliche Umgang mit der OPC spiegelt die Ängstlichkeit wider, mit der die Sanktionierung verdeckter politischer Aktivitäten vom Nationalen Sicherheitsrat betrachtet wurde. Es brauchte nicht besonders viel Phantasie, um vorauszusehen, wohin die Errichtung einer solchen Gruppe führen konnte.

Botschafter George Kennan umriß 1975 die vorherrschende Meinung der späten vierziger Jahre: «Wir waren alarmiert über das Vordringen des russischen Einflusses über jenen Punkt hinaus, bis zu dem die russischen Truppen gekommen waren», sagte er. Besondere Sorge bereiteten Italien und Frankreich. Nach dem kommunistischen Putsch in der Tschechoslowakei im Februar 1948 startete die CIA in Italien eine Kampagne, die zur Niederlage der Kommunisten und zur Regierungsübernahme der Christlichen Demokraten führte. Sie war ein Wendepunkt in der Geschichte Europas und verschaffte solchen Aktionen Glaubwürdigkeit und Unterstützung. Es war eine Zeit, in der Operationen dieser Art einen regelrechten

Boom erlebten. «Die Berlin-Blockade hat viele Beamte in Washington veranlaßt, auf den Alarmknopf zu drücken», sagt Harry Rositzke, der damalige Chef der CIA-Niederlassung in München. «Jeder glaubte, daß die Sowjets auf einen Krieg hinarbeiteten und daß wir rechtzeitig über ihre Pläne Bescheid wissen mußten, wenn wir überleben wollten. Der Korea-Krieg wurde zunächst für ein Ablenkungsmanöver gehalten, während dessen sich die Sowjets das restliche Europa einverleiben wollten. In Washington herrschte das Verschwörungsfieber – und die CIA war in vorderster Front mit dabei.» Bei einem Treffen im Pentagon habe ein Armee-Offizier verlangt, daß die CIA «auf jedem Flugplatz zwischen Berlin und dem Ural einen Agenten mit einem Funkgerät» placiere, fährt Rositzke fort. «Ich schloß mich der Auffassung an, daß wir Agenten mit Funkgeräten an vielen Orten innerhalb der Sowjetunion brauchten, wenn wir frühzeitig von einem sowjetischen Angriff auf Westeuropa erfahren wollten. Aber wie sollten wir unsere Agenten dort hinbekommen? Das war die eigentliche Frage.» [18]

Die Antwort der CIA bestand darin, Agenten per Fallschirm abzusetzen. Doch die frühzeitige Warnung vor einem Angriff war nicht das einzige Ziel. Ende 1949, nachdem die Sowjets ihre erste Atombombe getestet hatten, begann das OPC eine «Befreiungspolitik» zu betreiben, die auf der Überzeugung beruhte, daß es hinter dem Eisernen Vorhang mit amerikanischer Hilfe zu antikommunistischen Revolutionen kommen werde. Es wurden Verbindungen zu Partisanengruppen aufgenommen, die aus Emigranten aus der Ukraine, Polen, den baltischen Staaten, Jugoslawien, Albanien und anderen Staaten bestanden, und es ist anzunehmen, daß sich auch die Kontakte aus der Kriegszeit in Rumänien als nützlich erwiesen. Was von der kriminellen, aber zweifelsfrei antisowjetischen Eisernen Garde übriggeblieben war, bot sich zur Rekrutierung an.

«Wir waren damals alle an dieser schwierigen Infiltrationsarbeit beteiligt», sagt der frühere leitende CIA-Mann Howard Roman. «Da waren zum Beispiel diese höchst komplizierten Fallschirmabsprünge über Rußland. Die waren logistisch und technisch furchtbar schwierig, und sie haben uns ständig Kopfschmerzen bereitet. Man brauchte Flugzeuge, man brauchte Leute, die zu so was bereit waren. Die konnten sich dann aber als russische Agenten herausstellen – was sogar die Regel war.»[19] Die «echten» Spione bewegten sich darüber hinaus keineswegs auf jener Ebene der Sowjetgesellschaft, auf der sie überhaupt nur von Nutzen sein konnten: «Der gewöhnliche Russe hat keine Ahnung von dem, was in den staatlichen Gremien vorgeht», sagt Richard Bissel, ein hoher CIA-Mann. «Er weiß nicht, wie ein Sprengkopf auf einer Interkontinentalrakete aussieht. Und er weiß auch nicht, ob hundert Meilen weiter ein Fliegerhorst an der Straße liegt.»[20]

Angesichts dieser Umstände wäre es überraschend gewesen, wenn das OPC die Organisation Gehlen, die sich inzwischen über ganz Europa ausgedehnt hatte, nicht hätte an sich bringen und nutzen wollen. Die Aufsicht über Gehlen lag jedoch beim anderen Zweig der Geheimabteilung der CIA, dem Office of Special Operations (OSO). Richard Helms, der 1946 die OSO-Auslandsabteilung M geleitet hatte, die für Deutschland, Österreich und die Schweiz zuständig war, war inzwischen Chef des OSO, und Pullach war eine der Basen für seine Spezialoperationen.

Sowohl das OPC wie das OSO waren geheime Dienste; darüber hinaus hatten sie jedoch fast nichts gemein. Die Aufgabe des OSO bestand in der Gewinnung von Nachrichten mit geheimdienstlichen Mitteln; die Aufgabe des OPC bestand in der aktiven politischen Intervention mittels verdeckter Operationen, um so die inneren Entwicklungen in anderen Nationen zu beeinflussen. In Zweck und Mitteln unterschieden sich diese beiden Einrichtungen zwar himmelweit voneinander, doch weil sie auf demselben Boden arbeiteten, kam es zu Kämpfen um Mittel und Personal – und damit zu einem erhöhten Ausspähungsrisiko. Die gespannten, von Mißtrauen geprägten Beziehungen zwischen OSO und OPC resultierten aus dem grundsätzlichen Unterschied zwischen Spionage und verdeckter Aktion. Dahinter stand jedoch das alte Mißtrauen gegenüber dem OSS, aus dessen ehemaligem Personal die meisten OPC-

Leute rekrutiert worden waren. Das OSO war skeptisch sowohl dem Urteilsvermögen wie der Loyalität der OPC-Leute gegenüber, denen gefährliche linksradikale Neigungen unterstellt wurden.[21] Das OPC jedoch florierte und baute mit Nachdruck an seinem Imperium, so daß die Zahl seiner Leute von 302 im Jahre 1949 auf 6000 im Jahre 1952 stieg.

Lange Zeit wurde behauptet, das OPC habe die Organisation Gehlen übernommen und Teile von ihr bei ihren verdeckten Operationen eingesetzt; die Agenten Gehlens seien ein Teil der OPC-«Privatarmee» gewesen. Diese Vorstellung hat sich derart festgesetzt, daß etliche ehemalige Angehörige der CIA-Verbindungsstellen zur deutschen Regierung – und mindestens ein Mitarbeiter, der viele Jahre in Pullach war und später viel Zeit für eine Studie über die Desinformationstechniken der Sowjets verwendete – der Meinung sind, sie sei gezielt von den Sowjets verbreitet worden, um Gehlen und die CIA zu diskreditieren. Eric Waldman stellt diesen Verdacht ebenfalls in Abrede. Er behauptet, niemals mit irgendeinem OPC-Angehörigen Kontakt gehabt zu haben, und meint, es hätte ihm nicht entgehen können, wenn aus dieser Ecke Offerten an die Organisation herangetragen worden wären.[22] Substantielle Beweise, auf die sich die Behauptung stützen könnte, die Organisation Gehlen sei Teil des OPC und seiner Operationen geworden, gibt es nicht. Dies hätte auch kaum in Gehlens langfristigem Eigeninteresse gelegen, weil eine Beteiligung an der politischen Beeinflussungsarbeit des OPC die sorgfältig gehegte Funktion der Nachrichtenbeschaffung schwer kompromittiert hätte. Die Nachrichtenbeschaffung aber war das Vehikel, das Gehlen in der neuen deutschen Regierung eine einflußreiche Position verschaffen sollte.[23] Ausgeschlossen ist allerdings nicht, daß Angehörige der Organisation heimlich für das OPC tätig waren. Kürzlich freigegebene Dokumente des CIC bestätigen, daß eine Reihe von Gehlen-Agenten – davon einige wenige in verantwortlichen Positionen – käuflich waren. Einer von diesen war Ludwig Albert, ein früherer Gestapo-Mann, der Geheimnisse der Organisation Gehlen an zwei Geheimdienste verkaufte – an das amerikanische CIC und an den Staatssicherheitsdienst der DDR. Andere lieferten direkt an den sowjetischen KGB. Doch auch wenn einige Gehlen-Agenten nebenher für andere Interessenten arbeiteten, spiegelt das noch keine offizielle Zusammenarbeit seitens der Organisation wider.[24] Tatsächlich war es das OSO unter Richard Helms, das auf Anraten Critchfields die Kontrolle über die Organisation Gehlen übernahm; ihre verdeckten Aktivitäten blieben auf das Sammeln von Informationen beschränkt und schlossen keine politischen Interventionen ein.[25]

Die turbulenten Auseinandersetzungen um die Organisation Gehlen, so heftig sie auch waren, bedrohten deren fortgesetzte Unterstützung durch die CIA nicht ernsthaft. Denn die Amerikaner brauchten, als sich die Spannungen zwischen Ost und West ihrem Höhepunkt näherten, jede nur mögliche Informationsquelle über die Vorgänge im Osten. Es war die Zeit des Kalten Krieges, der die Welt 1952 an den Rand des dritten Weltkrieges brachte.

Im Kalten Krieg

Auf welchen Tiefpunkt die sowjetisch-amerikanischen Beziehungen im Frühjahr 1952 gesunken waren, macht eine Begebenheit deutlich, die am Nachmittag des 26. Juni in London ihren Anfang nahm. Peer de Silva, Critchfields ehemaliger Stellvertreter in Pullach, betrat das *Claridge's*, um sich mit dem frisch ernannten neuen amerikanischen Botschafter in der Sowjetunion, George Kennan, zu treffen. Sein Auftrag war, Kennan zu bewegen, sich über die wiederholte Weigerung des Außenministeriums hinwegzusetzen, einen Angehörigen der verdeckten CIA-Dienste im Moskauer Botschaftsstab zu placieren. Nach langer Diskussion verweigerte sich Kennan diesem Wunsch der CIA, für de Silva «eine große Enttäuschung. Ich hatte jedoch im Laufe der Unterhaltung bemerkt, daß der Botschafter sehr angespannt und nervös war. Er war bleich, seine Hände zitterten, und ihm schien allerlei durch den Kopf zu gehen. Am Ende unseres Gesprächs sagte er, er habe eine Bitte an die CIA.» De Silva und der Botschafter waren allein im Schreibsalon des Hotels; Kennan ging langsam auf und ab und erklärte, was ihm auf der Seele lag: «Sie müssen etwas für mich tun», zitiert de Silva die Worte des Botschafters. «Ich habe hier einen Brief [adressiert an Papst Pius XII.]. Ich sehe für unsere unmittelbare Zukunft mit den Sowjets überaus schwarz, besonders auf der diplomatischen Ebene. Ich möchte, daß Sie diesen Brief an Allen Dulles weiterleiten und dafür sorgen, daß er auf geheimem Weg dem Papst in Rom überbracht wird. Ich fürchte», fuhr Kennan fort, «es besteht eine hohe Wahrscheinlichkeit, daß ich in nicht allzu ferner Zeit im sowjetischen Rundfunk sprechen muß. Es kann sein, daß ich gezwungen bin, Dinge zu sagen, die der amerikanischen Politik schaden könnten. Dieser Brief soll der Welt beweisen, daß ich unter Druck stehe und diese Aussagen nicht aus freiem Willen mache.

Dieser Brief erlaubt dem Papst, meine Lage und die wahre Situation dort öffentlich zu machen.»

De Silva, überrascht von dem, was der Botschafter gesagt hatte, war vollends entsetzt, als Kennan fortfuhr: «Ich höre, daß die CIA eine Pille besitzt, die man benutzen kann, um sich auf der Stelle umzubringen. Stimmt das?» De Silva, der spürte, daß Kennan es vollkommen ernst meinte, bestätigte, daß die CIA tatsächlich solche Pillen habe, die sie «L-Pills» nannte, wobei L für «letal» stand. Es handelte sich um kleine, von einem Drahtgeflecht umgebene gläserne Phiolen, die Blausäure enthielten und in den Mund gesteckt werden konnten; der Tod trat binnen Sekunden nach dem Zerbeißen ein. Der Botschafter fragte daraufhin, ob man ihm mit der diplomatischen Post zwei solche L-Pillen schicken könne, und de Silva versprach, diese Bitte an Dulles weiterzuleiten, sobald er am nächsten Tag in Washington eingetroffen sei.

Als er Allen Dulles den Brief an den Papst übergab und das Gespräch vom Vortag resümierte, «herrschte im Büro des Direktors ein langes Schweigen. (...) Offensichtlich war es für die Anwesenden ein Schock, doch man kam überein, daß man ihm diese Dinge nicht verweigern durfte. Ich wurde ermächtigt, die notwendigen Gegenstände zu beschaffen und nach Moskau zu schicken.»

All dies ereignete sich im Juni 1952. Im September entdeckte Botschafter Kennan, der in erzwungener Isolation von der russischen Bevölkerung lebte und mit seiner Familie kaum verhüllter Feindseligkeit ausgesetzt war, daß sein Arbeitszimmer im Spaso House, seiner Residenz, verwanzt war – damals eine beispiellose Verletzung der internationalen diplomatischen Gepflogenheiten. Diese Entdeckung, für Kennan ein «seltsames und bösartiges Drama», geschah am Abend vor seiner Abreise aus Moskau zu einer Konferenz in London. Seine Beschreibung der Atmosphäre im Spaso House am Morgen danach gibt in wenigen Sätzen den schrecklichen Druck wieder und die «psychisch imprägnierte» Luft Rußlands, in der er diesen «schwierigen und nervenaufreibenden Sommer» durchlebte: «Am folgenden Morgen war die Atmosphäre im

Spaso House aufs äußerste gespannt. Ich hielt es für das Beste, das Zimmer, in dem das Abhörgerät gefunden worden war, nicht mehr zu benutzen und abzuschließen. Die sowjetischen Dienstboten mit ihrer hochempfindlichen Antenne für die jeweilige Stimmung spürten, daß ernste Schwierigkeiten in der Luft lagen, und warfen erschreckte Blicke auf die verschlossene Tür, wenn sie auf dem Korridor daran vorüberkamen, als vermuteten sie, es läge die Leiche eines Ermordeten in dem Zimmer. Die Gesichter der Posten am Tor waren zu starren Grimassen gefroren. Die Luft war so erfüllt von Zorn und Feindschaft, daß man sie mit dem Messer hätte schneiden können.»

In dieser Stimmung trat der Botschafter einige Stunden später auf seinem Weg nach London im Berliner Flughafen Tempelhof vor die Presse. Es wurde eine Begegnung, die die Sowjets derart erzürnte, daß sie dafür sorgten, daß Kennan nie wieder den Fuß auf russischen Boden setzte.

«Es war wie vorausgesehen. Die Reporter waren gekommen. Sie stellten die erwarteten Fragen, und ich gab ihnen die vorbereiteten Antworten. Aber dann fragte mich (...) ein junger Reporter (...), ob wir an der Botschaft in Moskau viele gesellschaftliche Kontakte mit den Russen hätten. Die Frage ärgerte mich. War der Mann erst gestern zur Welt gekommen?

‹Wissen Sie nicht›, fragte ich, ‹wie ausländische Diplomaten in Moskau leben?›

‹Nein›, erwiderte er. ‹Wie leben sie?›

Ich hätte es natürlich dabei bewenden lassen sollen. Aber in diesem Augenblick stieg in mir die Erinnerung an alle die trüben Erfahrungen auf, die ich in den vergangenen vier Monaten gemacht hatte und die damit geendet hatten, daß die Spielkameraden meines kleinen Sohnes verjagt wurden, damit sie sich in seiner Nähe nicht ansteckten. Da ich in Deutschland war, erinnerte ich mich in diesem Augenblick wieder an jene fünf Monate, die ich als Gefangener der Deutschen 1941 bis 1942 in der Internierung verbracht hatte. (...) Auch da waren wir von Amts wegen ‹der Feind› gewesen.

‹Nun ja›, sagte ich, ‹ich war hier in Deutschland im letzten Krieg etliche Monate interniert. Die Behandlung, die uns in Moskau zuteil wird, entspricht ungefähr der Behandlung, die uns Internierten damals zuteil wurde, mit dem Unterschied, daß es uns in Moskau freisteht, unter Bewachung auf den Straßen der Stadt spazierenzugehen.›»

Die Pressekonferenz fand am 19. September 1952 in Berlin statt. Am 3. Oktober übergab das sowjetische Außenministerium dem amerikanischen Geschäftsträger eine Note, die Botschafter Kennan einen Lügner nannte, seine sofortige Abberufung aus der Sowjetunion verlangte und ihn zur Persona non grata erklärte.[1]

Als Kennan in die Vereinigten Staaten zurückgekehrt war, stattete ihm de Silva einen Besuch ab, in dessen Verlauf er ihn fragte, was aus den L-Pillen geworden sei. «Er sagte mir mit einem eigenartigen Lächeln – offensichtlich als ein viel ruhigerer und gelassenerer Mann, als ich ihn zuletzt gesehen hatte: ‹Ich habe sie längst ins Klo geworfen und runtergespült.›

Damals und in den Jahren danach», schließt de Silva, «habe ich immer gedacht, daß Botschafter Kennan überaus tapfer gehandelt hat. In den frühen fünfziger Jahren hatte die CIA entdeckt, daß die Sowjets mit Drogen experimentierten, die die natürlichen Hemmungen und die Selbstkontrolle eines Menschen zerstören sollten. Dieses Thema wurde in der CIA und im Außenministerium häufig diskutiert. In der damaligen Atmosphäre des Kalten Krieges betrachtete sich Kennan als mögliches Opfer eines solchen sowjetischen Anschlags. Als höchst kompetenter und gebildeter Kenner der Sowjets hegte er keinerlei Illusionen über die Aktionen, die sie unternehmen würden, wenn ihre Interessen es erforderlich machten. Dennoch begab er sich in diese Welt voller Gefahren und war bereit, sich eher das Leben zu nehmen, als sich von den Sowjets dazu benutzen zu lassen, die Vereinigten Staaten zu erniedrigen oder zu beleidigen.»[2]

Operation HACKE

Der Kalte Krieg fand damals mit ähnlicher Heftigkeit auch in den Vereinigten Staaten statt, wobei sich die Amerikaner selber weit mehr Schaden zufügten als die Sowjets – vor allem durch die Verfolgungen des Senators Joseph McCarthy. In den Vereinigten Staaten galten die Nazis inzwischen nicht mehr als Feind Nummer eins; sie waren durch die Kommunisten ersetzt worden und auf den zweiten Platz gerückt. In Europa jedoch gaben die Nazis weiterhin einen ausgezeichneten Stoff für Verdächtigungen und Attacken ab. Gerüchte über Existenz, Führung, Personal und Tätigkeit der Organisation Gehlen hatte es seit ihrer Geburtsstunde gegeben, doch hatte es sich lediglich um Gerede hinter vorgehaltener Hand oder um sensationslüsternen Klatsch gehandelt. Zumindest gegenüber der Öffentlichkeit war die Tarnung der Organisation Gehlen intakt geblieben. Am 17. März 1952 jedoch druckte der Londoner *Daily Express* einen explosiven Artikel von Sefton Delmer, der die Überschrift trug: «Hitler-General spioniert jetzt für Dollars».

«Achten Sie auf einen Namen, der Schlimmes verheißt», begann Delmer seinen Artikel. «Er steht für den meiner Meinung nach gefährlichsten politischen Sprengstoff im heutigen Westeuropa. Dieser Name lautet Gehlen (...). Vor zehn Jahren war dies der Name eines der fähigsten Stabsoffiziere von Hitler. (...) Heute ist Gehlen der Name einer Geheimorganisation von gewaltiger und zunehmend größerer Macht (...). Während er seine Organisation immer weiter ausbaute, krochen jede Menge frühere Nazis, SS- und SD-Leute (des Himmlerschen Geheimdienstes) in seiner Organisation unter, wo sie vollen Schutz genossen. Heute ist Gehlen der Kopf einer Spionageorganisation, die ihre Agenten in allen Teilen der Erde hat (...). Die Gefahr, die von dieser Organisation ausgeht, liegt in der Zukunft. Denn Gehlens Agentennetz ist schon heute in Deutschland zu einer immensen Untergrund-Macht geworden (...).»

Kopien des Artikels machten in den amerikanischen Geheimdienst-
stellen in Deutschland die Runde. Das Büro des Koordinators und
Sonderberaters (einer Geheimdienststelle) der amerikanischen
Hochkommission schickte ein Exemplar an die Gegenspionage der
US-Armee. Der amerikanische Verbindungsoffizier beim Bundes-
amt für Verfassungsschutz (BfV) hatte genauso eine Kopie wie die
Intelligence Engineer Group 7714. In einem Memorandum stand
der Satz: «DAD [der Deckname für die CIA] ist sich der Veröffent-
lichung dieses Artikels bereits schmerzhaft bewußt.» Auch alte
Freunde ließen von sich hören. Walter Holters, der 1945 von John
Boker vernommen worden war, scheint mit dem amerikanischen
Geheimdienst in Verbindung geblieben zu sein, denn er sandte am
31. März 1952 aus Essen folgende Notiz:

«Lieber Mr. Weittenmiller, durch Zufall las ich die beigefügte
Zeitung. In der Annahme, daß das C. I. C. Interesse an solch unver-
antwortlichen und gefährlichen Presseberichten nehmen wird,
schicke ich Ihnen diesen Artikel. Gerüchte können großen Schaden
anrichten und sollten gründlich aus der Welt geschafft werden. In
der Hoffnung, daß Sie sich bester Gesundheit erfreuen, sende ich
Ihnen meine besten Grüße.»[3]

Holters stand mit seinem Ärger über Sefton Delmer nicht allein;
sein Bericht erschien vielen amerikanischen Geheimdienstlern eher
als die erste Salve eines Generalangriffs auf die Organisation Gehlen denn als Eintagsfliege eines Sensationsreporters. Delmer war ein
guter Freund des BfV-Präsidenten Otto John, mit dem Gehlen in
heftiger Fehde lag. Johns sensationelles «Verschwinden» nach Ostdeutschland zwei Jahre später, gefolgt von seiner ebenso sensationellen öffentlichen Absage an den Westen, schien die Ansicht zu
bestätigen, Delmer habe bei seiner «Bloßstellung» Gehlens im Auftrag des KGB gehandelt. (Später warf Otto John sämtliche Theorien
über den Haufen, indem er wieder in Westdeutschland auftauchte
und behauptete, entführt und einer Gehirnwäsche unterzogen –
und von seinem alten Freund Delmer gerettet worden zu sein.[4]) Auf
jeden Fall war – gleich aus welchen Motiven – zum erstenmal ein

Schlaglicht auf den General im dunkeln und seine Verbindungen zu den Amerikanern gefallen.

Delmers Artikel war das Startsignal für einen von den Sowjets gelenkten ostdeutschen Angriff auf die Organisation Gehlen, der kurz nach Erscheinen des Artikels begann. Diese Aktion unter dem Decknamen HACKE sollte die Organisation Gehlen bloßstellen, diskreditieren und zerstören – und zugleich Zwietracht zwischen der Bundesrepublik und ihren Verbündeten säen. Die Aktion bildete den Höhepunkt einer sorgfältig vorbereiteten Kampagne, zu der auch die Unterwanderung der Organisation Gehlen mit ostdeutschen Agenten gehörte.

Einer von ihnen war Henry Troll, ein schillernder Autor von Kriminalromanen und Abenteuergeschichten. Seine Bücher waren schon lange vor dem Krieg die Schlager der Leihbüchereien. Troll, dessen wahrer Name Hans Joachim Geyer lautete, trat 1928 in die NSDAP ein und hatte es in seinem Beruf zu etwas gebracht. Er wohnte mit Frau und Kindern in Falkensee, einem besseren Vorort Berlins. Nach Kriegsende jedoch erlebte er einen Rückschlag. Falkensee fiel an die Ostzone, und die neue kommunistische Regierung warf ihn und seine Familie aus ihrer luxuriösen Villa. Er setzte aber seine enorme Produktion fort und fand einen großzügigen westdeutschen Verlag, der sie publizierte.

Sein Publikum war ihm treu geblieben, und er lebte in komfortablen Verhältnissen, doch fehlte anscheinend etwas in seinem Leben. Sein berühmtester literarischer Held war der Detektiv John Kling, und vielleicht wollte Geyer, der inzwischen in mittleren Jahren war, etwas von jenem Nervenkitzel erleben, den er bisher nur in der Phantasie erfahren hatte. Aus welchen Gründen auch immer trat Geyer 1952 in die Organisation Gehlen ein und bekam – was ihn sicher gefreut haben wird – einen wirklichen Decknamen: Grell. Er arbeitete als Aufklärer in Ost-Berlin für eine der aktivsten Niederlassungen Gehlens, die Nummer 9592 in West-Berlin. Dann kam der ostdeutsche Aufstand vom Juni 1953 und in dessen Folge die Verschärfung der dortigen Sicherheitsvorkehrungen. Über Nacht ließ Geyer/Troll/Grell seine Familie in Falkensee sitzen und flüchtete nach West-Berlin, wo er einen Schreibtischposten im Büro jener Niederlassung erhielt.

Dies stellte sich jedoch bald als Unglück für die Organisation heraus, denn Geyer war inzwischen Doppelagent geworden, entweder unter Druck oder weil er gemerkt hatte, daß das Dasein als einfacher Spion nicht das war, was er sich vorgestellt hatte. Was die Sowjets anging, hätte seine Position kaum besser sein können: Er besaß das Vertrauen des Dienststellenleiters; er las die Berichte der Informanten und Agenten, war für die sichere Verwahrung der Akten zuständig und hatte Zugang zum Geheimarchiv. Jeden Abend, wenn er allein im Büro war, fotografierte er mit seiner Minox-Kamera bergeweise geheimes Material, einschließlich der Chiffriertabellen und einer vollständigen Liste aller 60 Informanten der ostdeutschen Dienststelle. Jeden Morgen brachte ein Kurier eilends in die DDR, was Geyer ihm gab.

Wer weiß, wie lange die Geheimnisse der Organisation Gehlen weiter nach Osten geflossen wären, hätte Geyer nicht die Krimiautorenphantasie mit sich durchgehen lassen; sie verleitete ihn nämlich dazu, eine höchst prosaische Aufgabe recht eigenwillig anzugehen. Mitte Oktober 1953 wurde Geyer vom Dienststellenleiter damit beauftragt, eine neue Sekretärin für das Büro auszusuchen. Er setzte ein Zeitungsinserat auf, in dem die Organisation als großes westdeutsches Industrieunternehmen firmierte. 34 Bewerberinnen meldeten sich, von denen er fünf zu einem Einstellungsgespräch laden wollte. An diesem Punkt geriet er jedoch in Schwierigkeiten. Geyer, in die Haut seines Helden John Kling schlüpfend, verabredete sich mit den Frauen in einem heruntergekommenen Café von schlechtem Ruf. Seine geheimnisvolle Aura, sein Zögern, die Arbeit seiner angeblichen Firma zu erläutern, und seine hartnäckigen Fragen nach ihrer Familie und ihrem Privatleben führten schließlich eine der Bewerberinnen zu dem Schluß, daß er als Anwerber im modernen Sklavenhandel tätig sein müsse; sie zeigte ihn prompt bei der Polizei an.

In dieser Zeit hatte es gerade eine Häufung von Fällen dieser Art gegeben, und die Polizei nahm den Verdacht der jungen Frau ernst. Am 29. Oktober 1953 um zehn Uhr vormittags klingelten zwei Beamte vom Sittendezernat an Geyers Wohnungstür und erkundigten sich, als nicht geöffnet wurde, bei der Vermieterin, wo er arbeitete. Sie sagte ihnen ganz ehrlich, sie habe keine Ahnung, was den Verdacht noch vertiefte. Als Geyer ungefähr eine Stunde später nach Hause kam, berichtete sie ihrem Mieter, die «Polizei» sei dagewesen, und Geyer geriet in Panik. Überzeugt, daß er enttarnt worden sei, stopfte er Filme und Akten in einen Koffer, schloß die Wohnungstür ab, sprang aus einem rückwärtigen Fenster und flüchtete über die Grenze nach Ost-Berlin.[5]

Binnen weniger Stunden wurden Gehlens Agenten in ganz Ostdeutschland ausgehoben; bis zum Abend wurden mehr als dreihundert festgenommen. Schlüsselpersonen wie ein Redakteur der bedeutenden *Berliner Zeitung* fanden sich im Gefängnis wieder. Am nächsten Tag zierten ihre Fotos zusammen mit Reproduktionen einiger der von Geyer gelieferten Dokumente die Seiten der kommunistischen Presse, die frohlockend berichtete, «der größte bisher aufgedeckte amerikanische Spionagering» sei «zerschlagen» worden. Am 9. November war Geyer der Star einer Pressekonferenz, deren eigentliche Botschaft jedoch von Leutnant Hans Bormann, einem Gegenspionageoffizier vom Staatssicherheitsdienst, vorgetragen wurde. Seine Leute, verkündete Bormann, seien über die Organisation Gehlen bestens informiert; darüber hinaus lieferten SSD-Informanten im voraus Berichte über bestimmte Operationen der Organisation.

Gehlen, sein Stab und die Verbindungsoffiziere von der CIA mögen versucht haben, sich mit der Behauptung zu trösten, Bormann habe übertrieben. Doch schon vier Tage später wurde eine wichtige und sensible Operation – selbst wenn sie auf den ersten Blick wie aus einem Groschenheft wirkte – vereitelt und ihr Leitagent vom SSD entführt. Und dies war keineswegs ein Einzelfall, wie die Pullacher nur zu genau wußten.

196

In der Nacht des 13. November 1953, kurz nach der Pressekonferenz mit Geyer, ging der frühere Wehrmachtsmajor und verläßliche Gehlen-Agent Werner Haase zu einer abgelegenen Stelle am Landwehrkanal, der West- und Ost-Berlin voneinander trennte. Er wurde von seinem Kollegen Heinze begleitet; die beiden hatten den Auftrag, einen neuen Kommunikationsstrang einzurichten. Angesichts der massiv verstärkten Sicherheitsmaßnahmen an der gesamten Grenze war die Überbringung von Berichten durch Kuriere riskanter denn je; deshalb sollten Haase und Heinze ein Telefonkabel durch den Kanal verlegen. Auf der Ost-Berliner Seite, bereit, das Kabel ans Ufer zu ziehen, wartete Beutel, ein weiterer Gehlen-Agent.

Daß diese Operation aus den üblichen Geheimdienstabenteuern herausstach und fast wie eine Farce wirkte, lag an der Methode, mit der dieses gewagte Manöver ausgeführt werden sollte. Das eine Ende des Kabels war nämlich an einem kleinen, motorisierten Modellschiff befestigt, das zu Beutel hinüberfahren sollte. Vermutlich sollte das Spielzeugboot den Anschein von Harmlosigkeit erwekken, obschon man gerne wüßte, wie zwei erwachsene Männer erklärt hätten, warum sie mitten in einer Novembernacht am Ufer eines Kanals mit einem Modellboot spielten. Wie sich herausstellen sollte, blieb jedoch keine Zeit für Erklärungen. Da die Aktion im voraus verraten worden war – manche sagen: von Beutel, während andere mit dem Finger woandershin zeigen –, hatte ein SSD-Trupp die Grenze überquert und sich im Gebüsch versteckt. Haase und Heinze wurden bei ihrer unglücklichen Operation überwältigt und anschließend in die DDR entführt.[6] Die ostdeutschen Behörden behaupteten, Haase und Heinze seien in flagranti auf der Ostseite des Kanals ertappt worden, klagten sie wegen Spionage an und stellten sie vor Gericht.

Operation CAMPUS

Bei Kriegsende wollten die Amerikaner vor allem einem Wiederaufleben des Nationalsozialismus vorbeugen. Grund zur Sorge bestand durchaus. Kleine Gruppen von Verschwörern fanden zusammen und entwarfen Pläne zur Wiederherstellung des Dritten Reiches; zu diesem Zweck sollten Naziführer zurückgeholt werden, die aus Deutschland nach Südamerika geflohen waren. Anderswo wurden Versuche unternommen, Feme-Gruppen aufzubauen, geheime Mörderbanden, die Deutsche liquidieren sollten, die den Alliierten bei der Identifizierung ehemaliger SS-Leute halfen.[7]

Doch alles das waren Taten von Randgruppen. Der Nazismus war bei objektiver Betrachtung tot, und die Widerstandsnester waren nicht mehr als Zuckungen einer Leiche. Während den Deutschen die Verantwortung für ihre internen Angelegenheiten allmählich zurückgegeben wurde, blieb der einzige Prüfstein der Amerikaner für die politische Sauberkeit eines Deutschen sein vom Schmutz des Nazismus unbeflecktes Vorleben. Und was, fragten sie, war ein besserer Anhaltspunkt dafür, als daß jemand unter den Nazis im Konzentrationslager gesessen hatte.

Eine andere Gruppe von Amerikanern betrachtete die Frage der politischen Einfärbung jedoch aus einer anderen Perspektive. Es war eine kleine Schar brillanter Offiziere der Abwehrpolizei der US-Armee, des Army Counter Intelligence Corps (CIC), die nach dem Krieg in Deutschland geblieben war und für die Kontinuität der während des Krieges begonnenen Arbeit sorgte. Ihr Anführer war Thomas Wesley Dale, ein Hüne aus Mississippi, der zwei Dutzend Sprachen beherrschte, ein fähiger Kopf und eine überwältigende Persönlichkeit, was ihm ebensoviel Feindschaft eintrug wie seine Aufklärungsarbeit Respekt. Von sich selbst und von andern wurden sie als «The Experts» betrachtet.[8]

Als hochgebildete und erfahrene Leute vertraten sie die Auffassung, daß der Krieg lediglich ein Zwischenspiel in der kommunistischen Expansionskampagne darstellte. In einer Truppe, deren System der Postenrotation einen Feldoffizier nach dem andern in verantwortliche Positionen beförderte, bildeten diese willensstarken Zivilisten und Profis schon bald eine Elite, die sich dem Vorwurf ausgesetzt sah, arrogant, abweisend im persönlichen Umgang, in gefährlicher Weise unabhängig und paranoid zu sein.[9]

Die «Experten» standen nicht allein mit ihren Zweifeln, ob die Deutschen als Volk für die Demokratie überhaupt geeignet waren. Sie glaubten, daß diese immer noch am besten auf eine streng autoritäre und straff durchorganisierte Führung ansprachen. Eine solche Gefahr schien ihnen jedoch eher von der linken als von der rechten Seite des politischen Spektrums auszugehen.

In der Zeit nach der russischen Revolution hatten die Kommunisten getan, was sie konnten, um allerorten in politisch einflußreiche Positionen zu gelangen. Die zwanziger und dreißiger Jahre hindurch hatte die Partei aggressiv an ihrem Ziel der Weltherrschaft gearbeitet. In Deutschland kollidierten ihre Bemühungen mit denen Hitlers, der dieselbe Idee hatte, mit der Folge, daß Tausende Kommunisten von den Nazis eingesperrt wurden. Damit wurde zwar ihr Ziel erreicht, die unmittelbare bolschewistische Gefahr abzuwenden, auf der anderen Seite kamen dadurch jedoch die militanten Kommunisten in den Konzentrationslagern zusammen.

Dort bildeten sie Komitees und Studiengruppen, in denen sie detaillierte Pläne zur Errichtung des Kommunismus im Nachkriegsdeutschland entwarfen. Sie wußten, daß sie ihre Leute zunächst auf allen Ebenen in den Verwaltungsapparat hineinbringen mußten. Nach Ansicht der Gruppe von Tom Dale spielten die Amerikaner den Kommunisten also direkt in die Hände, wenn die Internierung in einem Konzentrationslager mit politischer Verläßlichkeit gleichgesetzt wurde. Obwohl die Gruppe um Dale in diesem Punkt mit den amerikanischen Behörden über Kreuz geriet, ließ sie sich nicht abschrecken. Sie ging einfach in den Untergrund.

Dales Gruppe entwarf und leitete eine riesige, raffinierte, geheime und nicht autorisierte Geheimdienstoperation namens CAMPUS. Diese auf die entstehende deutsche Verwaltung gerichtete Operation, die ohne das Wissen, geschweige denn die Zustimmung der Verantwortlichen in Washington ersonnen und ausgeführt wurde, wilderte in den Zuständigkeitsbereichen sämtlicher übrigen amerikanischen Geheimdienste. Die Operation CAMPUS warf ihr Netz weit aus. Eine unvollständige Liste ihrer Untersuchungsthemen liest sich wie ein Führer durch die deutschen Sicherheitsbehörden, ihre Chefs und ihre einzelnen Angehörigen. Besonders weit oben auf der Liste standen die von der CIA unterstützte Organisation und ihr Chef Reinhard Gehlen.

CAMPUS war aus einer Reihe unterschiedlicher Motive entstanden, unter anderem aus der Überzeugung, daß die CIA keine wirkliche Kontrolle über die Organisation Gehlen hatte, wenn sie nicht wußte, wer für diese arbeitete. Ein Angehöriger der Dale-Gruppe erinnert sich, daß er CIA-Leuten gegenüber sagte, wenn Gehlen ihnen nicht seine Personaldossiers gebe, sei die Lage hoffnungslos. «Einer der größten Fehler, den die Vereinigten Staaten jemals auf dem Gebiet der Geheimdienstarbeit begangen haben», sagt er, «war es, Gehlen zu nehmen. Schon im Krieg war sein Laden nicht gerade effektiv, und er hat im Laufe der Zeit auch nichts dazugelernt. Seine Methodik war antiquiert, sein Kommunikationswesen primitiv und seine Sicherheit gleich null. Er war vom ersten Tag an der Infiltration ausgesetzt.» [10]

Es ging jedoch um mehr als um professionellen Dünkel. Den amerikanischen Geheimdiensten machten interne Kämpfe zu schaffen, die hinter einer Fassade der Einträchtigkeit ausgefochten wurden, weil die Regierung von den verschiedenen Diensten Zusammenarbeit erwartete. Verbindungsoffiziere der einen Dienste wurden in die jeweils anderen abgeordnet. So waren ständige Vertreter der Geheimdienste von Armee, Marine und Luftwaffe auch in Pullach stationiert, während die CIA bei ihnen entsprechende Vertreter hatte.[11] Dies vermochte jedoch nicht die starken Ressentiments gegenüber der CIA einzudämmen, die sich durch die übrigen amerikanischen Geheimdienste zog. Einzelne CIA-Leute, viele davon mit Abschlußzeugnissen der amerikanischen Elite-Universitäten, wirkten häufig elitär, vom Gefühl ihrer eigenen Überlegenheit und der der CIA durchdrungen. Der Geheimdienst der US-Armee betrachtete diese Haltung als ebenso ärgerlich wie ungerechtfertigt. Die Armee-Geheimdienstler, weil schon länger dabei, bestanden darauf, daß sie die breitere Erfahrung und die ergiebigeren Ressourcen hätten.

Seit 1945 waren die Deutschen in die Büros des CIC geströmt, um Denunziationen und Informationen zu liefern, desgleichen die Flüchtlinge aus dem Ostblock, die entweder die Sowjets haßten oder Geld brauchten oder beides. Wie Allen Dulles während des Krieges in der Schweiz entdeckt hatte, zahlte sich Werbung aus; wenn niemand weiß, wer man ist, wie soll man dann gefunden werden? Ein weiterer Faktor, der zur Effektivität des Armee-Geheimdienstes beigetragen haben mag oder auch nicht – in jedem Fall ein Faktor, den seine Offiziere nicht gern nannten, der aber zweifelsfrei belegt ist –, war seine pragmatische, zweckorientierte Rekrutierungspolitik: Seine Bereitschaft, Kriegsverbrecher anzuheuern, ist aktenkundig.[12] Hinzu kamen die tiefsitzenden Vorbehalte in den Köpfen der altgedienten CIC-Männer gegenüber der – wie viele glaubten – linken Einfärbung der Mutterorganisation der CIA, des OSS, und der hartnäckige Verdacht, diese habe sich weitervererbt. Auf der anderen Seite war unter CIA-Leuten die Meinung weitverbreitet, die militärischen Geheimdienste einschließlich des CIC arbeiteten unbeholfen, schlampig und amateurhaft. Trotz der Anwesenheit der Verbindungsoffiziere der CIA gelang es dem 66. CIC-Detachment, die ausgedehnte Operation CAMPUS geheimzuhalten. Ein Mittel, mit dem sie dies erreichte, war die rigide Kontrolle ihres Postverteilers. Berichte schlossen mit Hinweisen wie: «Dieser Bericht (...) darf nicht an HQ sowie G-2 oder andere Behörden weitergegeben werden.» Dies hieß, daß sie nicht einmal an das Hauptquartier des Militärgeheimdienstes weitergeleitet werden durften.[13] Das Sicherheitsnetz rund um CAMPUS war sogar so dicht, daß Grund zu der Annahme besteht, daß die CIA noch nach 25 Jahren nichts von bestimmten, mittels CAMPUS vom CIC ermittelten Informationen über die Organisation Gehlen wußte, bis das in diesem Buch zitierte Material nach dem Freedom of Information Act freigegeben wurde.

Was genau fand nun die supergeheime, sorgfältig geplante Operation CAMPUS über die Organisation heraus? Neben vielem anderen, daß sie nicht nur vormals begeisterte Nazis beherbergte, sondern daß sich diese zu einer fest umrissenen Gruppe formiert hatten.

Gehlen hatte Grund dazu, keine Nazis in herausgehobenen Positionen zu beschäftigen. Er mußte sein Image und das der Organisation im Auge behalten. Der deutsche Generalstab war das Fundament, auf dem seine Organisation aufbaute. Das Militär hatte Deutschland – auf die eine oder andere Weise – seit Generationen regiert, und er war der festen Überzeugung, daß die politische Macht auch zukünftig bei ihm liegen werde. Doch nach dem verlorenen Krieg war Gehlen der einzige, der eine Möglichkeit gefunden hatte, seine Kameraden zu retten. Er wollte ihnen helfen, mit Blick auf die Zukunft Deutschlands wie auf die eigene, und er wollte damit nicht so sehr ihre Dankbarkeit, sondern vielmehr ihren Respekt gewinnen. War er von Nazi-Schurken umgeben, konnte ihm das nur schaden. Die Männer, die Gehlen in so hohem Ansehen hielt, hatten für Hitlers Barbaren nur Verachtung übrig.

Dennoch befand sich Gehlen in einem Dilemma. Wenn ihm sein ehrgeiziges Unterfangen gelingen sollte, mußte er Erfolge vorweisen, und er stand schlagkräftigen Konkurrenten gegenüber.[14] Erfolge zu erzielen bedeutete jedoch, das effektivste erreichbare Material zu nutzen: erfahrene Geheimagenten, von denen viele genau zu jener Sorte SD-Schurken zählten, die er lieber gemieden hätte. Der eine Ausweg für Gehlen bestand darin wegzusehen, sie auf Distanz zu halten und die direkte Verantwortung für sie zu umgehen. Der zweite bestand in der Geheimhaltung. Solange niemand wußte – auch die Amerikaner nicht –, wer für ihn arbeitete, konnte seine Organisation sich der Erfahrung dieser häßlichen Gestalten ruhig bedienen. Gehlens Dilemma wurde allerdings dadurch verschlimmert, daß seine Strategie Gefahren für seinen Ruf in sich barg. Sicherheit beginnt bei der Anwerbung, und ein Geheimdienstchef, dem es nicht gelingt, in diesem kritischen Bereich eine strikte Kontrolle auszuüben, wird wohl kaum Vertrauen in sich und seine Organisation wecken können.

Später, als Skandale die Organisation erschütterten, behauptete Gehlen stets, es seien nur wenige Nazis gewesen, diese seien von nachrangigen Leuten eingestellt worden, und sie hätten nur wenig Schaden angerichtet. Die deutsche Öffentlichkeit war sich da nicht so sicher. «Es scheint», schrieb die *Frankfurter Rundschau* in einem Leitartikel, «daß in Gehlens Hauptquartier ein SS-Mann den Weg für den nächsten bereitete und Himmlers Elite frohe Wiedersehensfeste feierte.» Der von diesen Leuten angerichtete Schaden war so schwer und hatte derart weitreichende Auswirkungen, daß es Jahre dauern sollte, bis die Folgen überwunden waren.

Heute betonen die früheren CIA-Leute, die CIA habe mit Gehlens «Nazi-Problem» nichts zu tun gehabt; es habe sich um eine deutsche Einrichtung gehandelt, die von Deutschen geleitet wurde. Die CIA habe zwar die Rechnungen bezahlt, die Aufgaben gestellt, die Berichte entgegengenommen, und sie sei in Pullach stark vertreten gewesen; auch habe Allen Dulles ein besonderes Interesse an der Organisation Gehlen gehabt – was jedoch die Personalentscheidungen angehe... Die CIA-Leute, die damals in Pullach stationiert waren, fühlen sich dafür nicht verantwortlich, wenngleich sie das «Nazi-Problem» peinlich berührt.

Die CAMPUS-Dokumente enthalten zahlreiche Informationen über die überzeugten NSDAP-Mitglieder, die in der Organisation Gehlen Arbeit fanden. Sie machen darüber hinaus deutlich, daß man mehr als genug über sie wußte, um die für die Anwerbung in der Organisation Verantwortlichen aufhorchen zu lassen – auch ohne Zugang zum von den Alliierten kontrollierten Document Center in Berlin. Zum Beispiel in den Fällen Hans Sommer und Friedrich Heinrich Busch.[15]

Friedrich Heinrich Busch war einen Meter achtzig groß und

schlank. Sein Haar war von grauen Strähnen durchzogen und seine blauen Augen stachen von seiner rosig-gesunden Hautfarbe ab. Die Gesamtwirkung seiner Erscheinung wurde lediglich durch das Fehlen zweier Zähne beeinträchtigt. 1931 trat er im Alter von 26 Jahren der NSDAP bei, drei Jahre später wurde er Mitglied der Gestapo. Ein Hindernis für seinen weiteren Aufstieg war jedoch seine Zugehörigkeit zur protestantischen Kirche. 1936 wurde ihm unter der Bedingung, seine religiösen Bindungen zu lösen, ein Kommando in der SS angeboten, worauf er bereitwillig einging.

Im Krieg arbeitete Busch zuerst als stellvertretender Gestapo-Chef in Innsbruck, dann als hoher SD-Offizier in Paris. Nach der Kapitulation Deutschlands wurde er am 26. Juli 1945 vom 907. CIC-Detachment festgenommen. Anscheinend wurde er wieder freigelassen und dann vom selben CIC-Detachment am 30. März 1946 erneut festgenommen. Nachdem man ihn ein zweites Mal hatte laufen lassen, wurde er im Januar 1947 von der War Crimes Group 7708 wegen Beteiligung an der Folterung und Ermordung eines Amerikaners zur Fahndung ausgeschrieben. Schließlich wurde er im März 1947 in Gewahrsam genommen, und die Army Judge Advocate's Section gab einen Runderlaß heraus, daß Busch unter dem Verdacht stehe, sich an Kriegsverbrechen beteiligt zu haben und ohne ihre Zustimmung nicht entlassen werden dürfe. Kurz nach diesem Erlaß folgte ein Auslieferungsgesuch nach Frankreich wegen Folterung und Mord an französischen Bürgern in Paris.

In diesem Moment verschwand Busch von der Bildfläche, ohne daß gegen ihn Anklage erhoben worden wäre. Als er im März 1954 wieder auftauchte, war er Angehöriger der Organisation Gehlen und des Kreises ehemaliger SS-Leute in ihr.

Unter den Mitarbeitern Buschs im Büro der Organisation Gehlen in der Stuttgarter Verastraße befand sich ein junger Mann, der sich überaus gewählt ausdrückte und beflissen bis zur Servilität war. Hans Sommer – alias Hans Herbert Paul Senner, Hans Stephen und Paul Gautier – hatte ebenfalls einige Zeit in Frankreich verbracht.[16]

Er hatte einen raschen Aufstieg erlebt und war vom Amt des SD-Chefs in Nizza, das er 1943 innehatte, im Jahr darauf in das des deutschen Vizekonsuls in Marseille gewechselt, das ihm bei der Leitung der deutschen Spionage und Sabotage als Tarnung diente. Die nachdrücklichsten Erinnerungen jedoch hinterließ er in Paris, wo er antisemitische Demonstrationen anheizte und Synagogen in die Luft sprengen ließ. Der nach Kriegsende wegen Verfolgung und Folterung von Juden gesuchte Sommer entkam nach Spanien, wo er bis 1949 als freiberuflicher Meisterspion und Dokumentenfälscher wirkte. Dann wurde er auf Bitte der britischen Botschaft des Landes verwiesen und kehrte nach Frankreich zurück, von wo aus er zahlreiche Abstecher nach Deutschland unternahm. Wenige Monate später kam Sommer bei der Organisation Gehlen unter, wo er sofort damit begann, Mitarbeiter aus den Reihen seiner früheren SD-Kollegen anzuwerben, darunter einen Mann, der der Geschichte der Organisation Gehlen einen untilgbaren Stempel aufdrücken sollte: Heinz Felfe.

Porträts von Busch und Sommer sowie zahlreicher anderer SS-Größen, denen die Organisation eine neue Heimat bot, finden sich in den geheimen CAMPUS-Akten des CIC. Doch die Aufdeckung der Existenz einer häßlichen Nazi-Clique in der Organisation Gehlen stellt keineswegs das einzig Interessante an den CAMPUS-Akten dar. Sie zeigen außerdem, daß das Nazi-Problem mit dem der sowjetischen Infiltration verschränkt war. Zum großen Erstaunen mancher erwiesen sich nämlich die Nazis als prinzipienlose Schurken, auf die man sich nicht einmal bei der Arbeit gegen den Kommunismus verlassen konnte. Darüber hinaus finden sich in den CIC-Berichten über das Ausspionieren seiner Schwesterorganisation gewichtige Hinweise, daß bewußt versäumt wurde, die CIA oder sonst irgendeine Behörde vor der unmittelbaren Gefahr der kommunistischen Unterwanderung der Organisation Gehlen — einer Subsidiäreinrichtung des amerikanischen Geheimdienstes — zu warnen. Um ihre umfassende Operation CAMPUS zu sichern, ließen jene Amerikaner, die sie betrieben, mutmaßliche sowjetische

Infiltrationsagenten ihre Arbeit fortsetzen – ein paradoxes, verantwortungsloses Verhalten, zu dem es nur im Spiegellabyrinth der Geheimdienstwelt kommen konnte.

Im Gefolge des ostdeutschen Angriffs auf die Organisation Gehlen im Jahre 1953, der Operation HACKE, wurde natürlich auch Gehlen bewußt, daß eine Woge geheimer Informationen aus seiner Organisation geschwappt und in kommunistische Hände geraten war. Der Verlust von Hunderten seiner Agenten und das öffentliche Schauspiel, das frühere Agenten der Organisation wie Geyer boten, die Namen nannten und Geschichten erzählten, war unerträglich. Gehlen mußte handeln. Und diesmal war er es, der im Verborgenen agierte. Er startete eine streng geheime interne Untersuchung – über die er das CIA-Verbindungsteam völlig im dunkeln ließ –, um herauszubekommen, wer für die Lecks verantwortlich war. Genau diese interne deutsche Untersuchung hatte die Operation CAMPUS des amerikanischen CIC angezapft. Indem es das CIC unterließ, die CIA oder überhaupt eine amerikanische Behörde über den Fortschritt oder die Ergebnisse der Gehlenschen Untersuchung zu informieren, war das CIC plötzlich selbst in der anomalen Position eines Verschwörers, der Gehlen bei seinem geheimen Tun Vorschub leistete.

Dies war in vieler Hinsicht verhängnisvoll, nicht zuletzt deshalb, weil sich bald ein alarmierendes Bild ergab. Von den drei Büros der Organisation im Stuttgarter Raum war nur das in der Verastraße von der ostdeutschen Propagandakampagne 1953 verschont geblieben. Fünf Agenten jenes Büros, Hans Sommer, Karl Schuetz, Walter Vollmer, Friedrich Busch und Heinz Felfe, kannten sich von früher, waren durchweg ehemalige SD-Agenten und hatten sämtlich unschöne Lebensläufe hinter sich. Während Gehlens Untersuchung voranging und Schritt für Schritt vom CIC ausgeforscht wurde, zeigte sich, daß die gesamte Nazi-Gruppe gleichzeitig für die Kommunisten arbeitete und dabei von einem Mann, Heinz Felfe, geführt wurde.

Trotz zwingender Beweise, daß der sogenannte «Komplex Felfe» die Kommunisten mit Informationen fütterte, bewahrte das CIC eisernes Schweigen. 1955 jedoch, als Gehlen den Verdacht seiner eigenen Fahnder immer noch von der Hand wies und das CIC sein gefährliches Wissen nach wie vor für sich behielt, beschloß ein amerikanischer General, auf eigene Faust zu handeln.

Generalmajor Arthur Trudeau, West Point-Absolvent und ausgebildeter Naturwissenschaftler, der seinen Magister an der University of California erworben hatte, war Ingenieur und Soldat, vor allem aber Soldat. Der begabte Kommandeur wurde im Laufe seiner Karriere mehrfach für persönliche Tapferkeit ausgezeichnet und glänzte sowohl im Zweiten Weltkrieg wie im Korea-Krieg durch hervorragende Leistungen. Es war daher überraschend, daß dieser Ingenieur-Soldat, ein extrovertierter und freimütiger Mann, ausgerechnet zum Chef des Geheimdienstes G-2 der US-Armee gemacht wurde. Er war kein geborener Geheimdienstler, sowenig wie Colonel John Russell Deane vor ihm. Im November 1953, als die Ostdeutschen zum Angriff auf die CIA-gestützte Organisation Gehlen übergingen, wurde Trudeau nach Washington versetzt und zum G-2-Chef ernannt.

Trudeau hatte noch nie ein Geheimnis aus seiner strikt antisowjetischen Haltung gemacht und schon gegen das amerikanische Spiel mit dem Feuer protestiert, als sich die Vereinigten Staaten während des Krieges mit der Sowjetunion verbündeten. Nach dem Krieg drang er auf eine aggressive Haltung, um die Sowjets davon abzuhalten, weiter ihr, wie er meinte, Fernziel der Weltherrschaft anzustreben.[17] Was Trudeau über die Aktivität der Kommunisten in Westdeutschland in Erfahrung gebracht hatte, wo er von 1948 bis 1950 kommandierender General der 1st Constabulary Brigade gewesen war, hatte ihn zutiefst beunruhigt, insbesondere die Infiltration der Organisation Gehlen. Trudeau, von Haus aus ein Mann der Tat, beschloß, daß etwas unternommen werden mußte. Mit der Aufhebung des Besatzungsstatuts im Mai 1955 würden die beiden deutschen Staaten ihre Souveränität zurückerhalten. Zu diesem Zeitpunkt wollte Konrad Adenauer, der erste Kanzler der Bundesrepublik, die Organisation Gehlen zu einer offiziellen Bundesbehörde machen; ihre offenen Verbindungen zur CIA sollten gekappt werden. Da das neue Westdeutschland Nato-Mitglied werden sollte, würden seine Geheimdienste in die Geheimnisse sämtlicher anderen westlichen Verbündeten eingeweiht werden, einschließlich der Vereinigten Staaten. Das war Trudeau zuviel. Einige Monate zuvor hatte er dem deutschen Botschafter in Washington erklärt, daß er die beiderseitigen Geheimdienstbelange der Vereinigten Staaten und der Bundesrepublik sehr gerne mit einem Vertreter der Bundeswehr besprechen würde. Als Trudeau daher einen Anruf bekam, beim deutschen Botschafter halte sich ein Gast auf, der ein hohes Amt in der deutschen Regierung innehabe und mit dem er seine Sicherheitsfragen besprechen könne, nutzte er diese Chance. Als Trudeau in der Botschaft eintraf, wurde er in den Garten geführt. Die hochgestellte Persönlichkeit entpuppte sich als Konrad Adenauer.

Überrascht, den Kanzler vorzufinden, der seinerseits neugierig war, was Trudeau auf dem Herzen hatte, begann dieser seine schweren Bedenken hinsichtlich der Organisation Gehlen darzulegen. Auf Grund von Informationen, die ihm vorlägen, glaube er, daß nicht nur die deutschen, sondern die Geheimnisse der gesamten Nato direkt nach Moskau wandern würden, wenn die Organisation Gehlen wirklich in den bundesdeutschen Staatsapparat integriert werde. Die Einzelheiten entnahm Trudeau einem Stapel Karteikarten, die er mitgebracht hatte. Adenauer hörte aufmerksam zu und nahm dann die Karten an sich. «Wenn ich drüben das Sagen gehabt hätte, dann hätte ich ihm die Karteikarten wohl nicht gegeben», sagte Trudeau 30 Jahre später, «aber unter den Umständen hatte ich den Eindruck, daß mir keine andere Möglichkeit blieb. Ich hatte ihm ja schon gesagt, was draufstand.»[18]

Diese Karteikarten besiegelten Trudeaus Fall, mehr noch als seine Offenheit gegenüber Adenauer. Zurück in Bonn, übergab der Kanzler sie seinem Staatssekretär Hans Globke[19], einem leidenschaftlichen Parteigänger Gehlens, der sie wiederum an James

Critchfield von der CIA in Pullach weiterreichte und um einen Bericht bat. Die Karteikarten «enthielten unbearbeitetes, unausgewertetes Material aus verschiedenen Berichten des CIC und anderer militärischer Geheimdienste», erinnert sich Critchfield. «Sie enthielten auch verleumderische Informationen über Personen in der Organisation Gehlen. Ich hatte eine Menge Informationen über diese Leute und die aufgeführten Fälle, und ich verfaßte über jeden einzelnen einen detaillierten Bericht.»

Critchfield kabelte den Text seines Berichts nach Washington. Die Männer von der CIA waren verärgert, und diese Verärgerung war auch 30 Jahre später noch zu spüren. Überzeugt, daß Trudeaus Anklagen grundlos waren, und wütend über das Vorgehen des Generals, sprach Allen Dulles im Pentagon vor und bestand darauf, daß Trudeau gefragt werde, warum er eigenmächtig unausgewertetes Material aus der Aufklärungsarbeit an sich genommen und einem ausländischen Staatschef übergeben habe. Im Juli 1955 wurde Trudeau ins Büro des neuen Heeresstabschefs General Maxwell Taylor gerufen. Zusammen suchten sie Armeeminister Wilber Brucker auf, der die Karteikarten vor sich liegen hatte. Brucker teilte Trudeau mit, Allen Dulles habe den Verteidigungsminister Eisenhowers, Charles Wilson, davon in Kenntnis gesetzt, daß er wegen des besagten Vorfalls jegliches Vertrauen in Trudeau verloren habe. Dann verlangte Brucker einen schriftlichen Bericht von ihm.

«Ich habe ihm einen umfassenden Bericht gegeben», sagt Trudeau, «und darin erklärt, ich hätte zur Kenntnis genommen, daß Allen Dulles das Vertrauen in mich verloren habe, aber daß ich Brucker wissen lassen wolle, daß auch ich das Vertrauen in Dulles und die CIA verloren hätte.» Binnen weniger Tage wurde Trudeau als Chef des Geheimdienstes der US-Armee abgelöst und in den Fernen Osten versetzt.

Ein Jahr später wurde aus der Organisation Gehlen der Bundesnachrichtendienst (BND), die Geheimdienstbehörde der Bundesrepublik, und Reinhard Gehlen wurde ihr Chef. Trudeaus Mühe war umsonst gewesen. Wenn auch halbherzig und zu spät, um den Schaden an seiner Karriere noch beheben zu können, erhielt Trudeau schließlich sogar noch so etwas wie eine Entschuldigung: CIA-Direktor Dulles bat den amerikanischen Botschafter in Korea, wohin Trudeau versetzt worden war, dem General auszurichten, daß er, Dulles, den Eindruck habe, er hätte auf den Rat von Untergebenen vorschnell gehandelt.[20]

Obwohl die Bundesrepublik im Mai 1955 ihre Souveränität größtenteils wiedererlangt hatte, sollte es noch bis zum April 1956 dauern, bis Kanzler Adenauer sich durchgesetzt hatte und die Organisation Gehlen in die junge Demokratie integriert war. Die Minister stritten sich erbittert darüber, ob sie überhaupt übernommen werden und, wenn ja, welchem Ressort sie unterstellt werden sollte. Gehlen hatte unermüdlich seine Beziehungen mit Verbündeten gepflegt und Feinde auf Distanz gehalten, am Ende sollten sich seine Mühen auszahlen. Seine Gegner gaben jedoch nicht widerstandslos auf. Eine ihrer mächtigsten Waffen war die enge Verbindung Gehlens und der Organisation mit den Vereinigten Staaten. Gehlen seinerseits gab sich alle Mühe, sich als loyalen Deutschen und Patrioten darzustellen, der mit den Amerikanern zusammengearbeitet hatte, um das Land in eine starke, demokratische Gesellschaft umzubauen. Seine Verleumder beharrten jedoch nach wie vor darauf, er sei ein Werkzeug der CIA gewesen. Ironischerweise war es aber nicht Gehlens Nähe zur CIA, die ihm schließlich schweren Schaden zufügte und ihn zutiefst kränkte.

Die Nazi-Sowjet-Connection

Gehlen und seine Organisation standen unter starkem Druck – von seiten des Ostblocks, von seiten der alliierten Regierungen, die der Breite seiner Operationen mißtrauisch gegenüberstanden, und von seiten der Kritiker in Westdeutschland selbst. Doch es war ein einziger Mann, Heinz Felfe, der Gehlen letztlich mehr Schaden zufügte als alle anderen Kräfte zusammen.

Wie andere ehemalige SS-Leute war Felfe von einem alten Kameraden für die Organisation angeworben worden; doch in diesem Fall wurde Felfe eingeladen, gleich zwei Herren zu dienen. Sein Anwerber war sein alter Freund und Mitarbeiter, der täuschend harmlos wirkende Hans Clemens, auch als der «Tiger von Como» bekannt.[1]

Trotz seiner dicken Brillengläser war der beleibte Clemens so kurzsichtig, daß er Dokumente zum Lesen wenige Zentimeter vors Gesicht halten mußte. Als junger Mann hatte Clemens vor allem Noten gelesen, weil er auf eine Pianistenkarriere hoffte. Doch während des Krieges gab er die edle Welt der Musik zugunsten des SD auf, wo er eine bemerkenswert gute Figur machte. 1944, als er Himmler in Norditalien diente, erwarb er sich mit dem Befehl, 350 hilflose Italiener – Männer, Frauen und Kinder – zu erschießen, die die Deutschen als Geiseln hielten, den zweifelhaften Titel des «Tigers von Como». Nach seiner Gefangennahme im April 1945 wurde er wegen der Greueltat von Como vor Gericht gestellt, doch sprach ihn das Gericht auf Grund der allzu bekannten Entschuldigung frei, er habe auf Befehl seiner Vorgesetzten gehandelt.

Im Januar 1950 lebte Clemens in Köln; seine Ehe war zerrüttet. Dennoch reiste seine Frau aus Dresden an, um ihrem Mann von einem Stellenangebot zu berichten. Ein Oberst des russischen Geheimdienstes namens Max, mit dem Gerda Clemens liiert war, hatte Interesse bekundet, sich mit Clemens zu treffen und mit ihm über eine mögliche Zusammenarbeit zu sprechen. Clemens, der sich von den persönlichen Aspekten der Situation nicht abschrekken ließ, hielt das für eine interessante Idee und fuhr mit ihr zurück nach Dresden, um sich mit Max zu treffen. Der Vorschlag des Russen war einfach: Clemens sollte nach Westdeutschland zurückkehren und mit ehemaligen Nazis, SS- und SD-Leuten Kontakt aufnehmen, die für den westlichen Geheimdienst arbeiteten.

Schon im Juni 1951 nahm Clemens nicht mehr einfach nur Kontakte mit westlichen Geheimagenten auf; er war inzwischen selber in die Organisation Gehlen eingetreten. Willi Krichbaum, ein früherer SS-Standartenführer und Gehlens Bezirkschef in Bad Reichenhall, stellte Clemens ein und gab ihm eine Aufgabe, die ihm nicht besser hätte zupaß kommen können. «Meine Aufgabe», sagte Clemens später, «bestand darin, ehemalige SD-Leute zu melden, die eine Arbeit suchten; sie wurden wieder gebraucht.» Gebraucht wurden sie in der Tat; da ihre Namen sowohl an Gehlen wie an die Sowjets gingen, waren die Tage ihres Müßiggangs gezählt.

Clemens verfügte über ausgezeichnete Beziehungen in Nazi-Kreisen. In Dresden gebürtig, war er 1931 der dortigen Parteigliederung beigetreten und innerhalb von fünf Jahren zum Chef des regionalen SD aufgestiegen. 1938 und 1939 gehörten zu seinen Mitarbeitern Heinz Felfe, der die Laufbahn eines Geheimdienstoffiziers eingeschlagen hatte, und Erwin Tiebel, ein ehemaliger Oberstaatsanwalt, beide ebenfalls Dresdner. Bei Kriegsende zog Tiebel in den Westen, wo er aus seiner Herkunft als Angehöriger des Nazi-Geheimdienstes Kapital zu schlagen vermochte, indem er Agent der Briten wurde. Im März 1948 war er in Köln, wo er mit seinem alten Freund Heinz Felfe Wiedersehen feierte.[2]

Felfe war von den Kanadiern gefangengenommen und in einem britisch-kanadischen Kriegsgefangenenlager interniert worden.[3] Im Anschluß an seine Vernehmung wurde er freigelassen; er tat sich mit Tiebel zusammen, um für Cutter und Brown vom britischen Geheimdienst zu arbeiten.[4] Ende 1949 jedoch ging den Briten das Geld aus; zuerst Tiebel und dann auch Felfe mußten sich nach neuen Brotherren umtun. Tiebel wurde von einer Baufirma angestellt, in der er erfolgreich Karriere machte, während er sich zur gleichen Zeit den Sowjetagenten anschloß. Felfe arbeitete als Vernehmer in einem Flüchtlingslager, bis 1951 Hans Clemens, inzwischen sowohl Gehlen-Agent wie Anwerber ehemaliger Nazis für die Sowjets, mit seinem früheren Kampfgenossen Kontakt aufnahm. Die alte Dresdner Seilschaft funktionierte wieder.

Da er Felfes Qualitäten aus erster Hand kannte und wußte, daß er mit ihm genau den Mann hatte, nach dem der KGB suchte, beschloß Clemens, seinen Spitzenkandidaten den sowjetischen Herren persönlich vorzustellen. Gemeinsam fuhren er und Felfe zu einer Villa in Karlshorst, wo die Russen, wie Felfe später stolz berichtete, für sie ein Bankett ausgerichtet hatten, bei dem in Strömen Champagner floß. Nach den Festlichkeiten kamen Felfe und Max zur Sache und diskutierten einen möglichen «Ost-West-Handel». Es sollte der Anfang einer langen und ertragreichen Zusammenarbeit sein.

Kurz nach Felfes Rückkehr nach Westdeutschland nahm Hans Sommer, der höfliche, redegewandte frühere SD-Offizier, der inzwischen Gehlen-Agent geworden war, Kontakt mit Felfe auf und schlug ihm vor, ebenfalls Mitglied der Organisation zu werden. Als Felfe beim nächsten Treffen mit Max am 18. Oktober 1951 von dieser Wendung der Dinge berichtete, gab es gleich wieder einen Grund zum Feiern. Zu Ehren ihrer neuen Laufbahn machten Felfe und Clemens gemeinsam einen kurzen Urlaub; sie vergaßen ihren neuen Freund jedoch keineswegs. Sie schickten Max eine Postkarte, auf der nur der Satz stand: «Man wird sich darum kümmern.» Und so war es auch: Felfe wurde Angehöriger der Organisation Gehlen, und sein Aufstieg vollzog sich in atemberaubendem Tempo.

Er begann seine Karriere im – für seine Kurzlebigkeit berüchtigten – Gewerbe der Doppelagenten in einer Außenstelle, rückte aber schnell in die Abteilung Gegenspionage des Büros der Organisation Gehlen in Karlsruhe auf. Er war begabt, fähig und außerordentlich gut informiert, so daß es nicht lange dauerte, bis er ins Hauptquartier der Organisation in Pullach befördert wurde. Dort erregte die hohe Qualität seiner Arbeit die wohlwollende Aufmerksamkeit Gehlens – und Felfe wurde bald zur glänzenden Widerlegung der selbstverkündeten Fähigkeit des «Doktors», Menschen einschätzen zu können.

Die Trudeau-Affäre, die ihren Höhpunkt 1955 erreichte, mag dabei für Felfe ein Segen gewesen sein. Die CIA, verärgert und in der Defensive, hatte zu ihrer Genugtuung – zumindest offiziell – doch noch nachgewiesen, daß Trudeaus Klagen über die sowjetische Unterwanderung der Organisation Gehlen grundlos waren. Inoffiziell war sich Clare Edward Petty, der CIA-Spezialist für Gegenspionage, allerdings nicht so sicher. Seiner Meinung nach gab es zu viele Indizien, zu viele «verschwundene» Personen und in die DDR «Entführte». Darüber hinaus war sich Petty der Ereignisse des 25. Februar 1954 wohl bewußt.

An jenem Nachmittag hatte ein Mann Anfang Dreißig, mit schwarzen Haaren und einem runden Gesicht, das militärische Hauptquartier der Amerikaner in Wien betreten und verkündet, er sei ein aus der sowjetisch besetzten Zone Österreichs geflohener Russe und suche um Asyl nach. Um den diensthabenden Offizier dazu zu bewegen, ihn auch ernst zu nehmen, wies er sich als der Chef der sowjetinternen Gegenspionage in Wien aus: Major Sergejewitsch Derjabin, alias Smirnow, alias Konstantin, vom KGB. Der Amerikaner nahm ihn sehr wohl ernst, und schon bald lieferte Derjabin der CIA eine Fülle von Informationen.

In Moskau hatte es zu Derjabins Aufgabe gehört, die Anwerbung von Agenten für die Arbeit in Österreich und Deutschland zu steuern. Das Lieblingswild des KGB waren die in sowjetischen Lagern eingesperrten Kriegsgefangenen. Besonders reiche Beute war bei jenen zu erwarten, die bereits Mitgefangene verpfiffen hatten, die sich so verzweifelt um ihre Entlassung bemühten, daß sie bereit waren, praktisch alles zu tun, oder schließlich bei den ehemaligen SD-Leuten, die sich von jedem anheuern ließen. Zwar wußte die CIA,

214

daß Derjabin auch ein Desinformationsagent sein konnte, dennoch horchte sie auf, als Derjabin sagte, in der Organisation Gehlen gebe es zwei sowjetische Agenten mit den Decknamen Peter und Paul. Das Ärgerliche war nur, daß er keine handfesten Hinweise auf ihre Identität geben konnte, so daß sämtliche Nachforschungen fehlschlagen mußten, noch bevor sie richtig anfangen konnten.

Als im Dezember 1955 in Ostdeutschland ein aufgeflogener Gehlen-Agent in einem öffentlichen Verfahren abgeurteilt wurde, fiel Clare Petty auf, daß eine bestimmte Geheiminformation, die in diesem Verfahren publik gemacht wurde, nur von einer hoch in der Organisation angesiedelten Quelle stammen konnte. Durch mühevolles Rückverfolgen zu jenen Personen, die Zugang zu den in dem ostdeutschen Verfahren offengelegten Fakten hatten, und durch eine peinlich genaue Überprüfung jedes einzelnen reduzierte Petty die potentiellen Verdächtigen auf zwei; der eine war Heinz Felfe, der zweite wurde nie namentlich genannt. Beide Männer – dies wurde mit besonderem Interesse zur Kenntnis genommen – waren vor kurzem in den USA gewesen, im Rahmen einer der periodischen Orientierungsreisen, die von der CIA für die leitenden Mitarbeiter aus Gehlens Stab veranstaltet wurden. Doch unmittelbar nach dem interessantesten Teil der Reise, bevor der touristische Teil begann, war Felfe, eine Krankheit vorschützend, plötzlich nach Deutschland abgereist. Ein kleiner, aber vielsagender Vorfall, und für einen Mann, der nicht so richtig in die Organisation Gehlen paßte, eine außergewöhnliche Aktion. Auffallend war auch, wie Felfe einerseits den meisten Kollegen im Hauptquartier in sozialer Hinsicht unterlegen war, sie andererseits aber intellektuell überragte – und dies auch wußte. Noch wichtiger: Er zeigte in der Zusammenarbeit mit Kollegen Ehrgeiz, wollte immer mehr wissen.

Anfang 1957 schrieb Petty einen Bericht, in dem er seinen Verdacht und die Gründe dafür detailliert darlegte. Die Namen ließ er jedoch weg. Der Bericht wurde vertraulich an Gehlen weitergegeben. Später – während eines Treffens, bei dem der Bericht diskutiert werden sollte – zuckte Gehlen nicht zusammen, als ihm der Name

Felfe genannt wurde. Er räumte ein, daß die Angelegenheit ernst sei, und setzte sofort eine kleine Arbeitsgruppe ein, die Pettys Untersuchung weiterverfolgen sollte. Weder damals noch später teilte er den Amerikanern mit, daß er genau die gleiche Untersuchung der genannten Personen schon drei Jahre vor der Vorsprache der CIA-Leute angeordnet hatte. Und ebensowenig teilte er ihnen mit, daß seine Untersuchungsgruppe ebenfalls Heinz Felfe für einen Hauptverdächtigen gehalten hatte – und daß er beschlossen hatte, ihre Warnungen in den Wind zu schlagen.

In diesem kritischen Augenblick hätte sich Gehlen noch einmal sehr genau und eingehend mit Felfe befassen müssen. Er aber sah in ihm wohl eher seinen besten Agenten, der von Neidern angefeindet wurde, als einen sowjetischen Maulwurf. Denn Felfe war Gehlens bester Mann, der mehr und bessere Informationen beibrachte als alle anderen. Er hatte seine Loyalität unter Beweis gestellt, indem er zumindest einen hohen KGB-Agenten ermittelt hatte, und er leitete die streng geheime – und für Gehlen persönlich wichtige – Operation LENA.

Mit sowjetischer Hilfe hatte Felfe sich schnell einen guten Ruf gesichert: Er lieferte wertvolle und authentische Erkenntnisse wie z. B. Protokolle geheimer Sitzungen der ostdeutschen Regierung und Vorausinformationen über sowjetische Geheimdienstoperationen. Berühmt wurde er dank seiner Karte der Räumlichkeiten des KGB-Hauptquartiers in Karlshorst, die so detailliert war, daß sie sogar verzeichnete, welche Toilette von welchem Offizier benutzt wurde. Als weiteren Beweis für den Wert seiner Arbeit, und um jeden möglichen Zweifel hinsichtlich seiner Loyalität zu zerstreuen, fütterte er die Organisation kontinuierlich mit den Hinweisen, die schließlich zu der Entdeckung führten, daß der Herausgeber des Magazins *Die deutsche Woche*, C. A. Weber, ein Sowjetagent war. In der seltsamen Welt der Geheimdienste ist die Opferung eines Agenten die allerhöchste Ehre, die ein Dienst dem Wert eines seiner Agenten zollen kann.

Es war aber vor allem Felfes Leistung bei der Leitung der Operation LENA, in die Gehlen so viel investiert hatte, die ihn so wertvoll machte. Wo so viel auf dem Spiel stand, mag schon die Möglichkeit, daß Felfe für die Sowjets arbeitete, für Gehlen zu viel gewesen sein. Lena war der Deckname eines ostdeutschen Journalisten, der häufig in den Westen reiste und den die Sowjets für ihren Geheimdienst angeworben hatten. Seine Hauptaufgabe war es, den westdeutschen Geheimdienst zu infiltrieren. Als Lena mit einer Außenstelle der Organisation Gehlen in Norddeutschland Kontakt aufnahm, erkannten die Gehlen-Leute, daß er über große Möglichkeiten zur Beschaffung von Informationen über die Ostdeutschen verfügte, und waren ebenso begierig, ihn für ihre Seite zu rekrutieren. An diesem Punkt trat Felfe auf den Plan.

Als Gegenspionage-Spezialist der Organisation war es seine Aufgabe, sowjetische Spionageunternehmen gegen die westdeutsche Regierung aufzudecken und zu verhindern. Am allerbesten jedoch war es, den Agenten der Gegenseite nicht nur zu enttarnen, sondern ihn auch noch für die eigene Seite anzuwerben. Auf diese Weise erfuhr man, worauf die Gegenseite aus war, welche Gebiete für sie von besonderem Interesse waren und wieviel sie schon wußte. Überdies konnte man sie mit irreführenden Informationen füttern. Genau dies behauptete Felfe mit Lena getan zu haben. Plötzlich und schon früh in seiner Karriere schien er diese Rosine – einen Doppelagenten – an Land gezogen zu haben, während er in Wirklichkeit nur einen Kollegen vom KGB angeworben hatte.

Die Operation Lena schien so erfolgreich zu verlaufen und so geschickt geleitet zu werden, daß Felfe in der Achtung Gehlens enorm stieg. Die Nutzungsmöglichkeiten der neuen Quelle waren so groß, daß Gehlen bei Adenauer vorsprach, um ihm über Lena Bericht zu erstatten und um Abstimmung mit Bonn zu bitten, welches Material Lena zur Weitergabe an seine sowjetischen Führungsagenten überlassen werden konnte. Zur effektiven Führung dieser Operation mußte man erstens wissen, was die Sowjets haben wollten, und zweitens möglichst viel über die betroffenen Bereiche in Erfahrung bringen, um entscheiden zu können, womit man Lena zum sowjetischen Gebrauch füttern sollte. Mehr noch, Gehlens Mann mußte völlig freien Zugang zu den Informationen aller beteiligten Ministerien haben, um Material zur Weitergabe zu erhalten, das auch wirklich überzeugend war – schließlich mußte ein Teil der Informationen zutreffend sein –, das aber zugleich die nationale Sicherheit nicht gefährden durfte.

Gehlens kühner Bitte schlug von verschiedenen Seiten heftiger Widerstand entgegen. Immerhin bat er darum, daß seiner Organisation sämtliche Staatsgeheimnisse – im Bereich der Verteidigung, der internationalen Beziehungen, der Wirtschaft, im Grunde also überall – zugänglich gemacht wurden. Und manches davon sollte auch noch absichtlich an die Sowjets weitergegeben werden. Einige Minister schalteten auf stur. Doch Gehlen ließ nicht locker. Mit seinem Verbündeten Globke als Vermittler wurde ein Plan entworfen. Gehlen nahm Felfe mit nach Bonn, um ein «Aufbau»-Komitee zu bilden. Dieses Komitee sollte sämtliche Informationen und geheime Dokumente aus den Ministerien begutachten, um anschließend zu entscheiden, was davon bedenkenlos an Lena weitergegeben werden konnte. Felfe wurde zum Vorsitzenden dieses Komitees berufen. Damit lagen praktisch alle Staatsgeheimnisse Westdeutschlands offen vor ihm da – er mußte nur noch zugreifen.[5]

Felfe war es gelungen, im Kreuzfeuer zwischen dem CIC und der Organisation Gehlen jahrelang den Kugeln auszuweichen. Beide Seiten hatten dabei ihre eigenen Gründe, die Verdachtsmomente gegen ihn nicht weiterzuverfolgen: Der Armee-Geheimdienst hatte Angst, seine umfassenden – und illegalen – Operationen gegen den westdeutschen Staat preiszugeben; Gehlen dagegen handelte nicht, weil er sich seines Instinkts rühmte, seiner «Nase» für Menschen, und weil er in Felfe zuviel investiert hatte und es nicht über sich bringen konnte, seinen inzwischen unentbehrlichen Agenten zu verdächtigen.[6] Erst jetzt, als Felfe ins Blickfeld der CIA geraten war, wandelte sich das Bild, denn die CIA hatte kein – bewußtes oder unbewußtes – Motiv, Felfe zu übersehen, ja, sie hatte sogar mehr als einen Grund, ihm das Handwerk zu legen.

Dank seiner agilen Agenten, die die Organisation Gehlen infiltriert hatten, wußte der sowjetische Geheimdienst über Jahre hin, daß er sich Felfes sicher sein konnte. Zugleich war ihm bekannt, daß der amerikanische CIC ihn verdächtigte, aber nichts gegen ihn unternahm, was auch für die Organisation Gehlen selbst galt. Außerdem wußten die Sowjets – und dies war noch weit bedeutsamer –, daß die Gegenspionage der US-Armee ihren Verdacht nicht an die CIA weitergegeben hatte. Als die CIA jedoch selbst gegen Felfe Verdacht schöpfte, mußten die Sowjets seine Tage als Agent für gezählt ansehen. Die Geschichte Felfes, wie sie sich von diesem Zeitpunkt an entwickelte, läßt vermuten, daß der KGB möglicherweise über die neuen Entwicklungen auf dem laufenden gehalten wurde – die Meinungen der am Fall Felfe beteiligten CIA-Leute gehen darüber auseinander. Zumindest einige, die auf eine graduelle Veränderung der sowjetischen Taktik angesichts der veränderten Umstände hinweisen, sind der Ansicht, daß der KGB Felfe nunmehr als Sprengstoff zu betrachten begann, mit dessen Hilfe die Organisation Gehlen in die Luft gejagt werden sollte.[7]

Gehlen hatte es indessen vorgezogen, die Warnsignale zu mißachten, die aus seinem eigenen Stab wie von der CIA gekommen waren, indem er sie einer Mischung aus antinazistischem Verfolgungswahn, professionellem Neid und persönlicher Abneigung gegen Felfe zuschrieb. Nachdem er seine Entscheidung für Felfe getroffen hatte, stellte er sie nicht mehr in Frage. Statt dessen betraute er diesen weiterhin mit streng geheimen Gegenspionage-Operationen, darunter einer, die Felfe kaum besser hätte entwerfen können, wenn er sie selbst vorgeschlagen hätte – vielleicht hat er dies ja sogar. Die Operation trug den Namen PANOPTIKUM und sollte die Mittel und Methoden aufdecken, mit denen der KGB die Organisation zu unterwandern versuchte. «Um diese Zeit hatte Gehlen eigentlich gar keine Wahl mehr», sagt ein ehemaliger CIA-Mann, der mit dem Fall Felfe näher zu tun hatte. «Wenn sich herausstellte, daß Felfe ein Agent des KGB war, dann hätte Operation LENA – für die sich Gehlen in eine höchst gefährliche Lage begeben und für die er sich gegenüber höchsten Regierungskreisen völlig exponiert hatte – bedeutet, daß sich die Sowjets im Besitz der bestgehüteten Geheimnisse Westdeutschlands befanden. Es wäre der Bankrott für Gehlen und seine Organisation gewesen.» Gehlen war auf Gedeih und Verderb von Felfe abhängig geworden.

Felfe hatte sich in eine Position hochgearbeitet, von wo aus er einige der wichtigsten Geheimnisse des westdeutschen Geheimdienstes, der Bundesregierung und der Nato preisgeben konnte. Bis zu seiner Festnahme gelang es ihm, den deutschen Geheimdienst in einem solchen Maße zu schädigen und zu demütigen, daß dies nur noch mit dem Schaden zu vergleichen ist, den Kim Philby den Briten zufügte. Das Material, welches Felfe den Sowjets übergab, ist so umfangreich, daß schon die schiere Menge keinen Vergleich kennt. Nach eigener Aussage übergab Felfe dem KGB etwa 15 000 Fotografien und 20 Mini-Tonbandspulen. Zu den verratenen Informationen gehörten Listen der Gehlen-Agenten im In- und Ausland, Deckadressen von Informanten, interne Berichte über laufende Operationen, Abhörberichte sowie die monatlichen Gegenspionage-Berichte. Dabei ist noch nicht berücksichtigt, was er den Akten seiner eigenen Gegenspionage-Abteilung entnahm – Informationen, die er so hatte ergänzen können, daß sie den Zwecken der Sowjets dienlich waren –, oder was er bei Gesprächen aufschnappte. Felfe war immer ein unermüdlicher Frager und ein guter Zuhörer gewesen.[8]

Während Felfe mit höchstem Tempo voranstürmte und Gehlen weiter den Kopf in den Sand steckte, während das CIC – das Befehl hatte, seine Recherchen einzustellen, sich aber offenbar nicht daran hielt – seine Operationen gegen die westdeutsche Regierung fortsetzte, blieb die CIA Felfe auf den Fersen. Dessen Ungestüm hielt unvermindert an, doch sein Ziel schien häufig eher die CIA als der KGB zu sein, und er machte von den ihm zur Verfügung stehenden Ressourcen reichlich Gebrauch. Wenn er Wind von CIA-Interessen an einem bestimmten Bereich bekam, erkundigte er sich nach einem Namen, um eine Spur aufnehmen zu können – eine Taktik, die zwangsläufig zur Preisgabe eines operativen Interesses führen mußte. Wenn die Antwort auf seine Frage nach Informationen über eine bestimmte Person in einem förmlichen «Diese Information können wir Ihnen nicht geben» bestand, wußte er, daß er höchstwahrscheinlich an etwas «dran» war.

Felfes Fragen schienen häufig mehr an sowjetischen als an deutschen Interessen orientiert. Nach dem Absturz eines sowjetischen Flugzeugs auf westdeutschem Boden stellten die deutschen Behörden das Wrack sicher und bauten alles aus, was eine Untersuchung lohnte. Doch Felfe tauchte bei den Amerikanern auf und erkundigte sich, welche Teile geborgen worden seien, und verriet damit sein Interesse daran, wieviel die Amerikaner – nicht etwa die Deutschen – in Erfahrung gebracht hatten. Höchst verwirrend aber war ein Zwischenfall, der sich 1955 vor den Augen von Felfes Kollegen im Gegenspionage-Team der CIA zutrug.

Führende Angehörige der Organisation Gehlen reisten in der Regel nicht nach Berlin; die Stadt war zu exponiert und barg ein zu hohes Risiko. Reisen nach Berlin mußten von Gehlen persönlich genehmigt werden. Felfe jedoch hatte keine Schwierigkeiten, diese Genehmigung zu bekommen, weil er zur CIA-Niederlassung in Berlin mitgenommen wurde – für Felfe ein überaus lohnender Ausflug. Im Laufe seiner Visite fand er unter anderem heraus, welche Kenntnisse die CIA – verglichen mit den Informationen, die er ihr gegeben hatte – über den Sowjetstützpunkt in Karlshorst besaß. Unmittelbar nach dieser Sitzung war Felfe für ungefähr vier Stunden ohne seinen CIA-Begleiter auf eigene Faust in der Stadt unterwegs. Dies wurde als ernste Sicherheitspanne gewertet, weil Felfe als ranghoher Angehöriger des Hauptquartiers in Pullach als entführungsgefährdet galt. Als Felfe schließlich wieder bei ihm auftauchte, hatte er, wie sein CIA-Begleiter später sagte, so viele Erklärungen, was er in dieser Zeit alles getan hatte, einschließlich einer abgerissenen Eintrittskarte für einen Film, den er gesehen haben wollte, daß es dem Amerikaner schon «merkwürdig» vorkam.

Gehlens Glaube, daß Felfe teilweise deshalb als möglicher Doppelagent unter Verdacht geraten war, weil er seine Kollegen vor den
Kopf stieß, war nicht völlig abwegig. Niemand mochte ihn besonders, und dies schien ihm auch egal zu sein. Sein Flair von Hochmut
und Überlegenheit machte seine Einladung an Charles Wheeler
vom CIA-Verbindungsstab um so auffälliger.

Wheeler war von 1955 bis Anfang 1960 in Pullach als Mitglied
der Abteilung Gegenspionage des Verbindungsstabs, deren Chef er
1958 wurde. Weil Felfe Chef des Bereichs Sowjetunion in der Abteilung Gegenspionage der Organisation Gehlen war, traf Wheeler im
Laufe der Arbeit gelegentlich mit ihm zusammen. Im Herbst 1955
zog sich Felfe eine Hauterkrankung zu, eine unangenehme, unschöne und hartnäckige Sache, für die er noch keine erfolgreiche
Behandlungsmethode gefunden hatte. Wheeler riet ihm, einen anderen Arzt aufzusuchen, und fuhr mit ihm in die amerikanische
McGraw-Kaserne, wo ihn Militärärzte untersuchen sollten. An diesem Abend, als Wheeler Felfe zu seinem Wohnhaus in München
zurückfuhr, überraschte ihn Felfe mit einer Einladung in seine
Wohnung.

Dies war in der damaligen Zeit zwischen einem Deutschen und
einem Amerikaner ein verhältnismäßig ungewöhnliches Ereignis –
in diesem speziellen Fall auch deshalb, weil ihr berufliches Verhältnis nicht besonders eng war und sich ihre geselligen Kontakte auf
einige wenige offizielle Anlässe beschränkten, wenn Amerikaner
und Deutsche in Gesellschaft ihrer Frauen zusammenkamen. Wie
nahezu jeder, der Felfe beschrieb, betonte auch Wheeler seine Kälte.
«Er wurde um seiner Fähigkeiten willen respektiert, er war hoch-
professionell bei seiner Arbeit, aber niemand mochte ihn so richtig.
Nicht einmal sein eigener Chef, der Leiter der deutschen Abteilung
Gegenspionage, konnte ihn leiden», sagte Wheeler.

Wheeler entdeckte, daß Felfe höchst komfortabel wohnte. Die
Wohnung war doppelt so groß, wie man es zu jener Zeit bei einem
Deutschen in vergleichbarer Position erwartet hätte. Das Haus
selbst, ein solides, gepflegtes Gebäude, lag in einem guten Münch-

ner Viertel, und Felfe hatte eine Eckwohnung im ersten Stock. Sie hatte Fenster nach zwei Seiten und hohe, große Räume, die teuer, wenn auch nicht extravagant möbliert waren. Nach Wheelers Beschreibungen waren die Möbel «solide und geschmackvoll, ganz im Stil der fünfziger Jahre – gemütlich, gutbürgerlich, mittelständisch. Mir fiel auf, daß er ein sehr gutes Radio besaß.»

Felfes Frau Margarete Ingeborg war zu Hause und zog sich sofort zurück, um einen Tee aufzusetzen. Wie die anderen Frauen der Deutschen in der Organisation Gehlen kam auch Frau Felfe nur selten mit den Amerikanern zusammen, aber als Wheeler die Felfes zusammen erlebte, schien es ihm, daß sie eine «harmonische Ehe» führten. Aus Felfes Lebensstil war klar ersichtlich, daß er materiell gut gestellt war. Er hatte zwei Kinder, einen Sohn und eine Tochter, die er sehr liebte. Er redete voller Stolz von seinem Jungen und erwähnte, er wolle ihn auf ein Internat schicken. Als Wheeler meinte, Internate seien eine teure Angelegenheit, erwiderte Felfe, er sei für die Ausbildung seines Sohnes zu jedem Opfer bereit, und erwähnte eine spendable Tante in den Vereinigten Staaten.

Nachdem sie Tee getrunken und ein wenig geplaudert hatten, holte Felfe ein Fotoalbum hervor. «Das war typisch und ganz und gar deutsch», sagt Wheeler. «Felfe hatte ungeheuer viele Bilder von Dresden, einer Stadt, die er ganz eindeutig liebte.» In dem Album fanden sich auch «fünf Meter Dresden in Ruinen», erzählt Wheeler, und Felfe begann darüber zu sprechen. «Während er die Seiten langsam umblätterte, wurde er zunehmend von der Zerstörung der Stadt überwältigt, von der künstlerischen und kulturellen Zerstörung ebenso wie von dem Verlust an Menschenleben. Er war so bewegt, daß ihm die Tränen kamen. Frau Felfe versuchte ihn zu beruhigen, abzulenken und das Thema zu wechseln. Sie machte noch einen Tee. Doch er zog weiter über die Alliierten her, weil sie Dresden so etwas angetan hatten.»

Wheeler ist davon überzeugt, daß Felfe in diesem Punkt ehrlich war, ungeachtet dessen, daß er die meiste Zeit über schauspielerte. Die Zerstörung Dresdens war in ihm eine tiefe, unheilbare Wunde.

Wheeler erfuhr später, daß ihn die Sowjets nach seiner Entlassung aus der britischen Gefangenschaft Ende der vierziger Jahre durch die zerstörte Stadt geführt hatten.

Dieser einzige Besuch führte nicht zu einem wesentlich engeren Verhältnis zwischen Wheeler und Felfe, doch blieben sie weiter auf freundschaftlichem Fuß. Selbst in der schwierigen Zeit, als Wheeler bereits wußte, wer Felfe in Wahrheit war, Felfe jedoch nicht ahnte, daß er unter Verdacht stand, hielt Wheeler die Fassade aufrecht. «Felfe war kein Ideologe», sagt Wheeler. «Er hatte kein Interesse an den Sowjets oder am sowjetischen System. Zum Teil hat er es natürlich wegen des Geldes getan, aber da war auch noch der schiere Spaß an der Arbeit als solcher. Das ist übrigens kein ungewöhnliches Phänomen in diesem Gewerbe; es ist die Korruption durch das Handwerkszeug. Und außerdem war es für ihn ein Egotrip – die Befriedigung, zwei mächtige politische Kräfte zugleich zu manipulieren. Infiltrationsagent zu sein, kann einem gewaltig zu Kopfe steigen.»[9]

Am 15. Februar 1960 schickte Felfe dem aus Pullach scheidenden Wheeler als Abschiedsgeschenk einen Bildband über Bayern und dazu einen Brief. Das Buch, schrieb Felfe, solle «eine Erinnerung an unsere gemeinsame Arbeit sein, für die ich sehr dankbar bin. Heinz.»

Die Enttarnung von Heinz Felfe

Die Kette von Ereignissen, die schließlich zur Enttarnung Felfes führte, begann an einem Tag im März 1958. In der Tagespost der amerikanischen Botschaft in Bern befand sich ein an den Botschafter Henry J. Taylor adressierter Umschlag mit Zürcher Poststempel; dieser enthielt einen zweiten, an J. Edgar Hoover adressierten Brief. Mit der Maschine auf deutsch geschrieben und mit «Heckenschütze» unterzeichnet, bot ein Unbekannter den Amerikanern Informationen über kommunistische Spionageaktivitäten an. Papier und Schrift wurden minuziös untersucht; Howard Roman, ein hoher CIA-Mann und Linguist, studierte den Inhalt. Gleichzeitig wurde ein umfangreiches Kommunikationssystem eingerichtet. Im Kleinanzeigenteil einer Frankfurter Zeitung wurden Botschaften placiert, in Westberlin wurde ein Postfach angemietet und in einer öffentlichen Toilette im Tiergarten ein toter Briefkasten installiert, eine Telefonnummer wurde für Notfälle geschaltet.

Der Brief war ohne Punkt und Komma, aber ansonsten in ordentlichem Deutsch geschrieben. Aus diesem Umgang mit der Sprache zog Roman den Schluß, daß der «Heckenschütze» Pole war, was sich auch mit allen vorliegenden Hinweisen zu vertragen schien. Der «Heckenschütze» konnte aber auch ein Agent sein, der einen Ablenkungsauftrag hatte und genügend echte Informationen lieferte, um das Vertrauen der Amerikaner zu gewinnen – und ihnen dann das irreführende Material zuspielte, das die Sowjets ihnen unterschieben wollten. «Wieviel Wahres will dir der Feind sagen», fragte sich Howard Roman, «um dich für den großen Betrug reif zu machen?»[10]

Die Briefe des «Heckenschützen» trafen anfangs selten und in großen Abständen ein, aber dann immer häufiger – insgesamt vierzehn über einen Zeitraum von 30 Monaten. Die Operation erhielt den Decknamen BEVISION, wobei BE für Polen stand und VISION ein willkürlich von einem Computer ausgewähltes Wort war; jeder Brief wurde von den CIA-Leuten, die die Operation durchführten, auseinandergenommen, diskutiert, überprüft und nochmals überprüft, wobei jeder von ihnen zu einer anderen Interpretation gelangte. Manche Briefe des «Heckenschützen» waren derart geheimnisvoll, daß, wie Roman sich erinnert, als in einem Berliner Postfach eine Reklame für Hoola-Hoop-Reifen landete, «einige der besten Köpfe der CIA Wochen damit zubrachten, dahinterzukommen, was er damit wohl wieder meinte».

Die große Masse der Informationen, die der Heckenschütze schickte, war für die Amerikaner von geringer oder keiner Bedeutung. Auf jede Unze Gold kamen ein oder mehrere Pfund taubes

Gestein. Doch die glänzenden Klumpen waren die Mühe wert, sich durch den ganzen Rest zu wühlen. Dabei wurden seine wichtigsten Hinweise von der CIA nicht einmal sonderlich begrüßt. Einer zum Beispiel wies eindeutig auf die mutmaßliche Existenz eines KGB-Maulwurfs in den höchsten Rängen der CIA hin. Die Sowjets, schrieb Heckenschütze, hätten den polnischen Geheimdienst davor gewarnt, daß ein polnischer Führungsoffizier in der Schweiz von den Amerikanern angeworben werden solle. Ein solcher, noch nicht ausgeführter Plan, von dem nur eine Handvoll leitender CIA-Leute wußte, existierte in der Tat. Natürlich war es möglich, daß diese Nachricht aus einer angezapften CIA-Nachrichtenverbindung stammte, aber auch daraus ließ sich kein rechter Trost schöpfen. Die Mitteilung des Heckenschützen war so frisch, daß der KGB die entsprechende Nachricht an die Polen innerhalb von zwei Wochen nach der Entscheidung Washingtons zur Durchführung der Aktion weitergegeben haben mußte. Mit – wenn auch unliebsamen – Botschaften dieses Kalibers fesselte der Heckenschütze die volle Aufmerksamkeit seines Publikums.

Schon früh in dieser nervenaufreibenden Korrespondenz, im Herbst 1958, wies der Heckenschütze die Amerikaner darauf hin, daß der polnische Geheimdienst von den Sowjets Zusammenfassungen von Berichten der Organisation Gehlen erhielt. Derjabins vier Jahre zuvor ausgesprochene Warnung vor «Peter» und «Paul» gewann zusammen mit der unabgeschlossenen Untersuchung gegen Felfe erhöhtes Gewicht, aber nach wie vor lagen keine harten Fakten auf dem Tisch. Es gab noch nicht einmal einen konkreten Beweis dafür, daß das Material, das die Sowjets nach den Angaben des Heckenschützen an die Polen weiterreichten, aus der Organisation Gehlen selbst kam.

Die CIA bat um weitere Informationen, und der Heckenschütze teilte ihr einige Einzelheiten mit. Die Zusammenfassungen, die er gesehen hatte, beruhten auf Geheimdokumenten; auf einem von ihnen hatten die englischen Worte «Mutual Assistance» gestanden. Dies war ein Hinweis, der zumindest einen Ermittler in Wallung geraten ließ, denn er konnte sich nur auf ein einziges Dokument beziehen: auf einen Plan, der von einem hohen Angehörigen des Verbindungsstabs als Punkt auf die Tagesordnung eines Treffens zwischen Allen Dulles und General Gehlen gesetzt worden war. «Mutual Assistance», Diskussionen über die zukünftige Zusammenarbeit zwischen CIA und BND, hatten nur in Deutschland stattgefunden; der Begriff tauchte auf der Washingtoner Version der Tagesordnung nicht auf. Es sah sehr danach aus, daß die Sowjets in der Tat Material direkt aus der Organisation bekamen, und das auch noch aus ihrem innersten Führungskreis.

Die Amerikaner reichten Material aus den Heckenschützen-Briefen an die Briten weiter, die ihm beträchtliche Funde entnahmen und entdeckten, daß sie weitere sowjetische Maulwürfe beherbergten. Der Heckenschütze führte sie zu Gordon Lonsdale, der in Wirklichkeit Russe war und Colon Molody hieß, und schließlich zu George Blake.[11] Allerdings diskutierte die CIA ihre Hinweise, die in die Organisation Gehlen führten, nicht mit den Briten; die Amerikaner betrachteten sie als eine Angelegenheit zwischen sich und den Deutschen. Doch informierten sie auch Gehlen nicht über die Briefe des Heckenschützen. «Er war doch noch dort», sagte ein CIA-Mann. «Wie hätten wir das riskieren können?»

Der Durchbruch im Fall Felfe kam mit einem Bericht des Heckenschützen über eine Unterhaltung, die dieser mit General Gribanow, dem Chef der KGB-Gegenspionage, geführt hatte. Gribanow, schrieb Heckenschütze, habe sich ihm gegenüber gebrüstet, daß von den sechs Angehörigen der Organisation Gehlen, die an einer Orientierungstour der CIA in den Vereinigten Staaten teilgenommen hätten, zwei Sowjetagenten gewesen seien. Derjabins «Peter» und «Paul» – da waren sie wieder. Doch nun schrieb ihnen die CIA andere Namen zu, und einer von ihnen lautete Heinz Felfe. Endlich hatte die CIA den konkreten Hinweis, auf den sie gewartet hatte: Jetzt konnte sie handeln. Operation UJDROWSY, der Deckname für den Fall Felfe, konnte anlaufen.[12]

Im Dezember 1960 läutete das Telefon, das die CIA dem Heckenschützen für den Notfall geschaltet hatte; er wollte den Ostblock verlassen. Als Vorarbeit für seine mögliche, höchstwahrscheinlich überstürzte Flucht aus Warschau hatte der Heckenschütze die Filme von Hunderten von Dokumenten versteckt, die er mit seiner Minox aufgenommen hatte. Howard Roman schätzt, daß er um die 300 Seiten aufgenommen hatte, darunter Organisationspläne und die Namen Hunderter polnischer Agenten. Der Heckenschütze wählte die Weihnachtszeit für seine Flucht. Die Feiertage sollten seine Abwesenheit erklären und dem CIA-Mann in Warschau Zeit geben, seinen toten Briefkasten zu leeren. (Dieser tote Briefkasten, ein hohler Baumstumpf, war von der CIA hergestellt, mit der Diplomatenpost nach Warschau geschickt und am Weg des Heckenschützen zu dessen Arbeitsplatz «gepflanzt» worden.)

Nach dem Anruf flog Howard Roman von Washington nach West-Berlin, wo der Heckenschütze über die Grenze wechseln wollte. Zur allgemeinen Erleichterung tauchte der Heckenschütze tatsächlich im Westen auf (statt seiner Frau hatte er lieber seine Geliebte mitgebracht) und stellte sich als Michal Goleniewski vor. Goleniewski, der einen hohen Posten im polnischen Geheimdienst innegehabt hatte, war gleichzeitig auch für den sowjetischen Geheimdienst tätig gewesen, dem er über seinen eigenen Geheimdienst berichtete – eine Position, die ihm Zugang zu vielen Informationen über die sowjetischen Operationen verschafft hatte. Erleichtert über ihre Entdeckung, daß der Heckenschütze, wie manche CIA-Leute vermutet hatten, keine mythische Gestalt war, die die Sowjets erfunden hatten, um sie abzulenken und durcheinander zu bringen, sondern daß er lebte, gesund und kooperationsbereit war, schafften ihn die Amerikaner schnellstens fort, um ihn auszuhorchen – ein Vorgang, der mehrere Jahre in Anspruch nahm.

Es brauchte seine Zeit, aber es gelang der CIA, genügend Informationen zusammenzusetzen, um die Anomalien in Goleniewskis Briefen abzuklären. Warum zum Beispiel hatte er den Schwerpunkt seiner Berichte auf sowjetische Angelegenheiten verlagert? Eine

Antwort darauf lautete, daß die Sowjets die geheime Korrespondenz Goleniewskis mit den Amerikanern entdeckt hatten und nutzten, ohne dessen Argwohn zu erwecken. Bevor er seinen ersten Brief geschrieben hatte, war Goleniewski von den Sowjets als Agent fallengelassen worden, ein Umstand, der ihn verbittert und zu seinem Entschluß beigetragen haben mochte, die Seite zu wechseln. Seine früheren Briefe befaßten sich daher weithin mit polnischen Angelegenheiten und Informationen, die ihm aus polnischen Geheimdienstquellen zugänglich waren, einschließlich der Tatsache, daß die Polen Berichte aus der Organisation Gehlen von den Sowjets erhielten.

Nach dieser Theorie waren die Russen dahinter gekommen, was Goleniewski vorhatte, hatten beschlossen, ihn für ihre Zwecke zu nutzen und ihn dafür wieder als KGB-Agenten angeheuert. Der KGB wollte ihn als Desinformationsagenten einsetzen, weshalb ein Großteil seiner bedeutsamsten Informationen vermutlich abgesandt wurde, bevor er nichtsahnend zum Instrument der Sowjets wurde. Der Hinweis auf Felfe jedoch war so direkt und eindeutig und seine Quelle – Gribanows Prahlerei vor Goleniewski – so verdächtig, daß manche meinten, er sei ihm von den Sowjets womöglich absichtlich zum Weiterreichen an die Amerikaner untergeschoben worden. Danach wollte der KGB Felfe opfern, um Ansehen und Glaubwürdigkeit Gehlens und des BND zu zerstören.

Kurz nachdem Goleniewski den Hinweis auf Felfe abgeschickt hatte, machten die Sowjets einen Schachzug, von dem sie wußten, daß er Goleniewski direkt in die Arme der Amerikaner treiben mußte. Als erstes wurde seine Reisefreiheit eingeschränkt. Dann bekam er eine neue Aufgabe; er sollte einen polnischen Geheimdienstoffizier lokalisieren, der dem Westen Geheiminformationen lieferte – er sollte also sich selbst suchen. An diesem Punkt wußte Goleniewski, daß das Spiel aus war. Er wählte die Notrufnummer.

Seit dem Übertritt Goleniewskis in den Westen war Howard Roman sein ständiger Begleiter – eine Kombination aus Babysitter und Rettungsanker. In den ersten Tagen des Januar 1961, nach einem kurzen Aufenthalt in Frankreich, brachte Roman ihn samt seiner Freundin in einem Flugzeug des Military Air Travel Service (MATS) nach Paris. Von dort flogen sie über die Azoren nach Washington weiter. Es war ein Flug ohne besondere Vorkommnisse, doch Goleniewski machte ihn für Roman spannender, indem er bemerkte: «Wenn der KGB wüßte, daß wir in diesem Flugzeug sitzen, würde er es abschießen.» Auf den Azoren angekommen, begaben sie sich in das Offizierskasino, wo Goleniewski alles stehen- und liegenließ, einschließlich des «armen, bedauernswerten Mädchens», das er mitgebracht hatte, und die unersättlichen Spielautomaten mit Münzen fütterte. Das Mädchen, das Goleniewski später heiratete, wußte von gar nichts, noch nicht einmal, daß ihr Don Juan Geheimdienstoffizier war.

Nachdem das Flugzeug in Washington gelandet war, stiegen die Passagiere in einen Wagen und fuhren zu einem gesicherten Haus, doch Goleniewski war mißtrauisch. «Er war ein schlauer Bursche», sagte Roman, «der ständig versuchte, uns zu durchschauen und auszutricksen. Er vermutete deshalb sofort, daß wir versuchten, unser Ziel vor ihm zu verheimlichen. Er sagte uns, er wisse, daß wir ihn im Kreis herumfuhren, was aber völlig unnötig sei – er würde es niemandem verraten. Wir versicherten ihm, wir täten nichts dergleichen – wir machten es wirklich nicht –, aber er wollte uns nicht glauben.»

Roman kümmerte sich rund achtzehn Monate um Goleniewski, der in dieser Zeit einen veritablen Größenwahn entwickelte. «Am Anfang», sagte Roman, «erzählte uns Goleniewski noch, sein Vater habe in einer staatlichen Brauerei in Polen gearbeitet, er sei staatlicher Angestellter und Heizer gewesen. Und er sagte uns, sein Onkel sei Straßenbahnschaffner in Warschau, und er habe eine Tante, die in den niederen Adel eingeheiratet habe – in Polen gab es nur Unten und Oben, einen Mittelstand gab es nicht. Aber sechs

Monate später vertraute er uns an, er sei in Wahrheit der Zarewitsch.»[13] Während seiner Vernehmung ergänzte Goleniewski die Informationen aus seinen Briefen um einige Bruchstücke, die in Pullach für Wirbel sorgten. So erinnerte er sich etwa daran, daß ihm ein KGB-Offizier anvertraut habe, der antisowjetische Aktivist und ukrainische Nationalist Stefan Bandera, der in München gelebt hatte, sei in der Nacht des 15. Oktober 1959 von jenem Mann ermordet worden, mit dem er zu Abend gegessen habe. Es stellte sich heraus, daß dieser Mann Heinz Danko Herre gewesen war – der langjährige Freund und engste Mitarbeiter Gehlens.

Diese Bombe veranlaßte die CIA, sich Herre gründlichst anzuschauen. «Wir haben sorgfältige Nachforschungen angestellt, aber nichts gefunden, was den Vorwurf erhärtet hätte. Alles, Herres Vorgeschichte eingeschlossen, sprach dagegen», sagt ein CIA-Mann, der damals mit der Untersuchung zu tun hatte.[14] Die CIA erfuhr später, daß Banderas Mörder in Wirklichkeit ein Mann namens Staschinsky war, was ihre Schlußfolgerung bestätigte, daß die Sowjets die Herre-Geschichte Goleniewski absichtlich untergeschoben hatten, um Unfrieden zwischen der CIA und der Organisation zu stiften. Der unverdaulichste von Goleniewski stammende Brocken, der die Beziehungen zwischen Gehlen und der CIA noch mehr vergiftete, war der Hinweis, die Sekretärin des Vorsitzenden der SPD sei eine Sowjet-Agentin. Es war üblich, daß die Übersichtsberichte der Organisation Gehlen an die verschiedenen politischen Parteien der Bundesrepublik geschickt wurden; die für die SPD gingen durch die Hände der Sekretärin des Vorsitzenden. Goleniewski sagte, sie habe den Bonner Vertreter der Organisation angeworben, der ihr die Berichte ins Büro brachte. Der fragliche Vertreter der Organisation war ein junger Mann mit dem Decknamen Justus.

Justus war für den begehrten Posten des BND-Vertreters in den Vereinigten Staaten vorgesehen, doch das eigentliche Problem bestand darin, daß er der Schwiegersohn Gehlens war. Gehlen war bereits mitgeteilt worden, daß Justus für die amerikanische Regierung akzeptabel sei, doch nach einer CIA-internen Auseinandersetzung darüber, was man nun machen sollte, fuhr ein hoher CIA-Mann nach Pullach, um Gehlen von dem Verdacht gegen den jungen Mann zu unterrichten und die Entscheidung rückgängig zu machen, ihn in die Vereinigten Staaten zu schicken. Gehlen war verständlicherweise wütend. Die anschließende Untersuchung brachte zum Vorschein, daß der Vorwurf haltlos war, und wiederum mußte vermutet werden, daß die Geschichte Goleniewski untergeschoben worden war. «Es kostete den KGB rein gar nichts», sagte ein CIA-Mann, «und verursachte einen richtiggehenden Bruch zwischen Gehlen und den Amerikanern.»

Es dauerte nicht lange und Goleniewski hielt regelrecht hof. «Bei seinen Vernehmungen war es wie beim Zahnarzt, dauernd liefen Leute rein und raus», berichtet Roman. «Alle wollten ihn was fragen. Das FBI, das Militär, alle. Er saß hinter einem großen Schreibtisch vor seinen ausgebreiteten Papieren und nahm die Fragen entgegen, und der Vernehmer saß auf der anderen Seite, da, wo die Kunden sitzen.» Roman bedauert, daß soviel Zeit für Details geopfert wurde. «Es wurde sehr viel Zeit vergeudet, die man hätte verwenden können, um ihn zu studieren, um seine Psyche zu erkunden. Wir hätten soviel wirklich Wichtiges in Erfahrungen bringen können.» Doch die Auskunftsuchenden kamen und kamen.[15]

1964 löste die CIA ihre Verbindung zu Goleniewski, der wohl mehr sowjetische Operationen verraten hatte als jeder andere Überläufer in der bisherigen CIA-Geschichte. Sein vielleicht größtes Vermächtnis war der Hinweis auf Felfe – und die Saat des Argwohns als Folge seiner Enthüllung, daß der KGB so erstaunlich gut über den streng geheimen Plan der CIA zur Anwerbung des polnischen Geheimdienstoffiziers informiert war.

Donald Huefner, ein großer, warmherziger und extrovertierter Mann, hatte Thomas Lucid im Juli 1959 als Chef des CIA-Teams in Pullach abgelöst. Huefner, der von seinen Kollegen wegen seines fundierten Urteils in hohen Ehren gehalten wird, wählt seine Worte vorsichtig, wenn er über die Aktivitäten der CIA spricht. Vor ihm und seinen Leuten, sagt er trocken, lag «eine schwierige Zeit». Die Briefe des Heckenschützen gingen ab März 1958 ein, und die schlagenden Beweise, daß die Organisation böse unterwandert war, waren im Herbst jenes Jahres eingetroffen. In der Folge mußte die CIA beim Umgang mit sämtlichen Angehörigen der Organisation äußerste Vorsicht walten lassen. Aus Sicherheitsgründen war nicht einmal Gehlen über den Heckenschützen unterrichtet worden, so daß die wenigen CIA-Leute, die voll im Bilde waren, aber täglich mit Gehlen und seinem Stab zusammenarbeiteten, unter erheblichem Druck standen. Huefner konnte Gehlen äußerstenfalls davon in Kenntnis setzen, daß die CIA über starke Hinweise auf ein ernstes Sicherheitsproblem innerhalb der Organisation verfügte. Genauer zu werden oder auch nur die geringsten Überwachungsmaßnahmen zu ergreifen, konnte den Gegner aufmerksam werden lassen.

Später kam heraus, daß Felfe sich im Herbst 1958 zweimal mit einem Sowjetgeneral traf, zur selben Zeit, als der Heckenschütze die Amerikaner vor der Infiltration der Organisation warnte. Doch selbst wenn der KGB zu jener Zeit von den Kontakten des Heckenschützen mit den Amerikanern wußte, warnte er Felfe nicht; sonst hätte sich dieser sicher vorsichtiger verhalten. Im selben Jahr kaufte sich Felfe, der ungefähr 1700 Mark im Monat verdiente, ein Zehn-Zimmer-Chalet im bayrischen Oberaudorf, dessen Wert auf 100 000 Mark geschätzt wurde. Rechnete man diese Extravaganz zu seinen übrigen hinzu – das Internat für den Sohn, die komfortable Münchner Wohnung und seine überdurchschnittlich teure Kleidung –, so kam man ohne weiteres auf eine zweite Einkommensquelle. Entsprechende Fragen wurden von Felfe mit dem Hinweis auf seine Tante in Amerika abgetan, die vor kurzem gestorben sei und ihm eine bescheidene Erbschaft hinterlassen habe. «Das hat», sagt Clare Petty, der nach Washington zurückgekehrt war, aber nach wie vor mit den Pullacher Ereignissen befaßt war, «mehr als alles andere gezeigt, wie sehr der Mann seine Kollegen verachtet hat – Deutsche wie Amerikaner. Wir haben uns kundig gemacht: seine Tante war bei bester Gesundheit.»

Auch als Goleniewski im Westen in Sicherheit war, setzte die CIA Gehlen noch nicht über ihre Quelle in Kenntnis. Er konnte nun aber mit den Beweisen gegen Felfe konfrontiert werden, und es konnten die Ressourcen der Organisation für das – wie man hoffte – letzte Stadium der Jagd mobilisiert werden. Gehlen sollte diese höchst unliebsame Neuigkeit ausgerechnet bei der jährlichen Weihnachtsfeier erfahren, die vom Chef der Frankfurter CIA-Niederlassung im Januar 1961 gegeben wurde. Während die übrigen Gäste feierten, zogen sich Gehlen und die beteiligten Amerikaner in ein Schlafzimmer des Gastgebers zurück.

Ein CIA-Mann, der dabei war, beschrieb die Szene so: «Es war offensichtlich, daß etwas Ernstes im Anzug war. Wir waren alle sehr angespannt. Einer aus dem Verbindungsstab zog ein Blatt Papier aus der Tasche und gab es Gehlen; es war eine Liste mit Namen. Dann berichtete er dem Doktor mehr oder weniger das, was der Heckenschütze gesagt hatte – daß zwei Leute, die an einer Orientierungsreise in die Vereinigten Staaten teilgenommen hatten, Sowjetagenten seien und daß dies die Liste der Teilnehmer sei.» Anschließend wurde Gehlen gebeten, aus dieser Liste die Namen auszuwählen, die er verdächtigte. Er aber sagte überhaupt nichts, seine Miene änderte sich nicht. Nur sein Gesicht lief rot an.

«Er sah sich die Liste ein paar Minuten lang an und deutete schließlich auf einen Namen und sagte: ‹Ich tippe ohne einen bestimmten Grund auf diesen Felfe.› Niemand sagte etwas, und er vertiefte sich weiter in die Liste. Nach einigen Minuten wählte er noch ein paar weitere Namen aus. Aber ich denke, wir alle wußten, daß Felfe unser Mann war.»

«Felfe verstand sich verdammt gut darauf, Verfolger abzuschütteln», sagt Huefner wehmütig, aber dann habe er auch das für ihn günstigste Terrain gewählt. Er traf seinen sowjetischen Kontaktmann immer am Sonntagmorgen in Wien – wenn auf den Straßen kein Verkehr war – und benutzte ein klassisches Manöver, um zu überprüfen, ob man ihm folgte: Er bog viermal hintereinander nach rechts ab. Die Aktion gegen Felfe war umfassend und streng ge-

234

heim. Sein Telefon wurde abgehört, seine Post abgefangen und geöffnet, er selbst unter Überwachung gestellt. Er wurde von einem eigens zusammengestellten CIA-Team beschattet, damit keine Chance bestand, daß er einen Agenten der Organisation erkannte. Sämtliche Basen waren mit einbezogen, und wäre es nach den Romanschreibern gegangen, so hätte es ein Kinderspiel sein müssen, ihn auf frischer Tat zu ertappen, doch so einfach war es auch wieder nicht. Obwohl seine Verfolger eine ganze Menge herausbekamen, waren die entscheidenden, die harten Beweise nicht zu packen. Erst nachdem alles vorbei war, erfuhr die CIA zum Beispiel, daß sich Felfe einmal nur 30 Minuten, nachdem ihn das CIA-Team aus den Augen verloren hatte, mit einem sowjetischen Führungsoffizier traf. Die Überwachung brachte jedoch rasch ans Tageslicht, daß seine alten Dresdner Kameraden Erwin Tiebel und Hans Clemens für ihn arbeiteten. Clemens empfing die Aufträge von den sowjetischen Herren, während Tiebel als Kurier fungierte. Felfe und Clemens telefonierten häufig miteinander, wobei sie oft davon sprachen, daß «Alfred» angerufen habe. Die Organisation brach auch in Felfes Haus ein, zog aber mit leeren Händen wieder ab. Eine amerikanische Abhörstation fing darüber hinaus verschlüsselte KGB-Funksprüche auf, die zwar nicht entziffert werden konnten, aber in engem zeitlichem Zusammenhang mit Clemens' Bewegungen standen. Doch auch dies waren keine handfesten Beweise.

Die, deren Geheimnisse geplündert wurden, befanden sich in einer unangenehmen Lage: Felfes Status zu ändern, seine Kompetenzen oder seine Handlungsfreiheit zu beschneiden oder sonst etwas zu tun, was auf Argwohn schließen ließ, hätte ihn sofort Gefahr wittern lassen und jede Chance zunichte gemacht, ihn zu erwischen. Die Frustration wuchs, und es wurden die verschiedensten Provokationen durchdiskutiert und wieder verworfen. An einem Tag im November aber wurde Felfe sorglos, und seine Verfolger konnten die Falle zuschnappen lassen.

Clemens rief wieder einmal bei Felfe an – ein CIA-Mann, der mit dem Fall zu tun hatte, meint, es sei an einem Freitag gewesen – und beschwerte sich. «Alfred», so sagte er, habe einen «Brief» geschickt, den er nicht lesen könne. Was er tun solle? Clemens war faul, und es war nicht das erste Mal, daß es ihm nicht gelungen war, die nötige Energie zur Entzifferung einer komplizierten Botschaft aufzubringen. Dem peniblen und energischen Felfe, dem kaum Zeit blieb, um neben seiner eigenen Arbeit auch noch die von Clemens zu erledigen, und der niemals auf den Gedanken gekommen wäre, eigens in den Bonner Vorort zu fahren, wo Clemens wohnte, war so etwas verhaßt. In dieser Situation beging er seinen Fehler: Er bat Clemens, ihm den «Brief» per Einschreiben zu schicken.

«Wir haben den Brief an Felfe abgefangen», sagte ein CIA-Mann, «und da hatten wir es. Eine Seite mit verschlüsselten Anweisungen von Felfes Führungsoffizier. Wir haben alles kopiert, den Brief wieder zugemacht und auf den Montag gewartet.»

«Das Gelände wurde abgeriegelt», sagt Huefner. «Niemand, nicht einmal die Sicherheitsleute der Organisation, wußten warum. Niemand konnte rein oder raus.» Die letzte Szene der Affäre Felfe war sorgfältig geplant; sie sollte im Büro von General Langkau stattfinden, einem der ältesten Kameraden Gehlens und Chef einer Abteilung, die den irreführend neutralen Namen «Strategische Aufklärung» trug.

General Langkau war genau die richtige Besetzung für das kurze Drama, das sich nun abspielen sollte. Er liebte es noch mehr als Gehlen, im Schatten zu operieren. Seine Gegner behaupteten im Scherz, er betrachte sich als so geheim, daß er sich einrede, er existiere eigentlich gar nicht. Außerdem neigte er zur Konspiration – es hieß, er habe gelegentlich die Tür seines Büros abgeschlossen und nur auf ein verabredetes Klopfzeichen geöffnet. Felfe wurde am 6. November 1961 in sein Büro gerufen, nachdem ihm sämtliche Fluchtwege abgeschnitten worden waren.

Felfes Benehmen war stets von bemühter Lässigkeit – Howard Roman sagt, er sei «hereingelatscht», wenn er einen Raum betrat –, aber diesmal war es mit Felfes Gelassenheit vorbei, kaum daß er

236

das Dokument auf dem Schreibtisch gesehen hatte, eine Kopie des abgefangenen Briefs von Clemens. Er holte augenblicklich ein kleines Stück Mikrofilm aus dem Portemonnaie und steckte es in den Mund, doch Sicherheitsbeamte warfen ihn zu Boden und hinderten ihn daran, es zu verschlucken. Auf dem Mikrofilm befand sich eine Zusammenfassung der Aufträge, die er vom KGB in Wien erhalten hatte. Die Tatsache, daß er so etwas auf dem Pullacher Gelände bei sich trug, zeugte von beispielloser Verachtung – gegenüber der Organisation, ihren Leuten, ihren Zielen und gegenüber dem Land, dem sie diente.[16]

Eine skandalumwitterte Organisation

Unmittelbar nach seiner Festnahme – die ironischerweise auf den Tag genau fünfzehn Jahre nach seiner Entlassung aus der Kriegsgefangenschaft durch die Briten erfolgte – verriet Felfe dem Westen, wohl um die Last seiner Schuld vor dem Prozeß zu mildern, einen weiteren KGB-Spion. Der Zynismus dieser Aktion wurde durch den Umstand verschlimmert, daß die Sowjets diesen nichtsahnenden Agenten schon einige Zeit vor der Enttarnung Felfes als Opfer ausersehen hatten. Die Beweise für die Spionagetätigkeit dieses Agenten waren Felfe just für einen solchen Notfall gegeben worden; der KGB gab ihm ein Schicksal in die Hand, damit er sich ein besseres Los erkaufen konnte.

Der 46jährige Peter Fuhrmann, ein früherer West-Berliner Bezirksstaatsanwalt und anscheinend ein unabhängiger Kopf, hatte sich durch viele Scharmützel im Gerichtssaal mit einem prominenten Anwalt aus Ost-Berlin einen Namen gemacht. Der vielseitige Fuhrmann war aber darüber hinaus verdeckter Agent des Militärischen Abschirmdienstes (MAD) und sowjetischer Spion. Da er sich bis ins Herz der MAD-Abteilung Gegenspionage hochgearbeitet hatte – eine Position, die es ihm ermöglichte, die Sowjets so frühzeitig vor bevorstehenden Operationen zu warnen, daß diese Gegenmaßnahmen ergreifen konnten –, stellte Fuhrmann einen beträchtlichen Handelswert dar.

Das Beweismaterial, das Felfe den Westdeutschen überließ – er behauptete, er sei durch Zufall daran gekommen –, überführte Fuhrmann mit seinen eigenen Worten. Felfe erstattete seinem sowjetischen Führungsoffizier auf Tonband Bericht. Wenn sie sich trafen, tauschten sie die Bänder; Felfe übergab seinem Kontaktmann eine volle Spule und erhielt dafür eine leere. Felfe behauptete nun, sein Führungsoffizier habe ihm aus Versehen ein Band gegeben, das nicht vollständig gelöscht worden sei. Zu seiner Überraschung, erklärte er, habe er die Entdeckung gemacht, daß sich auf dem Band der Mitschnitt eines Teils eines operativen Treffens zwischen Peter Fuhrmann und seinem Führungsoffizier befand. Im Hinblick auf eine ungewisse Zukunft versteckte Felfe das Beweisstück an einem sicheren Ort.

Zwar macht auch der KGB Fehler, doch dies war sicherlich keiner. Tonbänder werden mechanisch gelöscht, indem man sie stapelweise vollständig entmagnetisiert. Es ist unvorstellbar, daß der KGB einen Teil eines auf Tonband festgehaltenen Gesprächs per Zufall ausgelassen haben sollte. Fuhrmann war also von seinen eigenen Leuten kaltblütig ausgeliefert worden. Die Opferung Fuhrmanns minderte Felfes Urteil um ein Jahr, ein Urteil, von dem er von Anfang an wußte, daß es irrelevant war, weil ihn die Sowjets früher oder später freikaufen würden.

Nach seiner Festnahme saß Felfe in Koblenz ein, wo die Spuren der Kriegszerstörungen auch 1962 noch nicht beseitigt waren. Das Gefängnis, alt und solide, mit dicken Mauern und Giebeldächern, hatte den Krieg unbeschädigt überstanden – ein beeindruckender Bau, doch nicht so düster und furchteinflößend wie amerikanische Gefängnisse. Gauben lockerten die Dächer auf und in den Sandkästen außerhalb der Mauern spielten die Kinder des Direktors – eine fast freundliche Atmosphäre, die sich, wie sich herausstellte, weder auf dieses Gefängnis noch auf seine Architektur beschränkte. Felfe wußte sie weidlich auszunutzen.

238

Im März 1962 richteten sich Howard Roman und Clare Petty mit einem Angehörigen der Organisation Gehlen, zwei Sekretärinnen, Koffern voller Akten und einer abhörsicheren Telefonverbindung in der Nähe des Gefängnisses ein und bereiteten sich darauf vor, Felfe zu verhören. Roman war für diese Aufgabe ausgewählt worden, weil er Goleniewski unter seinen Fittichen gehabt hatte und fließend Deutsch sprach. Petty, der Gegenspionage-Spezialist, dessen Analyse 1957 auf Felfe gewiesen hatte, kannte ihn aus mehrjähriger Erfahrung. Weil es sich um eine deutsche Angelegenheit handelte – Felfe stand wegen Landesverrats unter Anklage –, mußten die CIA-Beamten bei ihren Besuchen aus juristischen Gründen von einem Vertreter Gehlens begleitet werden – was sich als komplizierter erwies, als man gedacht hatte.

Der BND – reichlich zerknirscht darüber, daß er Sowjetagenten unter seinem Dach gehabt hatte – gab nun sein Einverständnis zu etwas, wogegen er sich vorher so heftig gesträubt hatte: Er ließ seinen Agenten, der Roman und Petty begleiten sollte und der vom Wissen und der Ausbildung her für diese Aufgabe gut gerüstet war, einem Test mit dem Lügendetektor unterziehen. Zur allgemeinen Bestürzung fiel der Kandidat durch. So kam es, daß der BND-Vertreter, der schließlich bei den Befragungen Felfes anwesend war – ein netter, adliger Herr von untadeligem Ruf, doch kaum geeignet für eine solche Befragung –, wenig mehr tat, als dabeizusitzen.

Über dem zweiflügeligen Gefängnistor hing eine alte Laterne; drinnen mußte man einen Hof überqueren, bevor man das Gebäude betrat. «Das erste Mal mußten wir im Besucherzimmer mit Felfe reden», erinnert sich Roman. «Diese Orte ähneln sich alle, glaube ich. Man sitzt dem Gefangenen in einer Nische mit Holzwänden auf beiden Seiten gegenüber, wie im Restaurant. Es war eine schlechte Wahl, es funktionierte nicht. Daraufhin durften wir einen schöneren Raum benutzen.» Sie bekamen ein verhältnismäßig großes Giebelzimmer am Ende einer langen Treppe im obersten Stockwerk. Weil es normalerweise für Unterrichtszwecke,

Kurse für straffällige Jugendliche und Kulturabende benutzt wurde, enthielt es Tafeln und einen Flügel.

«Wir durften die Gespräche eigentlich ja nicht mitschneiden», sagt Petty, «aber ich hatte mir ein Tonbandgerät in die Aktenmappe gesteckt, und wenn wir in dem Zimmer waren, stellte ich es an und versteckte es im Flügel. Das war ein prima Einfall, nur stimmte etwas mit dem Gerät nicht, und aus der Ecke, wo der Flügel stand, kam einen ganzen Morgen lang ein schrilles Geräusch; wir taten so, als hörten wir es nicht.» Was Pettys Tonbandgerät sonst mit besserer Qualität aufgezeichnet hätte, war Felfes gekonnte Schauspielerei. «Als Felfe hereinkam», sagt Petty, «hat er mich wie einen alten Freund begrüßt. Letztlich gab er uns zu verstehen: ‹Diese ganze Sache tut mir leid, aber jetzt will ich mal wirklich ehrlich sein.›» Doch was er dann sagte, war nicht weniger verlogen.

Ein weiteres technisches Versagen brachte die CIA-Leute psychologisch ins Hintertreffen. An einem Spätnachmittag, als sie das Giebelzimmer verlassen wollten, machte es laut «Klick». Sie entdeckten, daß die Tür – vermutlich durch eine Zeitschaltuhr – automatisch verriegelt worden war. Die drei Vernehmer waren mit ihrem Gefangenen eingesperrt. Nachdem er eine ganze Zeitlang vergeblich an die Tür gehämmert hatte, trat der BND-Mann ans Fenster und versuchte – Unbekümmertheit vorschützend – durch Rufen auf sich aufmerksam zu machen. Nichts rührte sich. Dann schlug er mit einem Stück Eisen gegen die Gitter. Schließlich, als sich das Rufen und Lärmen als nutzlos erwiesen hatte, fand er hoch oben in der Ecke eines Nebenraums einen Sicherungskasten. Als er die Sicherungen herausdrehte, gingen auf einen Schlag die Alarmklingeln an, die Wächter kamen herbeigerannt und die Männer wurden befreit. Zum Ärger seiner Vernehmer war Felfe während der unwürdigen Vorgänge bequem in einem Sessel sitzen geblieben und hatte ihnen mit trockener Belustigung zugesehen.

«Wir hatten zehn Sitzungen mit ihm», sagt Roman. «In der Hauptsache wollten wir wissen, welche Operationen er verraten hatte. Aber es kam überhaupt nichts dabei heraus, wir haben rein gar nichts erfahren. Ich habe kein Wort von dem geglaubt, was er uns erzählt hat. Er war von den Sowjets bestens ausgebildet worden; es gibt so viele Ebenen der Täuschung – man grub und grub und kam doch nie auf den Boden der Tatsachen.» – «Er hat uns erzählt, wovon er wußte, daß wir es wußten, und kein Wort mehr», fügt Petty hinzu. «Sein Erinnerungsvermögen für alles andere war bemerkenswert schlecht.» Als die Vernehmungen abgeschlossen waren, bedankte sich Gehlen bei Petty und Roman, doch Roman fragt sich heute, wofür. «Je länger ich mit Felfe zusammen war, desto weniger glaubte ich ihm. Wir haben rein gar nichts herausbekommen.» Der Umstand, daß Felfe einsaß, minderte seine Verachtung für die westdeutschen Sicherheitsmaßnahmen keineswegs. Bald nach seinen Vernehmungen durch Petty und Roman wurde er in das Karlsruher Gefängnis an der Riefstahlstraße verlegt, wo er auf seinen Prozeß wartete. Dort verfiel er auf eine neue Methode, die Mauern dieser Zitadelle auf eine Weise zu durchlöchern, die weitere Schande über die deutschen Behörden brachte. Die Gefängnisbehörden erlaubten nämlich dem Mann, den die Presse als gefährlichen Landesverräter und Deutschlands erfolgreichsten Sowjetspion beschrieb, in einer Geste beispielloser Großzügigkeit, an den Wochenenden in der Gefängnisbücherei Schach zu spielen – ohne Überwachung. Erst später wurde dieses Vergehen als «unverständlich» bezeichnet, weil Gefangene, die politischer Vergehen – und besonders des Landesverrats – angeklagt waren, eigentlich unter strengster Aufsicht gehalten werden sollten. Die Freiheit, sich in der Gefängnisbücherei unüberwacht betätigen zu können, ermöglichte es Felfe jedenfalls, mit «Alfred», einem sowjetischen Führungsoffizier, aus dem Gefängnis heraus wieder Kontakt aufzunehmen.

Die Briefe, die Felfe an Alfred schrieb – sie waren vorgeblich an seine Mutter gerichtet –, wurden von Mitinsassen nach draußen geschmuggelt – ein Zustand, der mindestens ein Jahr andauerte. Die eigentlichen Botschaften waren mit Geheimtinte geschrieben, die Felfe aus Alaun gewann, das er aus der Gefängniswäscherei gestohlen hatte. Die Briefe übermittelten den Sowjets interessante Neuigkeiten und eine Reihe von Bitten. Doch dieser reibungslose Kommunikationsstrang wurde im Februar 1963 unterbrochen, als ein entlassener Häftling ein Stuttgarter Polizeirevier betrat und den verblüfften Beamten einen Brief Felfes an seine «Mutter» überreichte. Felfe erkundigte sich in diesem Brief, ob ein bestimmter Geldbetrag schon auf ein bestimmtes Konto überwiesen worden sei; als die Organisation Gehlen das Konto überprüfte, stellte sie fest, daß der Bitte entsprochen worden war.[17]

Als Felfe und seinen Helfershelfern Clemens und Tiebel der Prozeß gemacht wurde, war die deutsche Öffentlichkeit bis zum Überdruß bedient von den Skandalen ihrer Sicherheitsbehörden, allen voran solcher der inzwischen berüchtigten Organisation Gehlen, die per Kabinettsbeschluß vom 11. Juli 1955 zum BND ernannt worden war. Angeblich mit früheren Nazis durchsetzt und überdies eine Hochburg von Sowjetspionen, wurde die Organisation von den Medien als moralischer Sumpf hingestellt. Dem Felfe-Prozeß folgte darüber hinaus wenig später ein weiterer Skandal, die *Spiegel*-Affäre, in dessen Brennpunkt das einflußreiche Nachrichtenmagazin stand, in die jedoch auch Gehlen, Adenauer und dessen mächtiger Verteidigungsminister Franz Josef Strauß verwickelt waren. Die Beziehungen zwischen dem ehrgeizigen, zielstrebigen Strauß und Gehlen waren bestenfalls gespannt zu nennen, wobei das umstrittenste Thema zwischen ihnen die Rolle des militärischen Geheimdienstes MAD war. Im Verlauf der *Spiegel*-Affäre wurden die beiden zu offenen Gegnern.

Die Auseinandersetzung erreichte 1962 ihren Höhepunkt, als Gehlen eine Auswertung von Nachrichten aus Washington an Adenauer schickte, die vor Schwierigkeiten mit der deutschen Verteidigungspolitik warnte. Es lagen Hinweise vor, daß es zu einer Konfrontation mit der Kennedy-Administration kommen konnte, wenn Adenauer dem Plan von Strauß zustimmte, die militärische Schlagkraft des Landes dramatisch zu erhöhen; Westdeutschland sollte demzufolge einer nuklear gerüsteten Europäischen Verteidigungsgemeinschaft beitreten, die die US-Administration jedoch scharf ablehnte. Als Adenauer Gehlens Lagebeurteilung an Strauß weitergab, reagierte der Verteidigungsminister heftig – Gehlen war zu weit gegangen. Er hatte nicht nur die gesamte aktive militärische geheimdienstliche Nachrichtenbeschaffung und deren Auswertung für seine Organisation reserviert, sondern schien nun auch noch deutsche Verteidigungspolitik machen zu wollen. Der MAD, ohnehin sehr verstimmt wegen der Einschränkungen, die ihm dank Gehlen von der Regierung auferlegt worden waren, machte sich die Verärgerung von Strauß zunutze. Er sammelte seine Kräfte für den Versuch, Gehlen einen Teil seiner Zuständigkeiten zu entreißen.

Dieser Versuch fiel mit der Vorbereitung einer Veröffentlichung durch den *Spiegel* zusammen, in der Strauß als eine große Gefahr für die Demokratie dargestellt werden sollte. Gehlen – so hieß es bisher – ergriff die Gelegenheit am Schopf: Adolf Wicht, der Leiter der BND-Außenstelle in Hamburg, gab angeblich Informationen an das Blatt weiter, die geeignet waren, Strauß zu schaden. Um das Ganze noch schlimmer zu machen, unterlag das Material offenbar teilweise der Geheimhaltung.

Sobald der Artikel am 8. Oktober 1962 erschienen war, zeigte das Verteidigungsministerium die Herausgeber des Magazins wegen des Verdachts des Landesverrats an. Während die Staatsanwaltschaft ermittelte, machte sich der MAD an die Arbeit. Überwachungstrupps beschatteten die Herausgeber, und am 23. Oktober wurde gegen zwei von ihnen Haftbefehl erlassen. Am 26. Oktober um neun Uhr vormittags besetzte das Bundeskriminalamt die Redaktionsbüros des *Spiegel* in Hamburg und Bonn und beschlagnahmte zahlreiche Aktenordner. Dann, am 2. November, schlug der MAD gegen Gehlen zu. Der Hamburger Außenstellenleiter Wicht wurde verhaftet.

Dieses Drama, das sich vor den Augen der Öffentlichkeit abspielte, brachte nun auch den publikumsscheuen Gehlen auf die Bühne. Am 12. November 1962 wurde er zu einer Gegenüberstellung mit dem Staatsanwalt ins Bundeskriminalamt befohlen. Während er die Schmach erdulden mußte, daß man ihn im Vorzimmer warten ließ, soll der über seinen früheren Protegé mittlerweile desillusionierte Adenauer seinen Justizminister Stammberger aufgefordert haben, Gehlen festnehmen zu lassen. Stammberger, der sich auf einen Mangel an Beweisen berief, lehnte jedoch ab. Gehlen überlebte, wie er seit jeher überlebt hatte, und am Ende war es Strauß, der aus seinem Regierungsamt vertrieben wurde. Doch nun war Gehlen ernsthaft angeschlagen. Er hatte die Freundschaft und Unterstützung Kanzler Adenauers unwiderruflich verloren.[18]

Gehlen und seine Organisation hatten sich von dem Schaden, den ihr Ruf erlitten hatte, noch nicht wieder erholt, als wenige Monate darauf auch die Affäre Felfe erneut ins öffentliche Bewußtsein rückte. Am Montag, dem 8. Juli 1963, begann nämlich in einem Karlsruher Gerichtssaal vor fünf Bundesrichtern in roten Roben das Verfahren gegen Felfe und seine Mitangeklagten Clemens und Tiebel. Auf einem Tisch vor ihnen lagen die Arbeitsinstrumente des Geheimdienstes ausgebreitet: Tonbandgeräte, Miniaturkameras, Funkgeräte und ein Koffer aus Weichleder mit einem Versteck für immerhin zwanzig Miniatur-Tonbandspulen und fünfzehn Miniaturfilme. Die Büchsen mit Babynahrung, die an Gerda Clemens geschickt worden waren, als sie von Max, dem russischen Führungsoffizier ihres Mannes, ein Kind erwartete, waren als Beweisstücke nicht präsent. Auch sie waren aber zum Transport geheimer Botschaften benutzt worden.

Wegen der geheimdienstlichen Brisanz der Zeugenaussagen fand der größte Teil des Verfahrens unter Ausschluß der Öffentlichkeit statt, doch enthielt der öffentliche Teil der Verhandlung genügend Stoff für die sensationshungrige internationale Presse. Clemens trat, ohne eine Spur von Reue zu zeigen, als erster vor seine Richter. Er betrachtete die Organisation Gehlen, sagte er, aus vielen Gründen als Gegner, nicht zuletzt aber wegen ihrer Verbindung mit dem amerikanischen Geheimdienst. «Ich hasse die Amerikaner», erklärte er rundweg, «(...) ich hasse sie wie die Pest.» Nach der Zerstörung

Dresdens im Krieg, erläuterte er dem Gericht, habe er sich geschworen: «Das zahle ich ihnen doppelt und dreifach heim.» Außerdem behauptete der «Tiger von Como», sein Haß sei durch die amerikanische Behandlung nach dem Krieg zusätzlich angestachelt worden. Um seine Rache wahrzumachen, legte sich Clemens zweifellos mächtig ins Zeug, wenn diese – und nicht das Geld – sein Motiv gewesen war. Bis auf einen Zeitraum im Jahre 1955, behauptete Clemens, habe er sich annähernd alle acht Wochen mit den Sowjets getroffen, um ihnen Informationen zu übergeben – von 1951 bis zu seiner Verhaftung zehn Jahre später.

Felfe, der die Existenz des Doppelspions als «Tanz auf zwei Hochzeiten, mit den Russen und mit Gehlen» beschrieb, berichtete von zwei Treffen mit einem Sowjetgeneral. Der General, betonte er stolz, sei direkt aus Moskau gekommen, um sich mit ihm zu treffen; einmal in Wien und einmal im sowjetischen Hauptquartier in Karlshorst bei Berlin. Überdies gab Felfe bei seiner Vernehmung an, bei weitem nicht der einzige in der Organisation zu sein, der für die Russen arbeite. Seine sowjetischen Führungsleute hätten ihm sogar geraten, sich aus der Abteilung Gegenspionage versetzen zu lassen, weil sie dort bereits zu viele Agenten hätten.[19]

Jetzt, da er ein Publikum hatte, teilte Felfe eine ganze Reihe weiterer Schläge gegen die Amerikaner und Briten aus. Er behauptete, während des Krieges von einem – ungenannten – Mitarbeiter von Allen Dulles, dem damaligen OSS-Vertreter in der Schweiz, Informationen über die Konferenzen von Teheran und Jalta bekommen zu haben. Und er ließ seiner Bitterkeit über die Schläge und Folterungen, denen Mitgefangene durch britische Soldaten ausgesetzt waren, freien Lauf. Die Briten, versicherte der ehemalige SS-Mann Felfe, hätten sich «bestialisch aufgeführt». Erwin Tiebel kam als letzter an die Reihe, doch der ehemalige Oberstaatsanwalt und Bauunternehmer gab für die Presse wenig her, weil er lediglich als Kurier für die beiden anderen tätig gewesen war.

Die Verteidiger baten für die beiden Hauptbeschuldigten Felfe und Clemens um Milde, weil ihr Haß auf die Vereinigten Staaten ihre Urteilsfähigkeit beeinträchtigt habe. Kurt Schon, der Clemens verteidigte und spürte, daß seinem wohlgenährten Mandanten statt Antiamerikanismus wohl eher Geldgier als Motiv unterstellt wurde, insistierte, nicht das Geld sei sein Motiv gewesen, und malte ein weiteres Mal die Zerstörung Dresdens aus. Felfes Verteidiger bewies mehr Phantasie. Seinen Mandanten, trug er in seinem Plädoyer vor, habe der Morgenthau-Plan verbittert, der die Demontage der deutschen Industrie nach dem Krieg und die Umwandlung des Landes in eine Agrarnation vorsah – und dies, obwohl der Plan nie in die Tat umgesetzt worden war.

Angesichts der Strafen, die in anderen Staaten für Landesverrat verhängt werden, kam das Trio billig davon. Zusätzlich zu Geldstrafen, die dem Agentenlohn entsprachen, den sie von den Sowjets erhalten hatten, wurde Tiebel zu drei, Clemens zu zehn und Felfe zu vierzehn Jahren Gefängnis verurteilt. Bei Felfe zogen die Richter von der zulässigen Höchststrafe von fünfzehn Jahren ein Jahr ab, weil er Fuhrmann als sowjetischen Spion benannt hatte.[20]

Die letzte Szene im Drama des Heinz Felfe fand 1969 statt, im Jahr nach der Pensionierung Gehlens. Es war ein Ende, gegen das sich Gehlen erbittert gewehrt hatte; nur konnte er nun nichts mehr dagegen tun. Sie trug sich an einem kalten, trüben Februarabend an der deutsch-deutschen Grenze zu. Ein Mercedes und ein BMW sowie ein Bus russischer Bauart bewegten sich langsam über die Straße, die durch den Wald zur Grenze bei Wartha, 360 Kilometer südwestlich von Berlin, führte. Die Fahrzeuge hielten wenige Kilometer vor der Grenze auf der ostdeutschen Seite. Aus dem BMW stieg ein ostdeutscher Sicherheitsbeamter und dirigierte den Bus rückwärts in eine Lichtung am Straßenrand; dann kehrte er zu seinem Wagen zurück und wartete dort wie die anderen. In dem Mercedes saßen zwei Anwälte aus gegnerischen Ländern. In ihrer Verantwortung lag es, die Interessen ihrer Mandanten zu wahren und sicherzustellen, daß die Transaktion, die sie in deren Auftrag unter großen Schwierigkeiten ausgehandelt hatten, wie vereinbart vonstatten ging. Wolfgang Vogel, ein Bonvivant, der dem Klischee des

verhärmten Ostdeutschen Hohn sprach, wenn er mit seinem knall-
bunten Sportwagen in hohem Tempo durch die Straßen Ost-Berlins
fuhr, vertrat die ostdeutsche Regierung. Der zurückhaltendere Jürgen Stange handelte im Auftrag der Bundesregierung. Beide warteten und wechselten nur wenige Worte, während die Spannung stieg.
Jede nur denkbare Vorsichtsmaßnahme war getroffen. So wenig
Menschen wie möglich waren eingeweiht, und die Sicherheitsvorkehrungen waren bis zum Extrem getrieben, doch es bestand immer
noch die Möglichkeit, daß irgend etwas schiefging. Schließlich
tauchte aus Richtung Grenze ein westdeutscher Bus auf und hielt,
als er sie erreicht hatte. Wieder stieg der ostdeutsche Beamte aus
seinem BMW und ging diesmal, nachdem er die Dokumente geprüft
hatte, die ihm der westdeutsche Busfahrer ausgehändigt hatte, zum
ostdeutschen Bus, öffnete die hintere Tür und befahl den Insassen,
auszusteigen. Die Frauen und Männer kletterten wortlos mit ihren
Koffern aus dem einen Bus und stiegen in den andern. Als alle um-
gestiegen waren, wendete der westdeutsche Bus und fuhr zusammen mit dem BMW und dem Mercedes in Richtung Grenzüber-
gang.

Auf der westdeutschen Seite wartete unter Bewachung Heinz
Felfe. Als die Karawane aus dem Osten die erste Sperre auf der
Warthaer Seite erreichte, wurde ihm der Gerichtsbeschluß über
seine Freilassung auf Bewährung vorgelesen. Dann wurde er ins
Freie geführt. Er sah zu, wie der Mercedes und der Bus, die die
Grenzsperre passiert hatten, die 900 Meter Niemandsland durch-
querten; dann wurde der westdeutsche Schlagbaum geöffnet.

Felfe befand sich in Begleitung mehrerer Angehöriger der Organisation; als Stange und Vogel auf sie zukamen, war die Spannung
mit Händen zu greifen. Die Feindseligkeit der Gehlen-Leute gegenüber ihrem früheren Kollegen war so unverhohlen wie Felfes Angst.
Die Formalitäten gestalteten sich kurz: Heinz Felfe, der aus westdeutschem Gewahrsam entlassen war und sich für Ostdeutschland
als Wohnort entschieden hatte, wurde von Jürgen Stange offiziell
an Wolfgang Vogel, den Vertreter der DDR-Regierung, übergeben.

Unter Stanges Blicken gingen Felfe und Vogel zu dem Mercedes und fuhren dorthin zurück, woher sie gekommen waren – nach Ostdeutschland.[21]

Der Preis, den die Russen für Felfe gezahlt hatten, belief sich auf 21 Menschen: fünfzehn Männer und drei Frauen, die als politische Gefangene festgehalten worden waren, sowie drei Westdeutsche von der Universität Heidelberg, die in der Sowjetunion der Spionage überführt und eingesperrt worden waren – Geiseln für eben einen solchen Fall.[22] All die Jahre der politischen Manöver, der wiederholten sowjetischen Angebote und Gehlens hartnäckiger Weigerung, Felfe an die Sowjets zu verschachern, hatten in einer knappen Stunde und fast ohne Aufsehen ein Ende gefunden.[23]

Im Gefolge des Verfahrens gegen Felfe erlebten Gehlen und seine Organisation, die noch an der verheerenden *Spiegel*-Affäre laborierten, ihre schlimmsten Stunden. Die Leitartikler, die von einem «nie dagewesenen Skandal» sprachen, gaben Gehlen die Schuld an einer Personalpolitik, die es möglich gemacht hatte, daß Nazis angeworben worden waren, und beschimpften die Organisation dafür, ihre Reihen mit Überbleibseln des «nationalsozialistischen Führungskorps» gespickt zu haben. Am 23. Juli 1963 sprach der stellvertretende Vorsitzende der oppositionellen SPD sogar von einem «Abgrund von Landesverrat»[24]. In einer für die CIA erstellten Analyse gab Tennant Bagley Jr. – in den sechziger Jahren ranghoher Angehöriger der Ostblock-Abteilung der CIA – eine Einschätzung dessen, was die Sowjets in Westdeutschland erreicht hatten. Sowjetische Agenten, schreibt er, hätten «dem KGB nicht nur Staatsgeheimnisse übermittelt, sondern auch Einfluß im Geheimdienstapparat selbst verschafft. (...) Maulwürfe [im BND] waren in der Lage, die Karrieren ihrer Kollegen so zu manipulieren, daß sie weitere KGB-Maulwürfe fördern und strategisch placieren konnten.»[25] Wie viele in der Organisation verblieben waren, wie tief sie sich eingegraben oder wie weit sie sich nach oben gearbeitet hatten, war nach Felfes Verhaftung allerdings nicht mehr herauszufinden.

Es kursierten Berichte, nach denen der BND einer kompletten Reorganisation unterzogen werden und daß Gehlen zum 1. Oktober 1963 abgelöst werden sollte. Ein CIA-Mann erinnert sich, wie er in Bonn einem führenden BND-Mann über den Weg lief. «Er drückte sich herum wie ein Schatten, schlich auf Zehenspitzen durch die Hallen der Macht. Früher marschierte er in ihnen herum, als ob sie ihm gehörten. In Bonn wollte keiner mehr mit den Gehlen-Leuten zu tun haben. Als ich ihn fragte, was er mache, hat er gesagt: ‹Ich soll retten, was zu retten ist.› Gehlen hat überlebt, wenn man das so nennen darf, aber nur weil kein Ersatz für ihn aufzutreiben war.» Obwohl der Felfe-Prozeß und der Sturm, den er auslöste, seine Opfer forderte, war Gehlen wieder einmal nicht davongefegt worden. Doch seine persönliche wie politische Kraft waren erlahmt, sein Ruf und der seiner Organisation waren irreparabel geschädigt. Obwohl Gehlen sich mehr und mehr aus der aktiven Leitung seines Stabs und dessen Arbeit zurückzog, hielt er zäh an dem fest, was er über alles liebte – an seinem «Dienst», seiner Organisation.

Rund zwanzig Jahre waren mittlerweile ins Land gegangen, seit die Amerikaner beschlossen hatten, Gehlen nach Deutschland zurückzuschaffen und sich auf etwas einzulassen, was ursprünglich nur als Experiment gedacht war. Inzwischen war daraus einer der größten Geheimdienste des westlichen Bündnisses und eine mächtige Behörde geworden. Die Regierung, die sich auf keinen Nachfolger einigen konnte, verlängerte Gehlens Dienstzeit um ein Jahr über die Altersgrenze von 65 Jahren hinaus. Am 30. April 1968 wurde Reinhard Gehlen mit dem Großen Bundesverdienstkreuz ausgezeichnet und in den Ruhestand geschickt. Und zum zweitenmal in 28 Jahren folgte ihm Gerhard Wessel im Amt, so wie er es 1945 getan hatte, als er die Abteilung Fremde Heere Ost übernahm, während Gehlen in die Alpen floh, um auf die Amerikaner zu warten. Gehlen zog sich in sein Haus am Starnberger See, nicht weit von Pullach, zurück.[26] Dort verbrachte er den größten Teil seiner Zeit mit der Abfassung seiner Erinnerungen, die wohl als Entgegnung auf die nicht enden wollende Kritik an ihm und seinem Dienst gedacht waren. Sie sind freilich oberflächlich, wenig informativ und stellenweise falsch, und wenn ihr Zweck darin bestanden haben sollte, die Dinge zurechtzurücken, so verfehlten sie ihr Ziel – seine Kritiker konnte Gehlen nicht zum Schweigen bringen. Doch er widmete sich auch anderen, wenig verdächtigen Beschäftigungen wie dem Segeln; sein Boot war schon von Angehörigen des ersten CIA-Teams benutzt worden, und sie hatten es ihm bei ihrem Abschied vermacht. Darüber hinaus versuchte er mit ehemaligen Kollegen Kontakt zu halten; ranghohe CIA-Leute erhielten zu ihrer Verblüffung große Farbfotos des für seine Kamerascheu berüchtigten Doktors – im Abendanzug und im Glanz des Großen Bundesverdienstkreuzes, das ihm am breiten Seidenband an der Brust hing. Und Gehlen hatte weiterhin seine ältesten amerikanischen Freunde zu Gast, John Boker, Eric Waldman und James Critchfield, sogar noch während seiner letzten Krankheit. Am 9. Juni 1979 starb Gehlen einen sanften Tod in seinem Haus am See.

Zwischen Kreuzzug und Kompromiß – eine widersprüchliche Allianz

Der verstorbene Historiker Theodore White hat einmal geschrieben, in den Vereinigten Staaten gebe es zwei diplomatische Traditionen: den Kreuzzug und den Kompromiß.[1] Am Ende des Zweiten Weltkrieges näherten sich diese beiden unvereinbaren Konzepte einander an; Gehlen war der Nutznießer. So, wie die bedingungslose Kapitulation das nicht verhandelbare Ziel des Krieges gegen Hitler gewesen war, wurde die Eindämmung der kommunistischen Expansion zum Kern der amerikanischen Nachkriegspolitik. Die Amerikaner hatten einen neuen Kreuzzug; ihm zuliebe ließen sie sich auf einen Kompromiß mit Gehlen ein. Kreuzzügler neigen zur Naivität, sie malen die Dinge schwarzweiß und nehmen eine unnachgiebige Haltung ein. Kompromißler dagegen sind eher flexibel, und wenn schon nicht zynisch, so doch jedenfalls pragmatisch. Als man Gehlen in Dienst nahm, kannten sich die meisten Geheimdienstoffiziere der US-Armee in den Feinheiten und Verästelungen der großen Politik nicht aus; doch die Kreuzzugsmentalität besaßen sie. Sie betrachteten Gehlens Einheit als nützliche Waffe zur Erreichung ihrer Ziele. Und wenn sie darüber nachdachten, was dabei für ihn herausschaute, sahen sie vermutlich nicht mehr als die offensichtlichen Vorteile, in deren Genuß er auf diese Weise gegenüber seinen deutschen Offizierskameraden in der Kriegsgefangenschaft kam. Gehlen jedoch war ein erfahrener Veteran, der gelernt hatte, sich unter den widrigsten Umständen durchzuschlagen. Ein wahrer Meister in der Fähigkeit, Situationen zu seinen Gunsten zu beeinflussen, ging er seinen Handel mit den Amerikanern aus einer anderen Perspektive an: Während die zweckorientierten Amerikaner das Wissen und die Erfahrung ihres gefangenen Aktivpostens nutzten, bediente sich Gehlen des Hebels, den ihm diese Verbindung in die Hand gab, um seine eigenen Ziele zu verfolgen.

Die meisten kompetenten Beobachter sind sich darin einig, daß Gehlen den Amerikanern zumindest einen Teil dessen verschaffte, was sie wollten. Doch mancher aus dem Kreis der amerikanischen Geheimdienste kritisiert bis heute vehement die Entscheidung von Armee und CIA, sich mit Gehlen überhaupt einzulassen. Es sei prinzipienlos gewesen, den Hitler-General und einen Teil seiner hohen Offiziere unter amerikanische Fittiche zu nehmen, ganz zu schweigen davon, seinen zielstrebigen Versuch zu unterstützen, einen deutschen Geheimdienst aufzubauen und unter seine Kontrolle zu bringen. Gehlen sei ein Opportunist gewesen, der bereit war, sein Mäntelchen jederzeit nach dem Wind zu hängen, wie seine praktisch zeitgleichen Offerten gegenüber Adenauer und der SPD bewiesen. Und bei seinem Griff nach der Macht habe Gehlen die Amerikaner von Anfang an manipuliert, indem er sich ihre Unerfahrenheit in der Außenpolitik und im Geheimdienstgeschäft zunutze machte. Darüber hinaus habe es auf der Hand gelegen, daß Gehlen, wenn er den Auftrag der Amerikaner erfüllen wollte, frühere SS-Leute anheuern mußte, wie dies ja auch die US-Armee in bestimmten Fällen tat. Nur sie besaßen die Kenntnisse, die zur Erledigung dieser Aufgabe notwendig waren. Gehlen jedoch tat dies in großem Umfang und an der Aufsicht vorbei, die über seine Organisation ausgeübt wurde. Das SS-Element verschmolz auf diese Weise mit einer deutschen Organisation und korrumpierte und untergrub dabei deren Ziele. Der Fall Felfe, so die Gehlen-Kritiker, kam deshalb in keiner Weise überraschend, früher oder später mußte es zu einem Skandal kommen, der bewies, daß das ganze Unternehmen politisch bankrott war.

Gleichwohl, der weit größere Teil derjenigen, die sich in der Materie auskennen, befürwortet die damalige Zusammenarbeit mit Gehlen, wenn auch unterschiedlich enthusiastisch. Zur Frage, welchen Beitrag Gehlen tatsächlich zur amerikanischen Auslandsaufklärung leistete, meint ein ehemaliger ranghoher CIA-Mann, der in Langley stationiert war: «Zu Anfang haben Gehlens Leute eine Lücke geschlossen. Sie leisteten gute Arbeit, holten jede Menge Beobachtungen herein über die Anzahl von Lastwagen, Flugzeugen und Waffen. Doch als die sowjetische Abschottung besser wurde, versiegten auch diese Informationsquellen, und schon bald begannen wir uns zu wundern. Gehlen setzte auf das falsche Pferd, auf die geheime Nachrichtengewinnung, und das war ein Fehler. Sie macht nur einen Teil des Gesamtbildes aus. Er schwor auf diese Geheimberichte, alle seine Analysen stützten sich darauf; die Berichte waren aber oft falsch. Sie wurden ihnen nämlich häufig gezielt untergeschoben; sie waren das ideale Ziel für sowjetische Desinformationen.

Nachdem die Organisation von der Bundesregierung übernommen worden war, machte sich auch dort eine allmähliche Desillusionierung breit. Adenauer wollte wissen: Was geht in Pankow vor? Was macht Ulbricht als nächstes? Als ihm Gehlen das nicht sagen konnte, weil er niemanden im Büro von Ulbricht sitzen hatte, setzte die Enttäuschung ein. Was uns anging, so machten wir uns um die Mitte der fünfziger Jahre kaum noch Illusionen über die Tüchtigkeit der Gehlen-Leute, aber wir saßen nun mal mit ihnen in einem Boot und wollten da auch drinbleiben. Sie waren der Geheimdienst eines unserer mächtigsten Verbündeten, und wir wollten eng an ihnen dran bleiben. Aber in der Praxis – da haben sie uns jede Woche treu und brav ‹Die Übersicht› geschickt, und keiner hat sie je gelesen.»

Andere Beobachter, die weniger mit dem geheimdienstlichen Handwerk zu tun haben, nehmen Gehlen als einen wertvollen politischen Verbündeten in Schutz. Dabei verweisen sie vor allem auf seine Weitsicht, eine Zuflucht für jene hohen Militärs geschaffen zu haben, die er für die brauchbarsten hielt. Sie schreiben ihm das Verdienst zu, die ehemaligen Wehrmachtsangehörigen in eine Umgebung gestellt zu haben, die sie auf der Höhe einer sich wandelnden Zeit hielt und in der sie kontrolliert und geleitet werden konnten, um sicherzustellen, daß sie bei der Entwicklung der Bundesrepublik zum Mitglied des westlichen Militärbündnisses gegen die Sowjetunion nicht aus dem Ruder liefen. Außerdem verweisen sie darauf, daß es Gehlen gelungen sei, Beziehungen zu den übrigen westlichen Geheimdiensten und Sicherheitsbehörden aufzubauen. Ein ehemaliger CIA-Mann, der eng mit Gehlen zusammenarbeitete, drückt dies so aus: «Diejenigen, die Gehlens Leistung ausschließlich an ihren eigenen Maßstäben für gutes Handwerk messen, tun sich und ihm unrecht. Auch die übergeordneten Ziele sollten bedacht werden. Und schließlich ist es auch wichtig, daß man bedenkt, wohin das alles geführt hat.»

Was jene übergeordneten Ziele angeht, so entwickelte sich das Verhältnis der Amerikaner zur Organisation Gehlen parallel zu den deutsch-amerikanischen Beziehungen insgesamt. Als die unmittelbare Gefahr eines Krieges mit der Sowjetunion zurückging und dem deutschen Volk mehr Unabhängigkeit gewährt wurde, kam es zu einem Schwenk von den militärischen hin zu politischen Überlegungen. Dies spiegelte sich in den Beziehungen Gehlens zu den amerikanischen Geheimdiensten insofern wider, als die Aufsicht über seine Organisation von der Armee auf die CIA mit ihrem weiter gesteckten Betätigungsfeld überging.

Dieser Zuständigkeitswechsel wirft zwei grundlegende Fragen auf: Hätte die CIA Gehlen und die Organisation überhaupt übernehmen sollen? Und wie wirksam wurden diese in der Folgezeit kontrolliert? Als die Armee noch zuständig war, hatte die Organisation als Teil der Besatzungsmacht gearbeitet und dringend benötigte operative Informationen ausgegraben; sie unterstand, zumindest theoretisch, direkter Aufsicht des Militärs. Die CIA betrachtete die Organisation dagegen mehr als vielversprechenden politischen Aktivposten, der den Segen der amerikanischen Amtsträger auf höchster politischer Ebene hatte und mit dem diplomatisch behutsam umgegangen werden mußte. Das stärkste Argument für eine Übernahme war, daß die Organisation dank der Amerikaner bereits existierte und es im amerikanischen Interesse lag, diese bekannte Größe weiter zu unterstützen und auf ihre Ausrichtung Einfluß zu nehmen – zumal es eines Tages wieder einen deutschen Geheimdienst geben würde.

254

Es ist schwer zu sagen, wem die Organisation zugefallen wäre, wenn die CIA zu dem Entschluß gelangt wäre, Gehlen nicht von der Armee zu übernehmen. Mit Sicherheit nicht den Briten, die ihre eigenen Kandidaten hatten, und ebensowenig den Franzosen, deren Mißtrauen Gehlen gegenüber abgrundtief war, selbst unter der Voraussetzung, daß diese Länder überhaupt in der Lage gewesen wären, die Rechnungen der Organisation zu begleichen. Wahrscheinlich hätte sich die Organisation aufgelöst, wobei einzelne Abteilungen und Mitarbeiter von den Amerikanern, Franzosen, Briten und, wo immer möglich, von den Ostdeutschen, den Sowjets und anderen an sich gebracht worden wären. Die neu entstehende deutsche Regierung hätte jedoch früher oder später – wahrscheinlich aber eher früher denn später – einen organisierten Geheimdienst aufgebaut, was die Amerikaner außen vor gelassen – und sie vor die Notwendigkeit gestellt hätte, sich von außen her Einblick zu verschaffen. So, wie sich die Dinge nach der Übernahme durch die CIA entwickelten, waren die Amerikaner zwar mit von der Partie, aber – was die Kontrolle betraf – gleichwohl ohne Durchblick.

Unter der Zuständigkeit der Armee glückte Gehlen etwas Einzigartiges: Es gelang ihm, die Identität seiner Agenten vor seinen Schutzherren, den Amerikanern, geheimzuhalten. Ohne dieses Wissen aber war eine Kontrolle praktisch kaum möglich. Bei der Übernahme der Organisation durch die CIA durfte Gehlen dieses entscheidende Geheimnis für sich behalten, statt daß man darauf bestanden hätte, sämtliche anderen Absprachen für null und nichtig zu erklären, sollte er seine Karten nicht offen auf den Tisch legen. An diesem Punkt hätte die CIA mit Gehlen viel härter umspringen müssen; er brauchte die Amerikaner mehr als sie ihn. Nachdem es ihnen nicht gelungen war, Gehlen diese Information zu entreißen, mußten die CIA-Verbindungsleute auf eigene Nachforschungen zurückgreifen, um die wahre Identität der Gehlen-Agenten zu ermitteln, eine Aufgabe, die zusätzlich auch das CIC in Anspruch nahm. Die lange Verzögerung bei der Enttarnung

Felfes und der Nazi-Seilschaft in der Organisation belegt, wie schwerwiegend dieser Fehler war, sowohl für die CIA wie für Gehlen.

Gehlen ging mit den Amerikanern höchst geschickt um. Sie fanden ihn interessant und kenntnisreich und betrachteten ihn als eine Kuriosität. Sein Verhältnis zur CIA hatte seine Höhen und Tiefen, war jedoch über viele Jahre für beide Seiten angenehm. Die Organisation Gehlen wurde sogar zu einem Hätschelkind der CIA. «[Allen] Dulles liebte sie geradezu», sagte ein früherer CIA-Mann, der die Organisation lange Jahre beobachtete. «Sie war streng geheim. Sie war eine Art Klub. Sie galt als toller Posten, eine wahre Goldgrube.» Und mit der Umwandlung der von den Amerikanern unterhaltenen Organisation Gehlen in den Bundesnachrichtendienst war die Frage der Aufsicht kein Thema mehr. Die strategische Aufklärung, politische Information und Einflußnahme, die umfassenden und häufig gefährlichen Probleme der internationalen Beziehungen im Kalten Krieg waren von alles überragender Bedeutung. Obwohl die Amerikaner ihr Verbindungsbüro vor die Tore Pullachs verlagerten, blieben sie im eigentlichen Sinne drinnen und waren – trotz ihrer Meinung über Gehlens handwerkliches Können – froh, dort zu sein.

Die demokratische Entwicklung in der Bundesrepublik entschärfte die Frage, ob zwischen den amerikanischen Interessen und Gehlens eigenen Zielen ein Konflikt bestand. Die Anbindung Deutschlands an den Westen als Gegengewicht zur sowjetischen Gefahr war für die Vereinigten Staaten ein wichtiges politisches Ziel. Einige der militärischen Führer, die Gehlen «gerettet» hatte, stiegen im neuen, demokratischen Deutschland tatsächlich in bedeutende Positionen auf. Und Gehlen fand Anerkennung bei einem kleinen Kreis von Männern, die sowohl in Deutschland wie in den Vereinigten Staaten während der kritischen mittfünfziger Jahre großen Einfluß ausübten. Kanzler Adenauer hatte zu Außenminister John Foster Dulles ein enges Verhältnis. Fosters Bruder Allen Dulles, Direktor der CIA, war wiederum ein nachhaltiger Förderer

Gehlens. Und um den Kreis zu schließen, hatte auch Adenauer enge Beziehungen zu Gehlen. Wieviel jedoch die amerikanischen Bande zu Gehlen zu dem neuen Bündnis zwischen alten Gegnern beitrug, läßt sich schwerlich genau bestimmen.

Innerhalb weniger Jahre nach dem Ende des Krieges im Jahre 1945 umspannte der erbitterte politische Kalte Krieg den halben Erdball. Die Vereinigten Staaten wuchsen rasch in ihre Rolle als westliche Supermacht hinein, gewannen an Selbstvertrauen und Erfahrung. Das berufliche Können und die technischen Fähigkeiten des amerikanischen Geheimdienstes nahmen einen Aufschwung, und während der unstillbare Hunger nach Informationen über die Sowjetunion und ihre Satellitenstaaten anhielt, wurden neue Quellen und Methoden entwickelt. Entsprechend wandelte sich auch das Verhältnis zwischen den Amerikanern und der Organisation Gehlen. Wenn ein guter Kompromiß darin besteht, daß beide Seiten mit ihm zufrieden sind, dann war die Beziehung zwischen Gehlen und dem amerikanischen Geheimdienst trotz aller Differenzen aufs Ganze gesehen erfolgreich.

Die Amerikaner erhielten stichhaltige militärisch-operative Informationen zu einer Zeit, als sie kaum andere Quellen hatten, diese aber dringend brauchten. Nach dem Wechsel der Prioritäten hin zu politischen Fragen nutzten sie diesen Kanal – wie viele andere auch –, um Einfluß zu nehmen und um die politischen Entwicklungen im sich neu bildenden westdeutschen Staat genau zu beobachten – ein Weg, der der CIA nicht zur Verfügung gestanden hätte, wenn sie die Organisation nicht gerettet hätte, als Gehlens Verhältnis zur Armee kurz vor dem Bruch stand.

Auch Gehlen bekam, was er wollte, gleich welche Motive ihm zugeschrieben werden. Ob es sein Ziel war, dem Westen bei der Abwehr der sowjetischen Aggression zu helfen, die Bundesrepublik beim Aufbau einer starken demokratischen Regierungsform mit engen Bindungen an die USA zu unterstützen, einen zentralen deutschen Geheimdienst aufzubauen und zu leiten, bei der Entstehung einer neuen deutschen Armee eine wichtige Rolle zu spielen, die Macht zur Manipulation der politischen Ereignisse aus den Kulissen heraus zu erwerben, oder ob es sich um eine Kombination all dieser Ziele handelte – in seinen Augen hatte er sie für eine gewisse Zeit erreicht.

Beide Seiten erlitten allerdings auch Verluste. Die Amerikaner setzten sich mit der Übernahme Gehlens und seiner Offizierskameraden zu einer Zeit, als die gesamte zivilisierte Welt mit Entsetzen auf Deutschland schaute, dem Vorwurf prinzipienloser Heuchelei aus. Die geheime Spionageaktion des CIC gegen die Organisation und die unterlassene Warnung an die CIA vor Felfe machte es jenem unnötig lange möglich, die Staatsgeheimnisse Westdeutschlands zu plündern. Und die Sowjets wilderten sowohl im amerikanischen wie im deutschen Geheimdienst, weil es letzterem nicht gelang, die Verläßlichkeit der Organisation zu garantieren. Der für diese Nachlässigkeit auf beiden Seiten gezahlte Preis – gestohlene Geheimnisse und für Gehlen ein irreparabel geschädigter Ruf – war hoch.

War die Unterstützung der Organisation Gehlen also die unvermeidlichen Kompromisse wert? Spionage, das sollte man sich stets vor Augen halten, ist kein Spiel, das Gewinner und Verlierer kennt. Es ist ein Spiel der Vorsprünge, der erreichten Punkte. Kriege werden nicht von Spionen gewonnen.

Zu den Quellen

Als Reaktion auf Anträge nach dem Freedom of Information Act wurden mir von verschiedenen Regierungsstellen – darunter dem Außenministerium, dem Justizministerium (dort vom Federal Bureau of Investigation) und dem United States Army Intelligence and Security Command – zahlreiche Dokumente zur Verfügung gestellt. Ein großer Teil dieses Materials galt als geheim und wurde bis dahin noch nie freigegeben. Außerdem sah ich Akten und Mikrofilme der National Archives ein. Zusätzlich gewährte man mir Zugang zu persönlichen Aufzeichnungen und Briefen, die sich im Besitz von Privatleuten befinden.

Das United States Army Intelligence and Security Command in Fort Meade im Bundesstaat Maryland stellte mir viele hundert Dokumente über Organisationen und Personen zur Verfügung. Bei meinen Anträgen zu bestimmten Personen gab ich deren Namen und sämtliche biographischen Angaben an, die mir bekannt waren. Die meisten Dokumente, die ich daraufhin bekam, tragen oben auf dem Blatt einen Namenshinweis, der anzeigt, daß sich die jeweils folgende Information auf diese Person bezieht. Gelegentlich taucht darin der Name einer weiteren Person auf, zu der ebenfalls ein Antrag gestellt wurde. Ihre Namen erscheinen gelegentlich auch in Dokumenten, die sich mit Organisationen befassen, zu denen ich entsprechende Anträge auf Einsicht gestellt hatte.

In zahlreichen Fällen von personenbezogenen Anträgen finden sich keine Hinweise auf die Herkunft der Dokumente, ihren Verfasser oder ihren Zweck. Bei vielen scheint es sich um Fotokopien von Karteikarten zu handeln. Beim Zitieren dieser Dokumente nenne ich so viele Hinweise wie möglich, um ihre Identifikation zu erleichtern, so etwa die Behörde, die sie mir zur Verfügung stellte (zum Beispiel das U. S. Army Intelligence and Security Command), sowie die Namen, Daten und Ortsbezeichnungen, die auf ihnen erscheinen. (Anzahl und Umfang dieser Dokumente lassen den Schluß zu, daß die Überwachung und Durchleuchtung der genannten Personen durch das CIC außerordentlich gründlich ausfiel. Diese Berichte geben häufig genaue Schilderungen ihrer Aktivitäten und beschreiben auch ihre Kontaktpersonen.)

Viele Menschen haben mir mit Informationen geholfen, die von Berichten über persönliche Erfahrungen bis hin zu professionellen Wertungen reichten. Ich habe jeden nur denkbaren Versuch unternommen, für Sachverhalte, die mir mitgeteilt wurden, mehr als nur eine Quelle zu finden. Da viele der von mir befragten ehemaligen CIC- und CIA-Leute zur gleichen Zeit mit Gehlen zu tun hatten, war es häufig möglich, eine solche zweite Quelle zu finden. In den meisten Fällen, wo dies nicht gelang, nenne ich den Namen des Informanten. In den Fällen, wo eine Auskunftsperson um Wahrung ihrer Anonymität bat, habe ich diese Bitte respektiert; ich bezeichne sie oder ihn lediglich als ehemaligen CIC-, CIA- oder Geheimdienstagenten oder Beobachter.

Allgemein zugängliche Quellen werden in den Anmerkungen auf herkömmliche Weise zitiert.

Von den Büchern über Gehlen verdienen drei besonderes Interesse:

Reinhard Gehlen, *Der Dienst*, Mainz–Wiesbaden 1971

Hermann Zolling und Heinz Höhne, *Pullach intern*, Hamburg 1971. Ein weiteres Buch von Heinz Höhne, *Der Krieg im Dunkeln. Macht und Einfluß des deutschen und russischen Geheimdienstes*, München 1985, enthält zusätzliches Material über die Organisation Gehlen.

E. H. Cookridge (Pseudonym für Edward Spiro), *Gehlen: Spy of the Century*, New York 1971. Dieses Werk erschien zunächst in Großbritannien; es wurde jedoch nicht als Quelle benutzt (siehe dazu S. 262).

In Europa sind weitere Bücher zu dieser Thematik erschienen, die jedoch häufig eher politische Attacken als seriöse Arbeiten darstellen. Ein solches Werk stammt von Albrecht Charisius und Julius Mader, *Nicht länger geheim. Entwicklung, System und Arbeitsweise des imperialistischen deutschen Geheimdienstes*, Berlin (DDR) 1969. Auch Heinz Felfe hat seine Memoiren publiziert: *Im Dienst des Gegners. Zehn Jahre Moskaus Mann im BND*, Hamburg 1986. Auch diese Bücher haben als Quelle keine Verwendung gefunden.

Das einzige Buch über Gehlen, das zuerst in den Vereinigten Staaten erschien, Charles Whiting, *Gehlen: Master Spy of the Century*, New York 1972, ist reißerisch im Ton und enthält zahlreiche Irrtümer; zudem werden keine Quellen oder Nachweise zitiert. Auch dieses Buch wurde nicht als Quelle benutzt.

Nach seiner Pensionierung schrieb Gehlen seine Autobiographie – offenbar als Antwort auf die Kritik an seiner Person und dem BND während seiner letzten Amtsjahre als dessen Chef; das Buch muß deshalb weitgehend als Dokument der Rechtfertigung betrachtet werden. Zwei ehemalige CIA-Leute, von denen einer die Organisation gut überblickte und ein zweiter eine erschöpfende Studie über sie für die CIA verfaßte, zweifeln eine ganze Reihe seiner Behauptungen an. Beispielsweise stellen beide übereinstimmend fest, daß es Gehlen weder in Ostdeutschland noch sonst irgendwo im Ostblock jemals gelang, auf hoher Ebene erfolgreich zu infiltrieren; die diesbezüglichen Behauptungen in seinem Buch erklären sie sich, wie einer der beiden formuliert, als Ergebnis von «Wunschdenken».

Zollings und Höhnes Werk basiert auf einer Artikelserie, die 1971 im *Spiegel* erschien. Die Autoren, deren Buch auf Gesprächen mit Angehörigen der Organisation Gehlen, persönlichen Aufzeichnungen und den FHO-Akten aus dem Zweiten Weltkrieg fußt, haben ihre Quellen sorgfältig dokumentiert. Sie scheinen jedoch vom BND behauptete Spionage-Coups als glaubhaft akzeptiert zu haben, die von amerikanischen Geheimdienstkennern bestritten werden. Die Irrtümer hinsichtlich der Rolle, die die Vereinigten Staaten in der Organisation spielten, spiegeln dagegen den Mangel an amerikanischen Quellen wider, ein Problem, das auch auf die späteren Arbeiten Höhnes zutrifft.

Spy of the Century, das Werk von Cookridge, das von vielen als das maßgebliche Werk über die Organisation Gehlen angesehen wird, weist grundlegende Schwächen auf. Politisch motivierte Behauptungen und Polemiken werden als Fakten akzeptiert. In seinem Quellenverzeichnis führt er unter anderem sechs Arbeiten des ostdeutschen Autors Julius Mader auf, Ko-Autor von Albrecht Charisius. Der gegen den Westen offen feindselig eingestellte Mader hat sich den Geheimdienst der Vereinigten Staaten als Hauptziel seiner Beschäftigung ausgesucht (siehe etwa sein *Who's Who In CIA*, Berlin [DDR] 1968). Die Darstellung, die Cookridge vom Verhältnis zwischen Gehlen und dem amerikanischen Geheimdienst gibt, ist derart verzerrt, daß sie als wertlos gelten muß.

Danksagung

Dieses Buch wurde überhaupt nur durch das außerordentliche Interesse und die bereitwillige Mitarbeit von Dutzenden von Menschen möglich. Viele frühere Angehörige des Armee-Geheimdienstes und der CIA, die eng mit Reinhard Gehlen und der Organisation sowie mit anderen Geheimdienstbehörden zusammengearbeitet und die ihr Wissen nie zuvor offengelegt hatten, haben ihren Teil zum Entstehen beigetragen. Ich kann ihnen für ihre Hilfsbereitschaft, ihre Offenheit und die Zeit, die sie für mich opferten, gar nicht genug danken. Viele weitere Menschen steuerten Erinnerungen bei, halfen mir bei der Suche nach Quellen, ließen mich von ihren Erfahrungen profitieren und erwiesen mir ein hohes Maß an Gastfreundlichkeit.

Mein wärmster Dank gilt Arnold Andrew Anderson, William Bird, John Boker, John Bross, Anthony Cave Brown, Marjorie Cline, Ray Cline, James Critchfield, General a. D. John Russell Deane Jr., Robert Feldman, Thomas Fox, Harris Greene, dem verstorbenen Frank Harman, Donald Huefner, Ruth Huefner, Ian Hersey, Dr. Robert Gerald Livingston, Peggy Lucid, dem verstorbenen Thomas Lucid, David C. Martin, Dorothy Matlack, Ute Möller, Clare Edward Petty, Melba Petty, dem verstorbenen David Atlee Phillips, dem verstorbenen Howard Roman, Jürgen Stange, Thomas Troy, Generalmajor a. D. Arthur Trudeau, Friedel von Glinski, Rudolf von Glinski, Dr. Eric Waldman, Jo Ann Waldman und Charles Wheeler.

Ich danke auch für die begeisterte Unterstützung von Mark Carroll, meinem amerikanischen Verleger, sowie für den unschätzbaren Rat und die Hilfe von Maud Wilcox. Die National Archives beherbergen viele Schätze, wie Forscher aus aller Welt bestätigen werden. Einer von ihnen ist Timothy Mulligan, hervorragender

Kenner der Geschichte des Zweiten Weltkrieges und Herausgeber der mikroverfilmten *Guides to German Records*, sowie der freundliche, höfliche, unermüdliche und unendlich findige John Taylor.

Es gibt eine Reihe ehemaliger Geheimdienstler, für deren Hilfe ich mich bedanken möchte, die mich jedoch gebeten haben, ihre Namen ungenannt zu lassen, sowie einige andere, die es vorziehen, nicht besonders hervorgehoben zu werden. In manchen Fällen haben sie viele Tage mit mir verbracht, um mir bei meinen Recherchen zu helfen.

Unsere Söhne Mitch und Thornton waren eine stetige Hilfe; sie bewiesen durchweg ein aktives und ermutigendes Interesse an meiner Arbeit und trotz der unvermeidlichen Störungen unseres häuslichen Lebens eine unerschütterlich gute Laune. Mein Mann Mitch, dem dieses Buch gewidmet ist, hat mich von Anfang an ermutigt. Seine Begeisterung für dieses Projekt hat niemals nachgelassen, so wenig wie seine wahrhaft übernatürliche Geduld und sein Verständnis. Mit jemandem zusammen zu leben, der mit einem Buch schwanger geht, ist eine Probe auf die Beständigkeit, doch irgendwie ist es ihm gelungen, mich davon zu überzeugen, daß es ihm genausoviel bedeutet wie mir. Er ist mein bester Mitarbeiter, Kritiker und Freund.

Anmerkungen

Auf den Spuren eines Geheimdienstes

1 Intelligence in Recent Public Literature, 1972 (80) 342 C. Es handelt sich um eine Besprechung von vier Büchern über Gehlen und die Organisation, die in der CIA-internen Publikation *Studies In Intelligence* erschien. Sie wurde freundlicherweise von Carrollton Press zugänglich gemacht.

2 Ehemalige CIA-Angehörige erklärten mir, daß die Informationen, nach denen ich suchte, unter die «dritte Grundregel» fielen, nach der die CIA einem dritten Geheimdienst oder einer anderen dritten Seite keine Informationen über oder von einem befreundeten Geheimdienst ohne dessen offizielle Zustimmung weitergibt.

Teil I: Die Geburt der Organisation Gehlen
Flucht in die Berge

1 Diese Episoden werden von General Heinz Guderian in seinen Memoiren geschildert: Heinz Guderian, *Erinnerungen eines Soldaten*, Heidelberg 1951, S. 350, 389.

2 Als ob sie damit unterstreichen wollten, daß es sich um einen Wendepunkt in ihrem Leben handelte, feierten sie den 43. Geburtstag von Herta Gehlen mit soviel Optimismus für die Zukunft, wie sie aufzubringen vermochten. Vgl. Reinhard Gehlen, *Der Dienst*, Mainz–Wiesbaden 1971, S. 127 ff. sowie die in einigen Fällen ausführlichere amerikanische Ausgabe: *The Service. The Memoirs of General Reinhard Gehlen*. New York 1972, S. 101 f., 106 f.

3 Gehlen, *Der Dienst*, S. 9.

4 Der verstorbene Glenn Infield zitierte Karl Deeter, mit dem er sich am 2. Juli 1972 in Heidelberg unterhalten hatte.

5 David Irving war der Übersetzer der Gehlenschen Memoiren und verbrachte viel Zeit mit ihm. Im Gespräch, berichtete mir Irving, habe Gehlen «dazu tendiert, wieder und wieder auf das zurückzukommen, was für ihn am wichtigsten war. Es war ein wenig wie bei einer hängengebliebenen Schallplatte. Eine Zeitlang ging es glatt voran, und dann blieb er wieder hängen, und wir waren wieder beim deutschen

Generalstab. Wieder und wieder.» (Gespräch mit David Irving, 2. Juni 1983.)

6 Walter Görlitz, *Der deutsche Generalstab*, Frankfurt am Main 1953, S. 73 ff., 116.

7 Nach den zornigen Worten des britischen Brigadegenerals J. H. Morgan, eines Angehörigen der Interalliierten Militärkontrollkommission in Deutschland von 1919 bis 1923, «hat das deutsche Offizierskorps jeden Schößling modernen Denkens und des Fortschritts, der sonst wohl in Deutschland Fuß gefaßt hätte, ausgerottet wie die Pest (…). Die moralischen Auffassungen des Offizierskorps blieben so primitiv und rücksichtslos wie in den Tagen Friedrichs des Großen, ja sogar Attilas. Es stand sämtlichen liberalen und fortschrittlichen Bewegungen, wie es sie innerhalb Deutschlands gab, gleichermaßen fremd gegenüber und war ihnen unterschiedslos feind.» J. H. Morgan, *Assize of Arms*, New York 1946, S. 6.

8 Es gab einen gewissen Widerstand gegen Hitler in Deutschland, und es wurden wiederholt Versuche unternommen, ihn zu ermorden. Seine Fähigkeit, sie zu überstehen, war geradezu unheimlich. Siehe dazu unter anderem Herbert M. Mason, *To Kill the Devil*, New York 1978, sowie Peter Hoffmann, *The History of the German Resistance 1933–45*, Cambridge, Mass., 1977.

9 Diese «Elitegruppe», schreibt der Journalist William Shirer, «die von Moltke zur tragenden Säule des Staates gemacht worden [war], (…) war im Sommer 1944 nur noch eine jämmerliche Schar kriecherischer, ängstlicher Männer.» William Shirer, *Aufstieg und Fall des Dritten Reiches*, Bd. 2, München 1963, S. 1133 f.

10 Ein weiterer dem Mittelstand entstammender Offizier war General Erich Ludendorff. In der Zeit von 1914 bis 1918 war Ludendorff, der «Mann aus Eisen», der eigentliche Führer des Oberkommandos.

11 Eine Darstellung dieser Zeit siehe bei Morgan, op. cit.; vgl. auch Anthony Cave Brown, *The Last Hero: Wild Bill Donovan*, New York 1982, S. 800.

12 Zu den Hintergründen des damaligen kommunistischen Aufstands siehe Eric Waldman, *The Spartacist Uprising*, o. O. 1958.

13 Sowohl Gehlen wie seine Frau waren und blieben auf ihre Verwandtschaft mit dem berühmten General Friedrichs des Großen stolz; in den Nachkriegsjahren amüsierten sich die amerikanischen Geheimdienstler in Pullach immer wieder über die Einladungskärtchen von den Gehlens, auf denen stets vermerkt war, daß es sich bei Frau Gehlen um eine «geborene von Seydlitz-Kurzbach» handelte.

14 Gehlens Beziehung zu Seydlitz hatte einen weiteren, entfernt liegenden, aber dennoch einladenden Aspekt. Friedrich der Große, ein schwieriger Herrscher, dem Seydlitz so vorbildlich diente, gilt als Vater der modernen militärischen Spionage. Er schuf und leitete einen ausgedehnten Geheimdienst und teilte jene, derer er sich bediente, in vier Kategorien ein. Gewöhnliche Spione: Bauern und niederes Volk, das für Geld spionierte. Doppelspione: Diejenigen, die für beide Seiten arbeiteten und deren hauptsächlicher Wert in der Übermittlung irreleitender Informationen an den Gegner diente. Ranghohe Spione: Gesandte und dergleichen, denen ihre Dienste reichlich entgolten wurden. Gezwungene Spione: Bürger eroberter Gebiete, die zur Aussage gezwungen wurden. Friedrich bediente sich dieser Organisation in großem Umfang; sie war überaus effektiv. «Marschall de Soubise folgen stets hundert Köche», sagte er, «und mir gehen stets hundert Spione voraus.»

15 Die Informationen über Gehlens militärische Laufbahn und das FHO stammten aus erbeuteten deutschen Kriegsdokumenten, die im Original und auf Mikrofilm beim National Archives and Record Service (NARS) in Washington D. C. verwahrt werden. Von besonderem Interesse sind die mikroverfilmten Berichte des FHO, 77 Rollen mit der Registraturnummer T 78, Rollennummern 548–591, 670, 673–704. Siehe Nr. 82, Berichte des Hauptquartiers – Oberkommando des Heeres – OKH/FHO. Herausgegeben und beschrieben von dem Archivar Timothy Mulligan, handelt es sich hier um Teil IV der unschätzbaren *Guides to German Records Microfilmed at Alexandria, Virginia*, NARS 1982. Weitere dort vorhandene Quellen: RG 165, Records of the War Department General and Special Staffs, die biographische Informationen zu Gehlens Lebenslauf und militärischem Werdegang enthalten (undatiert), sowie die Berichte Nr. 5724 und 5725, die Hintergrundinformationen bieten (datiert vom 29. August 1945). RG 242, Records of the National Archives Collection of Foreign Records Seized 1941, German Army General Staff Personnel Card Files enthält Reproduktionen deutscher Stammakten mit Angaben zu Gehlen (letzter Eintrag vom 1. Dezember 1944).

16 Am 18. Februar 1944 wurde Canaris von seinem Posten entbunden und die Abwehr von der SS übernommen. Canaris wurde schließlich im Konzentrationslager Flossenbürg wegen Beteiligung an der Verschwörung vom 20. Juli 1944 am 9. April 1945 zum Tode verurteilt und noch am selben Tag gehängt.

17 Das Reichssicherheitshauptamt (RSHA) wurde 1939 gebildet. Es faßte die Sicherheitspolizei (Gestapo und Kripo) und den Sicherheitsdienst

(SD) zusammen und war ein Hauptamt der Reichsführung SS und des Reichsministeriums des Innern. Siehe Martin Broszat, Hans Buchheim, Hans-Adolf Jacobsen und Helmut Krausnick, *Anatomie des SS-Staates,* 2 Bde., Olten/Freiburg 1965.

18 Vernehmung von Walter Schellenberg, Appendix VI, S. 1–2. RG 238, Records of the War Department, NARS.

19 Kaltenbrunner, der sich ebenfalls eine Zeitlang in den Bergen versteckt gehalten hatte, wurde nach seiner Gefangennahme, wie es heißt, als möglicher Kandidat für Zwecke des amerikanischen Armee-Geheimdienstes betrachtet. Diese Idee hatte aber keinen langen Bestand, und Kaltenbrunner wurde schließlich in Nürnberg vor Gericht gestellt, verurteilt und am 15. Oktober 1946 gehängt.

20 Siehe William L. Shirers anschauliche Darstellung, op. cit., S. 709, 840 ff.

21 Vernehmung Schellenbergs, Appendix VI, S. 65; Pierre Galante, *Mlle. Chanel*, Chicago 1973, S. 179–82. Die Deutschen wurden aber beispielsweise auch von einem ihrer prominentesten Kriegsgefangenen über den Tisch gezogen, dem Sohn von Josef Stalin. Siehe dazu die Vernehmung des Kriegsgefangenen Uffz. George Johannsohn, RG 165, Records of the War Department, NARS, S. 4.

22 David Kahn, *Hitler's Spies*, New York 1978, S. 437.

23 Zwischen den Berichten Gehlens und Schellenbergs über diese Angelegenheit bestehen bemerkenswerte Unterschiede. Gehlen spielt sie herunter und behauptet, er habe Schellenberg telefonisch gebeten, sich bei Himmler zu erkundigen, ob er an einer Studie über den polnischen Widerstand interessiert sei, um herauszufinden, ob man von jenem etwas lernen könne. Schellenberg, sagt er, habe zurückgerufen und ihm mitgeteilt, daß Himmler eine solche Studie begrüßen würde. Im Gegensatz dazu gibt Schellenberg eine ausführliche Schilderung, in der er behauptet, Gehlen habe ihn aufgesucht und den Plan stundenlang mit ihm durchgesprochen, wobei Gehlen vorgeschlagen habe, daß sie beide daran mitwirken sollten. Siehe Gehlen, *Der Dienst*, S. 126 und Vernehmung Walter Schellenbergs, loc. cit.

24 Gehlen war zumindest mittelbar am Werwolf-Projekt beteiligt. Am 6. Februar 1945 befahl die Führungsabteilung des Generalstabs, deren stellvertretender Chef Gehlen war, sämtlichen Heeresgruppen, alle Werwolf-Einheiten in ihrem Gebiet zu unterstützen und zu versorgen. Siehe dazu *History of the CIC in the European Theater of Operations*, S. 45 sowie Brown, op. cit., S. 769.

25 Seit Monaten zirkulierten damals schon Gerüchte über die «Alpenfestung» mit unterirdischen Anlagen, die zum Zentrum heftigen deut-

schen Widerstands werden sollte. Entsprechende Pläne scheinen entworfen worden zu sein, und es existieren Berichte über die Entsendung von Ingenieuren, die das Terrain sondieren sollten, doch alles in allem handelte es sich um eine große Illusion. Ein Kabel vom 4. April 1945 an den OSS-Chef William Donovan von Allen Dulles, seinem Residenten in der Schweiz, macht jedoch deutlich, daß Dulles an die Existenz einer solchen Festung glaubte, in der die restlichen SS-Kräfte konzentriert werden und von wo aus sie einen langen und kräftezehrenden Guerillakrieg führen sollten. Siehe Cave Brown, op. cit., S. 738, sowie Bradley F. Smith, *The Shadow Warriors*, New York 1983. Das Gerücht selbst war Dulles wohl von Wilhelm Höttl gesteckt worden, einem ehemaligen österreichischen Geheimdienstler, der zeitweilig unter Schellenberg arbeitete. Mehr zu dieser schillernden Gestalt in Wilhelm Höttls Memoiren, erschienen unter Pseudonym: Walter Hagen, *Die geheime Front*, Linz 1950, sowie Cave Brown, op. cit., S. 754.

Das Bündnis mit den Sowjets

1 Es gab im Office of Strategic Services (OSS) durchaus Stimmen, die sich über die sowjetischen Ziele keine Illusionen machten und über ihre eigene politische Isolation frustriert waren. «Die treibende Kraft in der Arbeit der UdSSR-Abteilung [des OSS] ist die Gewißheit, daß die Fähigkeiten und Absichten der Sowjetunion das wichtigste Problem darstellen, dem die Vereinigten Staaten auf dem Gebiet der auswärtigen Beziehungen gegenüberstehen (...). Von manchem wird die überwältigende Bedeutung der UdSSR für die USA in der Theorie zwar anerkannt, aber nirgendwo in der Regierung wird sie auch in der Praxis anerkannt – jedenfalls weder bei der Bewilligung von Stellen bei uns [im OSS] noch im Außenministerium oder sonstwo in Washington.» – OSS-Dokument vom 6. Juli 1945, «USSR Division: Survey of Current and Future Work Program», NARS. Oberflächlich archivierte OSS-Akten lagern in der Modern Military History Division der National Archives.

2 John Russell Deane, *Strange Alliance*, New York 1947, S. 89.

3 Gehlen, *Der Dienst*, S. 136, 138 f.

4 Ellen Bracelen Flood, eine Linguistin, die kurz nach der Kriegserklärung der Vereinigten Staaten im Dezember 1941 zur Zensurstelle der US-Armee stieß.

5 David C. Martin, *Wilderness of Mirrors*, New York 1980, S. 12, 29.

6 Martin, op. cit., S. 12.

7 Kongreß-Hearings vor dem House Committee on Un-American Activi-

ties, «Hearings Regarding Shipment of Atomic Material to the Soviet Union During World War II.», 5. und 7. Dezember 1949, 23.–26. Januar, 2., 3. und 7. März 1950.

8 Diese Vorfälle und Gespräche werden von Botschafter Robert Murphy berichtet: Robert Murphy, *Diplomat unter Kriegern*, Berlin 1965, S. 278.

9 Murphy, op. cit., S. 301 f. Angesichts fehlender Direktiven aus Washington hatten Eisenhower und der Stabschef General Marshall beträchtliche Freiheit, nach eigenem Ermessen zu handeln, und in ihrer Sicht mag Berlin kein wichtiges militärisches Ziel mehr gewesen sein. Hinsichtlich Berlins kabelte General Marshall an Eisenhower: «Ich würde es verabscheuen, wenn amerikanische Menschenleben für rein politische Zwecke aufs Spiel gesetzt würden», und Eisenhower kabelte retour: «Ich werde keinen Schritt unternehmen, den ich militärisch für unsinnig halte, nur um einen politischen Vorteil zu gewinnen, es sei denn, ich erhalte ausdrückliche Befehle von den Vereinigten Stabschefs.» Diese Befehle kamen mitnichten, und die Sowjets marschierten in Berlin ein. Ladislas Farago, *Patton*, New York 1963, S. 738. Siehe auch Chester Wilmot, *The Struggle for Europe*, London 1952, sowie Farago, op. cit., S. 816.

10 Das Maß, in dem einzelne Personen in der Regierung zu jener Zeit Einfluß auf die Politik gegenüber der Sowjetunion genommen haben, war schon immer und wird weiter umstritten sein. Mit Sicherheit gab es einige Sowjet-Sympathisanten und manche, die Bindungen an die Kommunisten erkennen ließen. Harry Dexter White, Assistent des Schatzministers Henry Morgenthau, Julian Wadleigh aus dem Außenministerium und George Shaw Wheeler, 1945 Chef der Entnazifizierungsabteilung der Militärregierung, gingen 1947 in die Tschechoslowakei. Siehe dazu Eugene Davidson, *The Death and Life of Germany*, New York 1959.

11 Zitiert nach einer Aussage vor dem Senate Armed Services Committee vom 29. April 1947, nach Sanche de Gramont, *The Secret War*, New York 1962, S. 50. Diese Einschätzung des amerikanischen Geheimdienstes wird von Dr. Rhodri Jeffreys-Jones von der Universität Edinburgh nachdrücklich bestritten, dem Autor von *American Espionage: From Secret Service to CIA*. Siehe dazu *Foreign Intelligence Literary Scene*, Ausgabe vom August 1983, Vol. 2, Nr. 4.

12 Herbert O. Yardley, *The American Black Chamber*, New York 1981 (Erstausgabe 1931) mit einer Einführung von David Kahn.

13 Sanche de Gramont, op. cit., S. 51.

14 Cave Brown, op. cit., S. 171.

15 Cave Brown, op. cit., S. 2. Das wohl beste Buch über Donovan stammt von Thomas Troy, *Donovan and the CIA*, Frederick, Md. 1981.

16 CIA-Dokument, 1972 (80) 341 E. Zitiert nach einer Besprechung des Werks von Richard Harris Smith, *OSS: The Secret History of America's First Central Intelligence Agency*, Berkeley und Los Angeles 1972.

17 Zur Arbeit dieser Gewerkschaftsgruppe siehe Joseph E. Persico, *Geheime Reichssache*, Wien, München, Zürich, Innsbruck 1979.

18 Memorandum Donovans an seinen Führungsstab vom 18. April 1945, OSS-Akten, NARS.

19 Deane, op. cit. Sein Buch liefert für diesen Abschnitt einen Großteil des Quellenmaterials; so sind dort sämtliche Zitate von Deane zu finden.

20 Donovan, der mit den Verhandlungen eigentlich recht zufrieden war, wurde selbst zum Opfer jener irrationalen Obstruktionspolitik, unter der auch die übrigen in Rußland stationierten Amerikaner zu leiden hatten. Statt der viermotorigen amerikanischen Maschine, mit der er nach Washington zurückfliegen wollte, boten ihm die Sowjets ein zweimotoriges russisches Flugzeug an. Erst nach geschlagenen elf Tagen und heftigen Protesten gab Molotow schließlich die Starterlaubnis für die amerikanische Maschine.

21 Cave Brown, op. cit., S. 425.

22 Eine spätere Beschreibung dieses Vorfalls findet sich bei Cave Brown, op. cit., S. 422–25.

23 OSS-Dokument vom 31. März 1944, OSS-Akten, NARS; es handelt sich um einen Brief von Donovan an Deane in Moskau.

24 Die Zahlen sprechen für sich: Zwischen dem 1. Oktober 1941 und dem 31. Mai 1945 wurden 2660 Schiffe mit 16 529 791 Tonnen Nachschub nach Rußland geschickt. Im einzelnen handelte es sich um 427 284 Lastkraftwagen, 13 303 Kampffahrzeuge, 35 170 Motorräder und 2328 Troßfahrzeuge für die Artillerie. Als Treibstoff für sie wurden 2 670 371 Tonnen Petroleumerzeugnisse hinterhergeschickt. Hinzu kamen 4 478 116 Tonnen Lebensmittel. Darüber hinaus wurde weiteres schweres Gerät geliefert: 1900 Dampf- und 66 Diesellokomotiven, 9920 Rungenwaggons, 1000 Güterwaggons, 120 Tankwaggons, 35 Schwerlastwaggons – sämtlich eigens für die russische Spurbreite konstruiert. Obendrein wurden für über eine Milliarde Dollar (im Wert von 1944!) Werkzeuge, Industrieausrüstungen sowie Tausende Flugzeuge geliefert, gar nicht zu reden von zahllosen Ersatzteilen, riesigen Mengen Bettzeug und Kleidung und Medikamenten im Wert von Millionen Dollar.

25 *Boston Globe* vom 25. Juni 1984, zitiert von Joseph S. Nye Jr., Professor der Verwaltungswissenschaften, Harvard University.
26 Winston Churchill, *Triumph and Tragedy*, London 1953, Vol. VI, S. 498 f.
27 Davidson, op. cit.
28 Farago, op. cit., S. 765–71.

Gehlen in Gefangenschaft
 1 Gehlen, op. cit., S. 121.
 2 Gehlen, op. cit., S. 132 f.
 3 Daß ein solcher Fehler in Nazi-Deutschland geschehen konnte, wo Uniformen doch eine so hohe Bedeutung besaßen, nimmt wunder. Als Wehrmachtsgeneral trug Gehlen den Adler rechts auf der Uniformbrust, während die SS-Führer ihn am linken Oberarm trugen.
 4 Diese Informationen stammen aus einem Gespräch, das Heinz Höhne und Hermann Zolling mit Kreidl führten; siehe Zolling und Höhne Pullach intern, Hamburg 1971, S. 100 f.
 5 Gehlen, op. cit., S. 134.
 6 FHO-Dokumente T-77/863, datiert vom 13. Mai 1945, NARS, siehe bei Zolling und Höhne, op. cit., S. 102. FHO-Dokumente T-77/863, datiert vom 19. und 20. Mai 1945, NARS, aus einer Aufzeichnung Borchers über seine Vernehmung durch die sowjetische Kommission; NARS.
 7 «Report on information obtained from PW CS/2141 Obstlt i G Scheibe. Head of OKW/Archiv Abt, taken at FLENSBURG 19 May 1945», ein britischer Vernehmungsbericht, datiert vom 5. Juni 1945; RG 165, Reports of the War Department, SR 1665, NARS. FHO-Dokumente T-77/863, ein Bericht von Scheibe, datiert vom 17. Mai 1945, NARS.
 8 Zu den Quellen dieses Abschnitts zählt auch Leonard Mosley, *Dulles*, New York 1978, S. 232–36.
 9 Gehlen, op. cit., S. 134.
10 Gehlen, op. cit., S. 135.
11 Gehlen, op. cit., S. 136.
12 Die Amerikaner entwickelten bei der Schreibung deutscher Namen beträchtliche Phantasie, was zu dem Problem beigetragen haben mag, einzelne Gefangene aufzufinden. In einem Eintrag vom 28. Mai 1945 wurde Gehlen als Mjr. Gen. Reinhardt GEHLAR verzeichnet. Dokument mit der Überschrift GEHLEN, Generalmajor (Brig Gen), RG 165, Records of the War Department General and Special Staffs, NARS.

13 Siehe den oben zitierten Bericht der Vernehmung Scheibes durch die Briten.

14 Scheibes Einheit mag von Gehlen mit der Rettung eines Teils seiner Akten beauftragt gewesen sein. Ein Behälter mit FHO-Dokumenten wurde im Juni 1945 in der Nähe von Flensburg ausgegraben und befand sich anscheinend in der Hand der Briten. Eine Auflistung des Inhalts befindet sich in einem Dokument mit dem Titel: Subject: Document targets, 1 Jul 45, RG 331, Records of Allied Operational and Occupation HQ, WWII, Entry 13 B, Box 65, Folder-Miscellaneous Cables, NARS.

15 Zu Skorzeny siehe *History of CIC*, Vol. XXVI: *CIC in the Occupation of Germany*, March 1959, S. 3; William Shirer, op. cit., sowie Murphy, op. cit., Höttl, op. cit., Kahn, op. cit.

16 In den Beurteilungen Gehlens durch die amerikanischen Vernehmer finden sich Bemerkungen wie diese: «Kluger, herausragender Offizier, kein Parteimitglied, könnte für die Alliierten nützlich sein» (im April 1945, Quelle: General Graf von Oriola), und im März: «Sehr militärisch, fanatischer Russenhasser, aber Realist.» Dokument mit der Überschrift GEHLEN, Generalmajor (Brig Gen), RG 165, Records of the War Department, General and Special Staffs, NARS.

17 Gehlen, op. cit., S. 137.

18 Bokers Onkel, der sich bei Kriegsende in der sowjetisch besetzten Zone Deutschlands wiederfand, kam immer wieder um Übersiedlungsbewilligung in den Westen ein. In den fünfziger Jahren willigten die Behörden schließlich ein. Er durfte samt seiner Familie gehen, aber unter der Bedingung, daß er seine Bücher zurückließ. Sie hätten ihn genausogut dazu auffordern können, sein Herz herzugeben. Er harrte samt seiner Bibliothek unter Protesten, Eingaben und Klagen aus, bis der Astronom schließlich Anfang der siebziger Jahre samt seiner Bücher von dannen ziehen durfte.

19 Unter anderem erhielt Boker auch ausführliche Informationen über die Lage der Konzentrationslager innerhalb der Sowjetunion, in denen rund drei Millionen Menschen gefangengehalten wurden. Boker sagt, es sei ihm nicht gelungen, auch nur eine amerikanische Behörde für seine Informationen zu interessieren – die Sowjetunion war schließlich ein Verbündeter.

20 Eine von den Amerikanern abgefangene Botschaft des japanischen Gesandten Oshima nach Tokio bezeugt, daß Hitler dies genauso sah. Botschafter Oshima berichtete von einem Gespräch mit Hitler in Anwesenheit von Außenminister von Ribbentrop. In dem Bericht heißt es: «Zur

Kriegslage bei Beginn der deutsch-sowjetischen Feindseligkeiten bemerkte Hitler: ‹Ich habe noch nie in meinem Leben eine solch gewaltige Entscheidung gefaßt, aber ich wußte, hätte ich Rußland in Ruhe gelassen und meinen Kampf gegen England fortgesetzt, wäre es [Rußland] uns in den Rücken gefallen, wenn wir uns am wenigsten dagegen hätten wehren können. Ich habe mir auferlegt, als Führer meine Pflicht zu tun, und darum habe ich den Krieg gegen die Sowjetunion begonnen (...). Ich wußte, daß Deutschland seine gesetzten Ziele ohne Kampf gegen die Sowjets sonst in hundert Jahren nicht erreicht hätte.›» Magic Summary, War Department, Office of Assistant Chief of Staff, G-2, March 31, 1942; NSA-Dokument, SRS-Serie Nr. 559, NARS. Zur Vorgeschichte von Hitlers «gewaltiger Entscheidung» siehe die Vernehmung des Kriegsgefangenen George Johannson im Kriegsgefangenenlager Camp Forrest, Tennessee, G-2 Division MIS-Y/POW 210, datiert 31. Mai 1945.

21 Gehlen, op. cit., S. 145.

22 Zu diesem Kreis gehörten Gerhard Wessel, der kurze Zeit Nachfolger Gehlens als Chef der FHO gewesen war und ihm später nochmals als Chef des BND nachfolgen sollte, sowie die FHO-Majore Hiemenz, Hinrichs und Schöller und der deutsche Korpsoffizier Hauptmann Führer, der früher für die Vernehmung von Russen zuständig gewesen war. In der Villa Pagenstecher, wo sie ihr Hauptquartier einrichteten, stießen noch Oberst Stephanus und Major Lütgendorf dazu.

23 Vernehmung Gehlens im Vernehmungszentrum der 7. Armee. «NOTES ON THE RED ARMY – LEADERSHIP AND TACTICS: Source: Gehlen, Reinhard.» RG 238, Records of the National Archives Collection of World War II War Crimes, SAIC/R/1&2 Gehlen. Der Vernehmer vermerkt, daß der Bericht «nach eigenem Bekunden der Quelle zuverlässig» sei. Berichte über weitere Vernehmungen Gehlens finden sich im Bericht der Vernehmung Nr. 5725, 28. August 1945, durch Captain Halle. Siehe auch «Memorandum for Lt. Colonel Parker: Subject: Preliminary Interrogation and Assessment of P/W Brig. Gen. Rhienhard [sic!] Gehlen, 29 August 1945»; dieses Memorandum enthält auch den Vernehmungsbericht N. 5724. RG 165, Records of the War Department General and Special Staffs, G-Gehlen, NARS.

24 Zu jener Zeit galten die Hauptbemühungen der amerikanischen Geheimdienste der Sicherstellung deutscher Akten und Dokumente. Dank diesen und des deutschen Hangs zur Gründlichkeit kamen gewaltige Mengen an Informationen ans Licht, nicht nur hinsichtlich des letzten Krieges und des Nazi-Phänomens, sondern zurück bis ins letzte Jahr-

hundert. Sowohl Boker wie auch Gehlen äußern sich verächtlich über die Aktenjäger, die nur darauf aus gewesen seien, ihr Soll an Altpapier zu erfüllen. Doch manche der Archive, die sie so unterschiedslos zusammenkarrten, erwiesen sich für die Historiker als von unschätzbarem Wert. Am 20. Mai 1945 entdeckte der CIC-Mann Francesco S. Quaranta in Freimann rund 70 Tonnen Dokumente in einer verlassenen Papierfabrik, die eine Brisanz besaßen, deren Nachwirkung noch heute spürbar ist. Die am dringendsten gesuchte Informationsquelle nach Kriegsende war die, mit deren Hilfe sich die Mitglieder der NSDAP identifizieren ließen. Neben einer Flut weiterer inkriminierender Dokumente enthielt der Dokumentenberg von Freimann die Akten der höchsten Parteigerichte, detaillierte Berichte über die Aktionen hochgestellter Gestapo-Leute und, am wichtigsten und wertvollsten, Kopien sämtlicher ausgegebener NSDAP-Mitgliedsausweise, jede mit einem Foto auf der Rückseite. Quarantas Fund wurde schließlich nach Berlin gebracht und bildet den Grundstock des Berlin Document Center, der Hauptinformationsquelle über die Nazis. Siehe *History of the CIC*, Vol. XXVI, S. 61, *CIC in the Occupation of Germany*, März 1959.

Ein anderer Aktenfund ereignete sich am 17. April 1945 nach der Eroberung des Örtchens Pansfelde im Unterharz durch die 9. Infanteriedivision. Den Amerikanern wurde berichtet, daß sich Joachim von Ribbentrop, Hitlers Außenminister, angeblich in einem abgelegenen Schloß tief in den Wäldern der Gegend aufhalte. Special Agent George J. Novak, der einzige CIC-Agent beim 47. Infanterieregiment, stellte sofort einen Stoßtrupp für einen Angriff auf das Schloß zusammen, das noch hinter der Linie der abziehenden Deutschen lag, um Ribbentrop festzunehmen. Doch als Novak und seine Leute sich dem Schloß vorsichtig, mit den Waffen im Anschlag, näherten, erschien plötzlich eine einsame Gestalt auf der Auffahrt: Baron Witilo von Griesheim, lediglich mit einem großen Schlüsselbund bewaffnet, stellte sich vor und signalisierte seine Kooperationsbereitschaft. Ribbentrop war, wie der Baron sagte, nicht im Schloß, doch etwas für die Amerikaner ungleich Wertvolleres.

Was Baron Griesheim in seiner Obhut hatte, war, wie Novak sogleich erkannte, ein Schatz von immensem Wert: die Akten des deutschen Außenministeriums von 1871 bis 1944. Unter den Dokumenten befanden sich der offizielle Schriftwechsel zwischen der Hitler-Regierung und den Briten in den schicksalhaften Jahren, als Chamberlain noch Premierminister war, Berichte von den deutsch-sowjetischen Verhandlungen 1939 und ein Brief des Chefs der Vichy-Regierung Pétain an Hitler vom August 1944, in dem er diesen beschwor, den Befehl zur Niederbrennung von Paris zu widerrufen. Novak ließ das Schloß sofort von Wachposten umstellen und gab Befehl, daß niemand hinein und heraus dürfe. Er war sich der historischen Bedeutung seines Fundes genau bewußt und entschlossen, ihn zu schützen. Nachdem zwei Experten vom amerikanischen und britischen Außenministerium die Dokumente überprüft hatten, wurde der unschätzbare Fund mit einer Karawane von rund zweihundert Lastwagen abtransportiert. Zu den näheren Umständen siehe *History of the CIC*, Vol. XX, S. 65–67.

25 Gehlen, op. cit., S. 124.

26 Gerhard Wessel blieb zurück und fungierte als Kontaktmann für Gehlen in Deutschland.

27 Persönliche Mitteilung aus den Gesprächen mit John Boker. Dieser Vorfall wird auch bei Gehlen, op. cit., S. 140, geschildert.

28 Persönliche Mitteilung aus den Gesprächen mit John Boker; siehe auch Gehlen, op. cit., S. 141.

29 Nähere Informationen zu den Vernehmungszentren finden sich in der *History of the Military Intelligence Divison, 1941–1945*, Kapitel V, «The Captured Personnel and Material Branch», S. 99. Es handelt sich um eine Publikation der amerikanischen Regierung.

30 Aus den Gesprächen mit Eric Waldman.

31 Eine handschriftliche Notiz auf der ersten Seite eines Dokuments aus der Evaluation Section, Post Office Box 1142, Alexandria, Virginia, unterstreicht ihren Sonderstatus. Datiert vom 29. August 1949, ist das Dokument überschrieben: «Memorandum For Lt. Colonel Parker. Subject: Preliminary Interrogation and Assessment of P/W Brig. Gen. Rhienhard [sic!] Gehlen» (loc. cit., NARS). Die Notiz lautet: «Einer von sieben speziell wegen ihrer Kenntnisse über Rußland eingeflogenen Kriegsgefangenen. (...) Gesondert abzulegen.» Im Sprachgebrauch des Geheimdienstes bedeutet «gesonderte» Ablage praktisch das gleiche wie «geheim».

32 Aus den Gesprächen mit Eric Waldman.

33 Aus den Gesprächen mit Eric Waldman.

34 Zu den Geschenken, die Boker der Gruppe vermachte, gehörten auch einige Taschenmesser. Nach dem Aberglauben, daß geschenkte Messer eine Freundschaft zerschneiden, wenn man nicht für sie «bezahlt», in der Regel mit einer Münze von geringem oder keinem Wert, befestigte die Gruppe Gehlen eine bunte Mischung ausländischer Münzen auf

einem Pappkarton, den sie schön verzierten, und legten ihn ihrem Dankschreiben bei.

35 David C. Martin, op. cit., S. 39.

36 Es gab schon im Oktober 1945 Anzeichen dafür, daß dies die wahre Absicht der Sowjets war, doch wurde nichts unternommen.

37 Privatbrief an John Boker, zitiert mit seinem Einverständnis. Sowohl Boker wie Waldman wurden zu einem gewissen Maß umstrittene Persönlichkeiten. Diejenigen, die den Umgang der US-Armee mit Gehlen kritisieren, behaupten, sie hätten den Deutschen zu nahe gestanden. Ohne ihre Loyalität zu bezweifeln, unterstellen sie, daß Boker und Waldman ihre Objektivität einbüßten und sich statt dessen mit der Gruppe Gehlen zu identifizieren begannen. Diejenigen dagegen, die die Indienstnahme Gehlens durch Amerika für richtig halten, rühmen Boker und Waldman dafür, daß sie Gehlens Fähigkeit und Potential erkannten und seine Einheit erhielten.

Die sowjetische Gefahr

1 Leitartikel der *New York Times* vom 3. Juni 1920, S. 10.

2 Die Razzien fanden schließlich ein Ende, aber erst, nachdem etwa 550 Ausländer deportiert worden waren und das amerikanische Recht vom obersten Rechtswahrer der Nation verletzt worden war. Über die Rechtmäßigkeit dieser Aktionen kam es zu einem heftigen Streit zwischen Felix Frankfurter, damals Professor in Harvard und später Richter am Obersten Bundesgericht, und Generalstaatsanwalt Palmer. Vgl. *New York Times* vom 5. Juni 1920, S. 22.

3 Ein Korrespondent des *American Mercury*, dessen Name ungenannt blieb, um ihn vor sowjetischen Repressalien zu schützen, gab folgenden Bericht: «Im Ausland besteht die Neigung, den gegenwärtigen Ausbruch von Terrorismus als isoliertes und rätselhaftes Ereignis zu betrachten. (...) Die Annahme, jede neue Orgie stelle eine Ausnahme dar, ermöglicht es dem [sowjetischen] Propagandaapparat, die Erinnerung an jeden extremen Ausdruck der grundlegenden Brutalität mit Rauchschleiern aus Statistiken und Rechtfertigungen rechtzeitig zu tilgen. (...) Die Tatsache, die es jetzt zu betonen gilt, (...) ist die, daß systematische Rücksichtslosigkeit seit jeher die Herrschaft Stalins kennzeichnet.» *The American Mercury*, November 1937, S. 298–306.

4 Zum Thema des sowjetischen Antisemitismus äußerte Senator Thomas Dodd 1960 in einer Rede vor dem Senat: «Der sowjetische Antisemitismus darf nicht totgeschwiegen werden. Das schreckliche Leiden des

jüdischen Volkes unter der Herrschaft des Kremls ist sorgfältig erforscht und dokumentiert. (...) Darüber hinaus erschienen über eine Periode von zwei Jahrzehnten einige Dutzend hervorragend recherchierter Artikel in Zeitungen wie der *New York Times* und der *New York Herald-Tribune* sowie in Zeitschriften wie *Life*. (...) Während der Zeit der sowjetischen Besatzung wurden allein mindestens 40 000 Juden aus Ungarn nach Sibirien deportiert, dazu einige tausend aus Rumänien (...). In Polen kam es im Laufe des Jahres 1946 zu einer ganzen Reihe mörderischer Übergriffe gegen Juden, die mehrere hundert Menschenleben forderten. Allein beim Pogrom von Kielce wurden 41 Juden vom Mob getötet, während die kommunistische Miliz untätig dabeistand und allenfalls Juden verhaftete. (...) Im Herbst 1948 beseitigten Stalin und sein Kulturkommissar Andrej Schdanow mit einem umfassenden Verwaltungsakt, was in der Sowjetunion noch an jüdischer Kultur und Gemeindeleben übrig war. (...) Auf einen Schlag wurden sämtliche jüdischen Schulen geschlossen, die jüdischen Zeitungen zugemacht. Der jiddische Verlag Emes wurde ebenfalls geschlossen. (...) Mehr als 450 jüdische Schriftsteller, Künstler und Intellektuelle – die Creme der jüdischen Intelligenz in der Sowjetunion – wurden exekutiert. (...)» Congressional Record, Senate, March 15 1960, S. 5561 ff, Speech of Senator Dodd (Conn.) «On Anti-Semitism, the Swastika Epidemic and Communism.»

5 Nicht so sehr im Kongreß, aber quer durch die gesamte Regierung wuchs 1947 die Besorgnis über die sowjetischen Absichten. In diesem Jahr erschien in der angesehenen Zeitschrift *Foreign Affairs* ein wegweisender Bericht mit dem Titel «The Sources of Soviet Conduct». Sein Autor, der mit «X» zeichnete, war George Kennan, der in dieser kritischen Zeit eine wichtige Rolle bei der Gestaltung der Politik der Vereinigten Staaten gegenüber der Sowjetunion spielte. Seine Worte wurden von jenen, die glaubten, daß die Russen schließlich doch ihre Isolation überwinden und sich der Völkergemeinschaft anschließen würden, nicht gut aufgenommen. Denn das, erklärte Kennan, sei ein frommer Selbstbetrug: «Der Glaube [der Sowjets] an die grundsätzliche Bösartigkeit des Kapitalismus, an die Unausweichlichkeit seiner Vernichtung, an die Pflicht des Proletariats, zu dieser Vernichtung beizutragen und die Macht in die eigenen Hände zu nehmen, ist ungebrochen. (...) Auf Moskauer Seite kann es niemals irgendein ernsthaftes Postulat einer Gleichartigkeit der Ziele zwischen der Sowjetunion und den Mächten geben, die als kapitalistisch betrachtet werden.» Eine realistische Einschätzung des Sowjetsystems, sowohl seiner Ziele wie seiner

Mittel zu ihrer Verwirklichung, schrieb Kennan weiter, sei dringend vonnöten, und ging dann dazu über, das auszusprechen und zu definieren, was zum Eckstein der amerikanischen Politik werden sollte: «Das Hauptelement jeglicher Politik der Vereinigten Staaten gegenüber der Sowjetunion muß eine langfristige, geduldige, aber feste und wachsame Eindämmung der russischen Expansionstendenzen sein.» Im März 1947 erklärte Präsident Truman schließlich die Annahme der Eindämmungsdoktrin, die die Ausbreitung des Kommunismus begrenzen sollte, und General George Marshall verkündete am 5. Juni desselben Jahres in einer Rede in Harvard den Marshall-Plan. Im selben Jahr sorgte ein wenig bekannter Kongreßangehöriger, Joseph McCarthy, mit seiner Behauptung für Schlagzeilen, daß jeder Angehörige der Kommunistischen Partei Amerikas ipso facto ein Landesverräter sei, ungeachtet der Tatsache, daß die Partei in den Vereinigten Staaten legal sei. Damit war die Bühne für eine Periode dramatischer und entzweiender Konfrontationen im Namen der nationalen Sicherheit bereitet.

6 Gordon A. Craig, *Über die Deutschen*, München 1982.

7 Siehe dazu Theodore White, *Fire in the Ashes: Europe in Mid-Century*, New York 1953, S. 42.

8 Foreign Relations of the United States, Diplomatic papers, The Conference of Berlin. (The Potsdam Conference), 1945, Vol. I, Washington 1960, S. 7.

9 Die Politiker in Washington brauchten lange, um das Ausmaß und die Folgen der Verschlechterung des Ost-West-Verhältnisses zu begreifen, obwohl es an Warnungen nicht gefehlt hatte. Die Komplikationen begannen schon beim Gerangel um die am 7. Mai in Reims unterzeichnete Kapitulationsurkunde; es war aus Versehen eine Version unterschrieben worden, die nicht mit der zwischen den Siegermächten ausgehandelten Fassung übereinstimmte, was die Sowjets sehr verärgerte. Die Zeremonie mußte daraufhin auf ihren Druck mit der «richtigen» Kapitulationsakte wiederholt werden. Siehe dazu Murphy, op. cit., S. 294 f.

10 Anthony Cave Brown, *Dropshot*, New York 1977, S. 17.

11 Der verstorbene Historiker Theodore White meinte in einem Gespräch, die Vereinigten Staaten seien zu dieser Zeit «zu Tode erschrocken» gewesen. Die Russen verfügten in Mitteleuropa über Dutzende Divisionen in Kampfstellung und hatten viele weitere in Reserve stehen. Siehe auch Theodore White, op. cit.

12 Der militärische Geheimdienst hatte natürlich schon immer auf alle mögliche Weise Informationen erworben; häufig bezahlte er für sie mit irgendeiner Form von Schutz, und er kaufte sie von Informanten, deren

Vorleben man weder abklären konnte noch in vielen Fällen abklären wollte. Selbst wenn Verifikationsversuche unternommen wurden, gingen in den unvorstellbaren Wirren jener Zeit Identitätsnachweise verloren, wurden gestohlen, gekauft und verkauft. Es war schwierig, mit einiger Sicherheit zu wissen, mit wem man es zu tun hatte. Das Problem der Verifikation wurde am 25. Juni 1948 zudem noch erheblich vergrößert, als der Kongreß ein Gesetz verabschiedete und Truman es unterschrieb, das für eine begrenzte Zeit die Einreise bestimmter europäischer Flüchtlinge zum ständigen Aufenthalt oder anderen Zwecken zuließ. Zu diesem Kreis sollten Personen gehören, die «von erheblichem Wert» für den Armee-Geheimdienst waren und deren «Entfernung vom Operationsgebiet angezeigt» war, weil ihr Verbleiben diese Personen kompromittieren oder in äußerste Gefahr bringen konnte. (June 25 1948, Public Law 774, Displaced Persons Act of 1948. 62 Stat. 80th Congress, 2nd Session, Ch. 647.)

Die amerikanischen Besatzungsbehörden befanden sich hier in einem Dilemma, und für den Kurs, den sie einschlugen, mußte ein Preis entrichtet werden. Der Geheimdienst hatte mit diesen «Nachrichtenhändlern», Personen, die «von erheblichem Wert» für sie gewesen waren, Vereinbarungen getroffen, und in den meisten Fällen waren sie auch gewillt, sie zu halten; sie taten das Richtige, wenn auch manchmal mit mehr als den falschen Leuten.

13 Gehlen war eine bekannte Größe mit einem Vorleben, das sich dokumentieren ließ. Er war zwar Generalstabsoffizier, aber nicht nur kein Parteimitglied, sondern er gehörte auch nicht zum engeren Kreis um Hitler; zudem konnte er behaupten, mit Männern in Verbindung gestanden zu haben, die an dem gescheiterten Attentat auf Hitler vom 20. Juli 1944 beteiligt waren. Gehlens Vorgesetzter, Generaloberst Halder, und sein Kollege, Generalleutnant Heusinger, waren monatelang wegen Verdachts der Mittäterschaft in Haft, und ein früherer Angehöriger von Gehlens Abteilung, Oberst von Roenne, war wegen seiner Beteiligung gehängt worden.

Gehlen blieb stets bei seiner Behauptung, er habe zwar von dem Attentatsplan gewußt, sich aber – obwohl er die Verschwörer deckte – einer direkten Beteiligung verweigert, weil er meinte, daß die Aktion schlecht geplant und zum Scheitern verurteilt war. Den Amerikanern wäre es wohl lieber gewesen, wenn Gehlen mitgemacht und irgendwie überlebt hätte, aber sie waren willens, dieses Maß an Nähe zu den Verschwörern zu akzeptieren und hervorzuheben.

280

Rückkehr nach Deutschland

1 «Basket» (Korb) bezog sich auf den Ort, wogegen der früheste Deckname für Gehlens Einheit als solche ZIPPER lautete. Danach lief das Unternehmen unter dem Namen «Operation Rusty». Abweichend von der gängigen Praxis, zufällig ausgewählte Worte als Decknamen zu verwenden, hatte «Rusty» eine Bedeutung – es bezog sich auf Colonel Deanes neugeborenen Sohn John Russell Deane, III.

2 Zolling und Höhne, op. cit., S. 18.

3 Generalmajor Schow war stellvertretender G-2-Chef der amerikanischen Streitkräfte in Europa. Er trat später in die CIA ein.

4 Siehe den Abschnitt S. 66 ff., der sich mit dieser Zeit befaßt. Deane senior war der Autor von *Strange Alliance*.

5 Aus den Gesprächen mit General John Russell Deane.

6 Gehlen, op. cit., S. 147.

7 Die britischen und französischen Geheimdienste gingen beim Aufspüren und der Anwerbung von Kriegsgefangenen, die ihnen nützlich sein konnten, höchst durchdacht vor.

8 Diese Informationen stammen aus den Gesprächen mit Eric Waldman.

9 Diese Informationen stammen aus den Gesprächen mit Friedel von Glinski.

10 Ursprünglich war die Gruppe in drei Gebäuden untergebracht: auf Schloß Kransberg, in einem Jagdschloß, das Georg von Opel gehört hatte, und im «Blue House». Das «Blue House» war das Zentrum des Ganzen; dort befanden sich neben Unterkünften auch die Büros.

11 Wolfgang Wehner, *Geheim*, München 1960, S. 106. Zitiert nach Zolling und Höhne, op. cit., S. 110.

12 Baun blieb nicht lange Chef der Nachrichtenbeschaffung; im April 1947 war der Posten an jemand anders gegangen. Er war jedoch auch 1949 noch bei der Organisation, als diese von der CIA übernommen wurde. Zwei Angehörige des ersten CIA-Stabs waren mit einer langwierigen Untersuchung der Tätigkeit von Baun befaßt, die schließlich mit seiner Entlassung endete.

13 *History of the CIC*, Vol. XX.

14 Ansprache Gehlens vom 4. Oktober 1946. Im April 1948 verließ das Ehepaar die Organisation und Deutschland und ging nach Brasilien, wo von Glinski von 1936 bis 1938 gearbeitet hatte. Deane hatte ihnen Ausreisepapiere angeboten, und Waldman hatte sie ihnen besorgt. Später emigrierten sie aus Brasilien in die Vereinigten Staaten, wo sie sich in den Bergen von Colorado ein Haus bauten, den «Berghimmel», Kinder großzogen und seither rundum glücklich leben.

15 Zolling und Höhne, op. cit., S. 118.

16 Während die Gruppe Gehlen ihr Informantennetz aufbaute, begann sie auch eine ihrer produktivsten und am wenigsten gefährlichen Aktionen, das Unternehmen «Hermes». Von den Sowjets gefangengenommene deutsche Soldaten wurden schubweise nach Westdeutschland entlassen und bald von den Agenten Gehlens kontaktiert. Sie gaben sich als Beamte aus, die ganz gewöhnliche Informationen sammelten, und häuften massenweise Material über die Zustände in den Gegenden an, in denen die Gefangenen gewesen waren, Einzelheiten über die Industrien, in denen sie gearbeitet hatten, über den Zustand der Bahnlinien, Verteilung und Anzahl von Truppen und so weiter. Sie kompilierten überdies ein Verzeichnis potentieller deutscher Gegner, von denen die zurückgekehrten Kriegsgefangenen berichteten, sie hätten mit den Russen kollaboriert.

Die Agenten ließen ihren Erstbefragungen häufig weitere Besuche folgen, bei denen sie für ein paar Zigaretten Kleingeld, Fahrkarten, Zeitungen und dergleichen einhandelten – alles mögliche, was die Ex-Gefangenen aus der Sowjetunion mitgebracht hatten und was als authentische Staffage für Agenten dienen konnte, die nach Rußland eingeschleust werden sollten. Zugleich versuchten sie, auch noch die letzten Erinnerungen aus ihnen herauszukitzeln, und gelegentlich zahlte sich dieser zusätzliche Aufwand ordentlich aus, wie etwa im Fall des «roten Steins». Nach seiner Gefangennahme, berichtete ein ehemaliger Unteroffizier seinem Befrager, sei er ins sowjetische Dserschinsk zur Arbeit in einer chemischen Fabrik geschickt worden. Die Fabrik habe einen schwer bewachten Teil gehabt, zu dem Deutsche keinen Zutritt hatten – außer ihm. In seinem Fall sei eine Ausnahme gemacht worden, weil seine Arbeit darin bestanden habe, die Abfallprodukte von allem, was produziert wurde, zu sammeln und im bewachten Fabrikteil in eine Grube zu kippen. Ein Großteil des Abfalls habe aus roten Steinbrocken bestanden, und irgendwann sei ihm der Einfall gekommen, sich aus dem harten Material ein Feuerzeug zu machen; das habe er auch getan. Jeder, der die Sperrzone betrat oder verließ, sei einer strengen Durchsuchung unterzogen worden, und er habe sich diebisch darüber gefreut, daß den Wachposten der winzige rote Stein in seinem selbstgebauten Feuerzeug nicht aufgefallen sei. Der Unteroffizier hatte das Feuerzeug sogar als Andenken mit nach Hause genommen.

Nachdem der Agent den Wunsch geäußert hatte, es anzusehen, zeigte er sich von dem Feuerzeug so angetan, daß er dem ehemaligen Unteroffizier eine ganze Packung amerikanische Zigaretten dafür bot.

282

Der Agent packte den Stein zusammen mit einem ausführlichen Bericht in einen Umschlag und übergab ihn den Amerikanern, die ihn auf der Stelle zur Analyse nach Washington schickten. Zurück kam eine Gratulation, allerdings von der dringenden Mahnung begleitet, daß man mit solchem Material überaus vorsichtig umgehen und es in Metallbehälter verpacken müsse. Die Probe des Steins, mit dem die Russen in Dserschinsk in aller Heimlichkeit arbeiteten, stellte ein bedeutsames Beweisstück dar. Das Material war radioaktiv, und es verriet den Amerikanern, daß die Russen inzwischen eigene Vorkommen an radioaktivem Erz besaßen und nicht mehr wie früher auf die Gruben in der Tschechoslowakei angewiesen waren.

Diese Art geheimdienstlicher Arbeit, zu der die Herstellung einer persönlichen Beziehung zwischen zwei Menschen nötig war, hätte von den fremden Siegern nicht geleistet werden können, was schnell den Wert der Gruppe Gehlen begründete. Sie besaß in der Vernehmung von Sowjetbürgern, die während des Krieges zu Tausenden zu den Deutschen übergelaufen waren, jahrelange Erfahrung, und sie glänzte in der Auswertung. Jetzt strömten weitere Hunderttausende deutscher Kriegsgefangener aus dem Osten nach Deutschland, ein ungeheures Reservoir an Informationen, das die Deutschen nutzen konnten. Sie waren auf diesem Gebiet Fachleute, und die Amerikaner erkannten das auch an. Siehe Zolling und Höhne, op. cit., S. 129, sowie Mosley, op. cit., S. 274 f. Die negative Seite an diesem Unterfangen bestand darin, daß manche der zurückkehrenden Kriegsgefangenen Träger von Desinformation waren, doch überwog zu jener Zeit der Nutzen die Risiken bei weitem.

17 Das Verhältnis zwischen Waldman und Gehlen war in jenen ersten Tagen, als es noch informell zuging, eng und entspannt. Nachdem Waldmans Frau im September 1946 in Oberursel eingetroffen war, kam Gehlen oft zum Abendessen zu ihnen, und Mrs. Waldman begleitete sie oft auf Reisen.

18 Ein Dokument mit dem Titel: «Memorandum for the President. 25 June 1945» hat folgenden Wortlaut: «Die folgende Information, die am 21. Juni vom OSS-Vertreter in Caserta übermittelt wurde, stammt von einem französischen Agenten des SD. (...) Der Informant erklärt, er habe Mitte April 1945 an einer Konferenz in Deisenhofen [sic] bei München teilgenommen, die von einem SS-Obergruppenführer geleitet worden sei, den er nicht gekannt habe. Letzterer gab bekannt, daß das Amt III B (SD) und das Amt IV (Gestapo) des Reichssicherheitshauptamtes (...) zusammengelegt worden seien, um nach dem Krieg Unruhen zu schüren. Vertrauenswürdige Leute, sagte der SS-Obergruppen-

führer, seien bereits nach Spanien und in die Schweiz geschickt worden, wo sie sich aufhielten und sich um die Verteilung der Gelder kümmerten. Zu dem Plan gehöre die Organisierung nationalistischer Bewegungen unter dem Deckmantel einer antibolschewistischen Front; er solle im Bürgerkrieg gipfeln. Der Plan habe das Ziel, den Alliierten nach dem Krieg Schwierigkeiten zu machen und es den Nazis zu ermöglichen, schließlich unter passendem Deckmantel wieder aufzutauchen, um das Vierte Reich zu gründen. (Gez.:) G. Edward Buxton, Acting Director.» OSS-Bericht an Präsident Truman; Papers of Harry S. Truman, White House Central Files, Office of Strategic Services, Harry S. Truman Library.

19 Aus den Gesprächen mit Eric Waldman. Siehe auch die erschöpfende Studie von Heinz Höhne, *Canaris*, München 1976. Die Aktivitäten der Deutschen in Spanien wurden auch aus einer anderen Ecke beleuchtet – von dem Sowjetspion Harold «Kim» Philby, der beim britischen Geheimdienst arbeitete. 1943 war die Disziplin der Auslandsstellen der Abwehr, besonders in der Türkei, Portugal und Spanien, vollkommen zusammengebrochen. Der britische Geheimdienst hatte das Lissabonner Büro der Abwehr infiltriert: Philby spult eine lange Liste von Abwehr-Außenposten – Madrid, Barcelona, Bilbao, Algeciras, Vigo und andere mehr – ab, deren Agenten ihm bekannt waren. Er fügt hinzu: «Ich wußte über die Einheit von Gehlen vom Sommer 1943 an Bescheid. Es war die antisowjetische Abteilung der armen, alten Abwehr, und die Briten lasen den größten Teil ihrer Funksprüche. Sie schien mir nicht besser zu sein als die anderen Abteilungen der Abwehr (mit denen ich seit 1941 laufend zu tun gehabt hatte), was heißt, daß sie wirklich sehr schlecht war. Das ist keine Übertreibung, und es ist auch kein Scherz. Ich war deshalb keineswegs besorgt, als die CIA sie übernahm.» Dieser Brief Philbys vom 6. April 1977 ist in einem interessanten Briefwechsel zwischen ihm und Mosley enthalten, der im Anhang zu seinem Buch über Dulles abgedruckt ist.

20 Cave Brown, op. cit., S. 684.

21 Martin, op. cit., S. 23.

22 Der Geheimdienst des Vatikans war im wahrsten Sinne des Wortes «katholisch» – alles umfassend – und hielt den Pontifex so gut auf dem laufenden, daß er Mrs. Waldman gegenüber, die bei dieser Audienz ebenfalls anwesend war, bemerken konnte, er habe gehört, ihr Vater sei ein methodistischer Geistlicher.

23 Dem Bericht des deutschen Journalisten Jürgen Thorwald über dieses Unternehmen zufolge lief mit ihnen ein dritter Geheimdienstler über,

284

ein Major Tuerr vom tschechoslowakischen Generalstab. Vgl. *Die Welt* vom 4. Dezember 1955. Es sollte nicht unerwähnt bleiben, daß Thorwald von Gehlen als Verbreiter von Erfolgsmeldungen über sich benutzt wurde; Mißerfolge werden jedenfalls kaum berichtet.

24 Kleckas Urteil wurde von General Lucius Clay am 23. März auf fünf Jahre herabgesetzt, um die prozessuale Retourkutsche in Prag gegen zwei wegen angeblicher Spionage angeklagte amerikanische Soldaten nach Möglichkeit abzubiegen. Die beiden wurden am 29. März 1949 zu zehn bzw. zwölf Jahren verurteilt, dank Clays Eingreifen jedoch schon am 23. Mai begnadigt und freigelassen.

25 Eric Waldman bestätigt, daß der Bericht von David Dallin, *Soviet Espionage*, New Haven 1955, S. 376–88, über die Sprengung des tschechoslowakischen Spionagerings sachlich richtig ist. Weitere Quellen dieses Abschnitts bilden die Gespräche mit General Deane und Eric Waldman.

26 Mit der Materie vertraute amerikanische Geheimdienstler stufen Gehlens Potential zur aktiven geheimdienstlichen Arbeit als ärmlich bis hoffnungslos ein. Er verfügte allerdings über eine effektive Infiltrationsagentin, Elli Barczatis, die Sekretärin des ostdeutschen Vorsitzenden des Ministerrats, Otto Grotewohl. Sie lieferte große Mengen wertvollen Materials, wurde aber schließlich festgenommen, verurteilt und exekutiert. In seinen Erinnerungen behauptet Gehlen, weitere Quellen in der ostdeutschen Regierung gehabt zu haben, doch wird dies von mehreren ehemaligen amerikanischen Geheimdienstlern bestritten. Ein früherer CIC-Mann, der eine ausführliche Studie über die Arbeit der Organisation Gehlen erarbeitete, weist diese Behauptungen zurück und erklärt sie sich mit Wunschdenken oder Gedächtnislücken Gehlens.

27 Die Behandlung von Überläufern aus dem Ostblock steckte noch in den Kinderschuhen. Dagegen hatte der Armee-Geheimdienst ein reges, bestens eingerichtetes und geheimes Transportsystem, die «Rattenlinie», welche Nazis, die ihm «geholfen» hatten, nach Südamerika brachte. Eine detaillierte Darstellung der «Rattenlinie» findet sich im Anhang zu *Klaus Barbie And The United States Government, Exhibits to the Report to the Attorney General of the United States*, August 1983, Washington, D. C., U. S. Printing Office.

28 Ilja Ehrenburg in der *Prawda*, zitiert nach Andrew Tully, *CIA: The Inside Story*, New York 1962.

29 Sir Kenneth Strong, *Men of Intelligence*, London 1970, S. 124f., 135. Doch nachdem er Dulles einen der letzten großen Romantiker der Spio-

nage genannt und seine fröhliche Wesensart gerühmt hat, fährt Sir Kenneth mit einer Spur von Widerwillen fort, es sei nach seiner Kenntnis unmöglich gewesen, über sein «häßliches Gelächter» wegzukommen. Dennoch entwickelte sich zwischen Dulles und Gehlen ein ganz besonderes Verhältnis. Dulles soll gesagt haben, nach allem, was er wisse, sei Gehlen ein Windhund, doch sei er «auf unserer Seite», und einzig darauf komme es an. Näheres dazu in *The New Republic* vom 22. April 1972, S. 26.

30 Zu den Quellen dieses Abschnitts zählen die Gespräche mit General Deane, Eric Waldman, dem Ehepaar von Glinski sowie Angehörigen des ersten CIA-Stabs und deren Ehefrauen.

31 Eric Waldman berichtet, man sei aus Zufall auf Pullach gekommen. Er habe im Münchner PX gehört, wie zwei Engländerinnen, die für die amerikanische Zivilzensur arbeiteten, ihren bevorstehenden Umzug besprachen und ihr zukünftiges, beengtes Quartier mit ihrem jetzigen, geräumigen Pullach verglichen. Waldman ging der Sache nach, besuchte Pullach und gewann Liebel für die Idee.

32 Wie der sensationelle Felfe-Prozeß enthüllen sollte, warben Nazis weitere Nazis an, manche davon auf sowjetische Anweisung.

33 Dokumente, die den Amerikanern vorenthalten werden sollten, erhielten eine besondere Kennzeichnung. Augenscheinlich tat sie nicht immer ihre Wirkung, denn ein ehemaliger CIA-Mann erinnert sich, daß die Schriftstücke, die sie nicht zu Gesicht bekommen sollten, mit einem diagonalen roten Strich versehen waren.

34 Vgl. Konrad Adenauer, *Erinnerungen*, Stuttgart 1968. Zu Adenauer siehe auch Terrence Prittie, *Konrad Adenauer*, Chicago 1971; Richard Hiscocks, *The Adenauer Era*, Philadelphia 1966.

35 Gehlens erstes Treffen mit Adenauer fand jedoch erst am 20. September 1950 statt.

36 Liebel wurde erst im Dezember dieses Jahres abgelöst. In der Interimszeit diente Lieutenant Colonel Berry, der Vertreter der U. S. Air Force, als befehlshabender Kommandeur von Pullach.

Teil II: Von der «Organisation» zum Bundesnachrichtendienst
Gehlen und die CIA

1 Critchfield verstand nur ein paar Brocken Deutsch, und obwohl Gehlen inzwischen gut Englisch konnte, war der Dichter, Maler und frühere Diplomat Hans Richter, ein Angehöriger der Organisation, bei diesem ersten Treffen als Dolmetscher dabei.

2 Selbst heute noch sprechen die ehemaligen CIA-Leute automatisch und wie selbstverständlich von dem «Doktor»; gelegentlich allerdings wird er auch mit trockenem Humor «Old Blue Eyes» genannt.

3 Ein Bericht über die Erlebnisse von Eleanor Dulles in Österreich findet sich bei Mosley, op. cit., S. 204–13.

4 Damals ereignete sich die große Tragödie in Critchfields Leben: Connie Critchfield, seine Ehefrau, kam auf der Fahrt von North Dakota nach New York, von wo aus sie mit ihrem Mann nach München fliegen wollte, bei einem Zusammenstoß mit einem Traktor ums Leben. 1986 veröffentlichte sein Bruder die Memoiren der Familie Critchfield: *Those Days: An American Album*, Garden City, New York, 1986.

5 Colonel Philp ist tot und kann sich nicht mehr gegen die Ansicht einiger früherer CIA-Angehöriger wehren, er habe seinen Posten in Pullach um jeden Preis behalten wollen und sich deshalb gegen Critchfields Untersuchung und eine mögliche Übernahme der Organisation durch die CIA zur Wehr gesetzt.

6 Peer de Silva, ein 32jähriger Kalifornier und West Point-Absolvent, war einer der ersten. Er stieß im Dezember 1949 zu Critchfield und blieb bis 1951 als sein Stellvertreter und als Verwaltungschef in Pullach. Peer de Silva, *Sub-Rosa: The CIA and the Uses of Intelligence*, New York 1978. (Siehe vorne S. 188 f. den Bericht de Silvas über seine Begegnung mit George Kennan, dem Botschafter in der Sowjetunion.) In der ersten Zeit kamen auch Fred Stalder nach Pullach, der zuvor zum Stab von Allen Dulles in Bern gehört hatte, Robert Feldman, der Experte für Agentenberichte, Thomas Lucid, der frühere Chef der Army-Gegenspionage in Österreich, und der Gegenspionage-Spezialist Clare Edward Petty.

7 Waldman wurde Direktor des Department of Political Science und hat – auf deutsch und englisch – zahlreiche Monographien und Artikel publiziert, unter anderem *The Goose Step is Verboten – The German Army Today*, Free Press 1964, sowie *Die Sozialistische Einheitspartei Westberlin und die sowjetische Berlinpolitik*, Harald Boldt Verlag 1972. Waldman und Gehlen pflegten ihre Freundschaft bis zu Gehlens Tod.

8 Vgl. Gehlen, *The Service. The Memoirs of General Reinhard Gehlen*, New York 1972, S. 143. Die amerikanische Ausgabe in der Übersetzung von David Irving (siehe S. 265 Anm. 5) ist in einigen Fällen ausführlicher, teilweise werden Angaben der deutschen Fassung korrigiert, andere fehlen. In *Der Dienst* sind diese Sätze nicht enthalten. (Anm. d. Ü.)

9 Zur Entwicklung der Verbindung der CIA mit der Organisation sagte Thomas Lucid, der Critchfield als Chef des CIA-Verbindungsteams in Pullach ablöste: «Unser Verhältnis mit Gehlen durchlief drei Phasen: Critchfield hatte die stürmische Zeit der ersten Liebe, ich hatte die glückliche Ehe und Don Huefner [Lucids Nachfolger] die Scheidung.» – Heinz Danko Herre war der Mann, der Gehlen am nächsten stand, praktisch sein Schatten. Es war ein seltenes Ereignis, mit Gehlen ohne Herre zusammenzutreffen. Er und Gehlens ebenfalls stets anwesende Sekretärin Annelore, die «seit Urzeiten» bei ihm war, waren seine ältesten und ergebensten Mitarbeiter, denen er am meisten vertraute.

10 Gehlen, *Der Dienst*, S. 174.

11 Sobald die CIA in Pullach die Identität eines Agenten ermittelt hatte, ließ sie ihn an Hand der vorliegenden Akten überprüfen. Dazu gehörten Dokumente im Besitz der US-Armee, die über das NSDAP-Mitgliedsverzeichnis verfügte, die «Bughouse»-Akten des OSS, der britische «Primer» (ein Verzeichnis vieler tausend Namen, das vom britischen Geheimdienst aus Karteikarten erstellt worden war) und anderes mehr. Bei den «Bughouse»-Akten handelte es sich um Akten des deutschen Außenministeriums, die im August 1944 von einem OSS-Team in Bukarest sichergestellt worden waren. Diese Dokumente, die bei den Nürnberger Prozessen von großer Bedeutung waren, umfaßten neben vielem anderen SD-Berichte und führten letztlich zur Identifikation Tausender Geheimdienstler und Agenten.

12 Es war praktisch unmöglich, das Vorleben der vielen tausend Flüchtlinge zu überprüfen, die aus dem Osten gekommen waren.

13 Zu den Quellen für diesen Abschnitt zählen die Gespräche mit Eric Waldman und Angehörigen des Pullacher CIA-Stabs: James Critchfield, Thomas Lucid, Robert Feldman, Clare Edward Petty u. a.

14 Die Finnen erbeuteten die Überreste des Code-Buches auf einem Gefechtsfeld, und OSS-Chef William Donovan kaufte ihnen das Code-Material im November 1944 ab. Außenminister Edward Stettinius bestand darauf, den Russen das Code-Buch zurückzugeben. Das geschah auch – aber erst nachdem Donovan es hatte kopieren lassen. Siehe dazu Robert J. Lamphere und Tom Schachtman, *The FBI-KGB War*, New York 1986, S. 84.

15 1954 wanderte von Bolschwing mit Hilfe des amerikanischen Geheimdienstes in die Vereinigten Staaten aus und machte eine steile Karriere. Er wurde Präsident der Trans-International Computer Investment Corporation, einer Elektronikfirma im kalifornischen Sacramento, die geheime Forschungsarbeiten für das Pentagon ausführte. 1979 jedoch begann das Department of Special Investigations den verschlungenen Wegen seiner Vergangenheit nachzugehen. Die Informationen über von Bolschwing stammen von Christopher Simpson, «Not Just Another Nazi», in *Penthouse*, August 1983. Weitere Quellen dieses Abschnitts: Gespräche mit ehemaligen CIA-Leuten, die an der Coloredo-Wels-Aktion beteiligt waren, sowie mit Ray Cline; siehe auch Peer de Silva, op. cit., David Martin, op. cit.

16 Die Information über das Treffen in der Jagdhütte stammt von einem ehemaligen CIA-Mann. Staatssekretär Carstens wird zitiert nach Zolling und Höhne, op. cit. S. 228.

17 Eine weitere mißratene Organisation, Yardleys «Black Chamber», stand ebenfalls unter Doppelaufsicht durch das Außen- und das damalige Kriegsministerium.

18 Zitiert nach einem Bericht von Glenn Infield über seine Gespräche mit Harry Rositzke.

19 Mosley, op. cit., S. 289.

20 Mosley, op. cit., S. 374.

21 Thomas Powers, *The Man Who Kept The Secrets*, New York 1979, S. 48 f.

22 Weiter wurde angenommen, daß Waldman selbst von Wisner eingestellt wurde, um «geheime Nachforschungen» zu erledigen, was Waldman rundweg bestreitet. Die Verdächtigung könnte von deutscher Seite stammen. Siehe John Loftus, *The Belarus Secret*, New York 1982.

23 Der Ursprung der Vermutung, die Organisation sei vom OPC übernommen worden, die wiederholt und leidenschaftlich von den meisten führenden CIA-Leuten bestritten wurde, könnte westlich von Moskau liegen. Die Hypothese lautet wie folgt: Irgendwann zwischen August und Dezember 1948 hatte Gehlen tatsächlich einen geheimen Kontakt mit einem hohen OPC-Vertreter. Im September hatte Wisner die Führung des OPC übernommen, und die Organisation Gehlen, die sich zu jener Zeit in einer höchst prekären Lage befand, muß für seine wachsende Gruppe ein verführerisches Ziel gewesen sein. Gehlen seinerseits könnte den OPC durchaus als Retter in der Not betrachtet haben, und einen solchen suchte er verzweifelt. Wenn es zu einem solchen geheimen Treffen kam und Gespräche geführt wurden, dann fanden sie

jedenfalls ohne Waldmans Wissen statt, führten zu nichts und wurden – mit dem Eintreffen Critchfields in Pullach im Dezember – von den Ereignissen überholt. Wenn es überhaupt zu Diskussionen kam, dann müßten sie im innersten deutschen Zirkel um Gehlen geführt und niemals offenbart worden sein.

24 Der Name Ludwig Albert (der auch den Decknamen Hermann benutzte) erscheint zusammen mit seiner Dossiernummer D-331202 wiederholt in CIC-Akten, die vom U.S. Army Intelligence and Security Command (U.S.A.I.S.C.) freigegeben wurden. Ein Dokument, das lediglich die Überschrift ALBERT, Ludwig trägt und vom 23. April 1952 datiert ist, identifiziert Albert als früheren Gestapo-Mann und derzeitigen Vertreter Gehlens in Hessen. Ein weiteres Dokument mit der Überschrift HEADQUARTERS REGION III 66TH COUNTER INTELLIGENCE CORPS GROUP UNITED STATES ARMY; EUROPE APO 757, gerichtet an Mr. Parkinson bei der 66. CIC-Gruppe, APO 154, ist vom 2. November 1954 datiert. Sein Gegenstand ist SCHUETZ, Carl. In seinem Wortlaut findet sich folgendes: «Die in diesem Bericht enthaltene Information wurde von der Quelle durch Ludwig Albert gewonnen, einem für die Organisation Gehlen tätigen Ermittler.» Eine undatierte Dringlichkeitsmeldung von HQ 66 th CIC GROUP BAD CANNSTATT an CO CIC REGION III (OFFENBACH) warnt die Empfänger vor der bevorstehenden Festnahme von Personen, die für erstere von Interesse seien, durch westdeutsche Behörden, darunter auch Ludwig Albert, der als ein «hochangesehener Technikspezialist und Mitarbeiter Ihrer Region» bezeichnet wird. Ehemalige Geheimdienstleute, die den Fall kennen, berichten das Ende der Geschichte wie folgt: Albert wurde als mutmaßlicher Sowjetspion festgenommen und beging 1955 im Gefängnis Bruchsal Selbstmord.

25 Ein gewisser Waffenstillstand zwischen OPC und OPS begann sich 1950 mit der Ernennung von General Walter Bedell Smith zum Direktor der Central Intelligence abzuzeichnen. Bis 1952 hatte Smith die beiden Einheiten zusammengelegt und die Spannungen zwischen ihnen wurden geringer. Quellen für diesen Abschnitt: Dokumente des Armee-Geheimdienstes und Gespräche mit James Critchfield, Ray Cline sowie weiteren ehemaligen hohen Geheimdienstleuten.

Im Kalten Krieg

1 George F. Kennan, *Memoiren, 1950–1963*, Frankfurt am Main 1973, S. 164 ff.

2 Peer de Silva, op. cit., S. 71–74.

3 Das Dokument wurde vom U. S. Army Intelligence and Security Command zur Verfügung gestellt. Es ist «Walter Holters» überschrieben, datiert «Essen 31 March 1952» und trägt unten die Nummer 0254.

4 Die Ansicht, Otto John stehe im Dienst der Briten, war weit verbreitet. Gehlen hatte ihm nie verziehen, daß er bei den Kriegsverbrecherprozessen gegen sein Idol, Generalfeldmarschall Erich von Manstein, ausgesagt hatte. Manstein hatte sich im besetzten Hamburg vor einem britischen Militärgericht zu verantworten und war am 19. Dezember 1949 zu 18 Jahren Gefängnis verurteilt worden, ein Urteil, das schließlich auf 12 Jahre heruntergesetzt wurde. Zweieinhalb Jahre darauf, im August 1952, erhielt er aus gesundheitlichen Gründen Hafterleichterung; 1953 wurde er entlassen. Siehe Gerald Reitlinger, *The Final Solution*, New York 1953, S. 561.

Am 20. Juli 1954 wurde die Frage, welchem Herrn Otto John nun eigentlich diente, zum Gegenstand internationaler Spekulationen. An jenem Tag war er zur Gedenkfeier des zehnten Jahrestages des gescheiterten Attentats der Generale auf Hitler in Berlin. Während er dort war, verschwand er, und als er kurz darauf in Ostdeutschland wieder auftauchte, beschuldigte er die westdeutsche Regierung, von ehemaligen Nazis übernommen worden zu sein. Es konnte nicht überraschen, daß man annahm, John sei übergelaufen.

Achtzehn Monate darauf kehrte John – wie berichtet wird mit Hilfe des Journalisten Sefton Delmer – wieder nach Westdeutschland zurück; er behauptete, unter Drogen gesetzt, entführt und gezwungen worden zu sein, seine gegen Westdeutschland gerichteten Aussagen zu machen; außerdem sei er zu Verhören nach Moskau gebracht worden. Die Westdeutschen nahmen ihn fest und steckten ihn ins Gefängnis. 1959 wurde er aus der Haft entlassen.

Der Zeitpunkt seines Verschwindens ist von einigem Interesse, weil John kurz zuvor von einem Besuch in Washington zurückgekehrt war, in dessen Verlauf er einen Termin bei CIA-Chef Allen Dulles hatte. Es heißt, Dulles habe ihm damals erklärt, daß die CIA auf Gehlen setze und keinen Versuch von Johns Seite unterstützen werde, ihn aus dem Amt zu drängen.

Ein Streiflicht auf diese Vorfälle wirft Thomas Fox, der später Chef der Gegenspionage bei der Defense Intelligence Agency wurde. Während er noch beim CIC in Deutschland war, ließ Fox es sich angelegen sein, mit John Bekanntschaft zu schließen – Fox hatte sogar den Abend vor Johns Verschwinden mit diesem in der Stadt verbracht. Obwohl er keine Verantwortung für Johns Sicherheit trug, stellte Fox den Agenten Ed Hofer dazu ab, ihn im Auge zu behalten, weil John die Identität vieler Agenten des militärischen Geheimdienstes kannte.

Nach dem Verschwinden Johns herrschte gewaltige Verwirrung, und man nahm sofort an, daß er wegen der geheimdienstlichen Bedeutung seiner Arbeit und seiner umfassenden Kenntnis der inneren Angelegenheiten der Bundesrepublik in den Osten entführt worden war. In der Annahme, daß auch Hofer wegen seiner Verbindung zu John Ziel einer Entführung sein könnte, gab ihm Fox eine Pistole und sechs Magazine Munition zum Selbstschutz. Zum Entsetzen von Fox benutzte Hofer die Waffe jedoch, um sich umzubringen.

Damals war das Gerücht weit verbreitet, Fox habe entdeckt, daß Hofer auf irgendeine Weise für das Verschwinden Johns verantwortlich und vielleicht sogar daran beteiligt gewesen war und Fox ihm die Waffe mit der klassischen Aufforderung gegeben habe: Entweder du tust es selbst oder ich werde es tun. Fox leugnet rundum ab, daß an dieser Vermutung irgend etwas dran sei. (Zu den Quellen gehören auch die Gespräche mit Thomas Fox.)

Ein ehemaliger CIA-Mann beschrieb den geheimnisvollen John als «teilweisen Idealisten, teilweisen Nazigegner, teilweisen Sowjetagent und teilweisen Verrückten». Über die Affäre John sind zahlreiche Bücher veröffentlicht worden; er selbst hat auch seine Memoiren geschrieben: Otto John, *Zweimal kam ich heim*, Düsseldorf 1969.

5 Siehe *The Times* (London), 10. November 1953, *Die Welt*, 10. November 1953, *The New Republic*, 4. Oktober 1954, S. 13.

6 Berichte über eine komplizierte Aktion dieser Art, den Berliner «Telefon-Tunnel», finden sich bei Martin, op. cit., sowie Chapman Pincher, *Their Trade Was Treachery*, London 1981.

7 Der Begriff «Feme» bedeutet im mittelalterlichen Deutsch «Bestrafung». In den Wirren der Weimarer Republik stand er für die politischen Morde rechtsgerichteter Banden, die vor allem zwischen 1919 und 1923 zahlreiche Opfer fanden.

8 Thomas Dale machte in Deutschland derart Eindruck, daß ihn die CIA – in Gestalt des umstrittenen Gegenspionage-Chefs James Jesus Angleton – nach dem Prinzip «Wen man nicht schlagen kann, mit dem verbündet man sich» von der US-Armee abwarb. Doch das geschah nachdem die CIA beschämend spät die Operation CAMPUS entdeckt hatte.

9 Nur ein Beispiel für die Unerfahrenheit von Offizieren in wichtigen Geheimdienstpositionen: Ein Colonel, der sich in Utah mit chemischer Kriegführung befaßt hatte, wurde plötzlich zum Chef der Gegenspionage für Europa ernannt.

10 Aus einem Gespräch mit einer Person, die nicht genannt werden will.

11 Viele Regierungsstellen neben der CIA und den militärischen Geheimdiensten ließen Agenten in Deutschland operieren, einschließlich des Außenministeriums und des FBI.

12 Vgl. ein vom 19. Februar 1949 datiertes Dokument; Gegenstand: Kurt Merk, Klaus Barbie, gerichtet an den Commanding Officer, 797th CIC Group, Reg. IV, APO 407-A, US Army, Attn. Technical Specialist. Unterzeichnet von Major George B. Riggin, CAC. Es enthält folgende Passage: «Der neue Aktionsplan fordert dringlich die Gewinnung sämtlicher neuer Quellen, die Auffindung so vieler alter Gestapo- und SS-Informanten wie möglich, besonders jener, deren Auftrag unter dem Nazi-System in der Infiltration der KPD bestand.» Siehe *Klaus Barbie And The United States Government, Exhibits to the Report to the Attorney General of the United States*, August 1983, Washington D.C., U.S. Government Printing Office (nicht paginiert). Für diejenigen, die hinreichendes Interesse an diesem Gegenstand aufbringen, um die dürftige Reproduktionsqualität der in ihnen enthaltenen Dokumente in Kauf zu nehmen, ist die Lektüre der *Exhibits* zu empfehlen, des Anhangs zum Barbie-Report, die in einem dicken, eigenständigen Band vorliegen.

13 Headquarters 66th Counter Intelligence Corps Group, Incoming message. From: LO OCA Mehlem. For Action: CO 66 CIC Group, Dezember 1954. REF NR: 0–398. «Betrifft Amt Blank (...), Fall Friedrich Wilhelm Heinz und versuchte sowjetische Penetration des Amts Blank.» Der Rest des Textes ist geschwärzt bis auf den letzten Absatz, der im Text wiedergegeben wird. Es gibt zahlreiche weitere Belege für die selektive Weitergabe von Informationen und die mangelnde Zusammenarbeit zwischen den verschiedenen amerikanischen Geheimdiensten. (Dieses und weitere, hier nicht aufgeführte Dokumente wurden vom U.S.A.I.S.C. inzwischen freigegeben.)

14 Einer der ernsthaftesten Rivalen Gehlens war Graf Gerhard von Schwerin, den die Briten gern an seiner Stelle gesehen hätten. Sie scheiterten allerdings letztlich an ihrem hastigen und plumpen Vorgehen bei Bundeskanzler Adenauer. Näheres siehe auch bei Zolling und Höhne, op. cit.

15 U.S.A.I.S.C.-Dokumente zu Busch: Abschließender Vernehmungsbe-

richt vom 15. September 1945, Bericht über die Gefangennahme vom 26. Juli 1945, sowie zuletzt ein Memorandum vom 7. Juli 1961 der 66 th Military Intelligence Group, United States Army, Europe.

16 Unter den U.S.A.I.S.C.-Dokumenten zu Hans Sommer befindet sich ein vom 4. Mai 1951 datiertes, Überschrift CONSOLIDATION OF CPI CARDS, File D-95 421. Weitere Dokumente, teilweise undatierte Kopien, umfassen den Zeitraum vom Juli 1945 bis zum 6. Mai 1955.

17 U. S. Army Military History Research Collection, Senior Officers Debriefing Program, Vol. II, 13. Januar 1971 bis 13. Juli 1971. Weitere Informationen stammen aus den Gesprächen mit General Trudeau.

18 Aus den Gesprächen mit Generalmajor Trudeau.

19 Globke, eine der einflußreichsten und Adenauer am nächsten stehenden Persönlichkeiten, geriet unter heftigen Beschuß, als herauskam, daß er Mitkommentator der Nürnberger Rassengesetze gewesen war, zusammen mit dem als Kriegsverbrecher verurteilten Staatssekretär Dr. Wilhelm Stuckart. Viele untadelige Zeugen eilten ihm jedoch zur Seite, und es gelang ihm, seinen Beitrag zu den Gesetzen als Versuch zur Milderung des Schicksals der Juden hinzustellen. Genaue Informationen über diese Affäre finden sich in der Dissertation von Donald D. Dalgleish, «The Nazi ‹Past› In The Communist Cause», University of Colorado, 1963.

20 Was eigentlich auf den berüchtigten Karteikarten stand, daran scheinen sich weder General Trudeau noch James Critchfield im einzelnen erinnern zu können. Jedenfalls stellen beide keinen ausdrücklichen Zusammenhang mit Felfe her. Weitere Quellen für diesen Abschnitt bilden die Gespräche mit James Critchfield und weiteren ehemaligen CIC- und CIA-Leuten.

Die Nazi-Sowjet-Connection

1 Clemens wurde von den Kanadiern am 28. April 1945 in Como gefangengenommen und verhört. Berichte über ihn wurden vom U.S.A.I.S.C. bis auf ein Blatt, aus dem sich lediglich das Datum der Erstvernehmung – 27. Mai 1945 – entnehmen läßt, nicht zur Verfügung gestellt; womöglich befindet sich der Bericht gar nicht in den Akten. Eine einzelne, undatierte Seite, anscheinend die letzte von mindestens zweien, enthält zwar nicht den Namen Clemens, wohl aber biographische Einzelheiten, die eindeutig darauf hinweisen, daß es um ihn geht. Das Dokument ist von A. Sadowsky unterzeichnet, in Stellvertretung für J. M. Arnold von den Services d'Exploitation des Archives

WAST der französischen Militärregierung Berlin. Das Datum der Anfrage beweist das frühe Interesse des CIC für Clemens.

2 Erwin Tiebel arbeitete 1943 und 1944 mit Felfe auch im Schweiz-Referat des Reichssicherheitshauptamtes zusammen.

3 TACTICAL INTERROGATION REPORT, A.S.O., South Holland. Report No: R040/2. Date of Interrogation: 17 Jul 45. NAME: FELFE, Heinz. Das Vernehmungsprotokoll trägt die Unterschrift R. T. Robinson, Capt. 1 Cdn Army Interrogation Pool. Det. C/o A.S.C., South Holland, und ist datiert vom 4. August 1945. Es handelt sich um ein U.S.A.I.S.C.-Dokument.

4 Bericht des Hauptquartiers des 970 th Counter Intelligence Corps Detachment, European Command, Region VI (Bamberg), Sub-Region (Bayreuth), U. S. Army, datiert vom 2. April 1948. Registriernummer VI-B-99.4. Gegenstand: Felfe, Heinz. Quelle: Agent des britischen Geheimdienstes. Der Bericht enthält Felfes NSDAP-Mitgliedsnummer und die Information, daß er – wie Erwin Tiebel – im Amt VI des RSHA arbeitete. Es handelt sich um ein U.S.A.I.S.C.-Dokument.

5 Die Informationen zum Material über Felfe entstammen Gesprächen mit ehemaligen CIA-Leuten.

6 Nach Ansicht zumindest eines CIA-Mannes kann es nicht überraschen, daß Gehlen von Felfe genasführt wurde. «Gehlen», meinte er, «hatte von der Psychologie des Verrats keine Ahnung. Er war das ideale Opfer für untreue Untergebene.»

7 Einige CIA-Leute, die näher mit der Felfe-Untersuchung befaßt waren, sind der Ansicht, daß diese Lagebeurteilung den Sowjets zuviel der Ehre angedeihen läßt, indem sie ihnen unter anderem «Hellseherei und eine übermenschliche Fähigkeit zur Manipulation von Menschen und äußeren Umständen» zuschreibe.

8 Die Informationen über das Material, das Felfe den Sowjets lieferte, stammen aus Gesprächen mit ehemaligen CIA-Angehörigen sowie Presseberichten aus der Zeit seines Prozesses, besonders aus *The Times* (London) vom 9., 10. und 24. Juli 1963.

9 Aus den Gesprächen mit Charles Wheeler.

10 Informationen von Howard Roman und ehemaligen CIA-Angehörigen, die den Brief prüften. Das Zitat stammt von Martin, op. cit., S. 97.

11 Es war George Blake, der den Sowjets die Existenz des raffiniert angelegten Berliner Horchpostens der Alliierten verriet, des sogenannten «Telefon-Tunnels».

12 Der «Heckenschütze» lieferte zwar die Spur, nannte Felfe jedoch nie namentlich.

13 Zu den Quellen dieses Abschnitts zählen Gespräche mit Howard Roman, Clare Edward Petty und weiteren ehemaligen CIA-Angehörigen sowie Edward Jay Epstein, *New York Magazine*, 28. September 1980, S. 34.

14 Dies war keineswegs der einzige Verdacht, der Herre traf. Einige Jahre später, als Herre der offizielle Vertreter des BND in Washington war, fiel auf, daß zwischen Herres Route bei einer Südamerika-Reise und derjenigen eines sowjetischen «Landwirtschafts-Attachés» namens Bagramow, von dem allgemein angenommen wurde, es handle sich um einen Geheimdienstoffizier, eine unheimliche Übereinstimmung bestand. Dieser Übereinstimmung folgte eine weitere, als Herre samt Frau zur selben Zeit nach Denver, Colorado, und Jackson Hole, Wyoming, reiste wie zwei Sowjetbeamte, von denen einer, wie man wußte, Kontakt zu Bagramow hatte. Die CIA stellte außerdem ein Agentenpaar ab, das Herre auf einer Reise auf die Bermudas beschattete. Jedesmal war Herre nichts nachzuweisen. Die Informationen über den Verdacht gegen Herre stammen aus Gesprächen mit ehemaligen CIA-Angehörigen.

15 Howard Romans Interesse an der Psychologie des Überläufers Goleniewski und die Frage, was mit ihm geschah, nachdem man ihn «abgenabelt» hatte, weisen auf das Problem hin, wie die Amerikaner mit solchen Menschen umgingen. Siehe dazu auch seinen Artikel, der sich aus unseren Gesprächen ergab: «The Defectors: Why They Do It, Where They Go And What Happens To Them» in *Foreign Intelligence and Risk Management*, einer Zeitschrift, deren Herausgeber er ist.

16 Das einzige handgreifliche Beweisstück gegen Felfe war das Anweisungsschreiben seines sowjetischen Führungsoffiziers; hinzu kamen die Funkbotschaften, die Clemens empfangen hatte.

17 Zu den Quellen dieses Abschnitts zählen Gespräche mit Howard Roman und Clare Edward Petty. Über die Verhaftung Felfes wurde in der gesamten Presse der Bundesrepublik ausführlich berichtet; siehe auch *The Times* (London) vom 11., 14. und 16. Dezember 1961.

18 Der Skandal um Strauß sowie die *Spiegel*-Affäre stellten eine der bedeutsamsten Episoden der Adenauer-Zeit dar. Über die Affäre sind zahllose Berichte geschrieben worden, auf englisch etwa die Monographie von David Schoenbaum, *The Spiegel Affair*, New York 1968.

19 Quellen, die mit dem Fall intensiv zu tun hatten, berichten, daß Felfe tatsächlich um Versetzung in die Abteilung Fernmeldeaufklärung bat, die für ihn ein reiches Jagdrevier abgegeben hätte.

20 Clemens, Felfe und Tiebel erhielten von den Sowjets natürlich auch

Geld. Die Berichte über den Prozeß nennen 178000, 135000 und 5000 Mark. Die tatsächlichen Beträge lagen zweifellos weit höher.

21 Ich bin Jürgen Stange, der bei dem Gefangenentausch die Bundesregierung vertrat, für seine großzügige Hilfe bei der Verifizierung dieses Abschnitts zu Dank verpflichtet.

22 Zwei Monate vor Felfes Verhaftung wurden zwei Heidelberger Studenten, Peter Sonntag und Walter Naumann, von den Russen in Haft genommen; sie wurden aber erst etwa zwei Wochen nach der Anklage gegen Felfe vor Gericht gestellt und verurteilt. Geheimdienstler nehmen solche Koinzidenzen nicht eben auf die leichte Schulter, und dieser zeitliche Ablauf stellt ein interessantes Phänomen dar. Die CIA hatte die Studenten am 3. September 1961 als «Touristen» auf eine Amateur-Mission in die Sowjetunion geschickt. Sie sollten Kraftwerke, Radarstationen und Truppenbewegungen fotografieren. Die Russen nahmen sie am 17. September fest; am 22. November 1961 wurden sie in Moskau vor Gericht gestellt und zu zwölf Jahren Gefängnis verurteilt.

Felfe wurde am 6. November 1961 verhaftet. Achtzehn Monate später, nahezu unmittelbar nach Felfes Prozeß und Verurteilung, am 22. Juli 1963, wurden die Studenten von den Sowjets zum erstenmal zum Tausch gegen Felfe angeboten. Erst sechs Jahre danach kam der Menschenhandel zustande, bei dem weitere neunzehn Männer und Frauen freikamen.

23 Heinz Felfe veröffentlichte 1986 seine Memoiren: *Im Dienst des Gegners. Zehn Jahre Moskaus Mann im BND*, Hamburg 1986.

24 Telegramm des US-Außenministeriums mit der Nummer 325 vom 24. Juli 1963 aus Bonn an den Außenminister mit einer Übersicht über die Medienberichte zum Urteil im Fall Felfe. In einer Fernsehsendung vom 23. Juli erinnerte Fritz Erler die Zuschauer daran, daß Adenauer im Zusammenhang mit der *Spiegel*-Affäre von einem «Abgrund von Landesverrat» gesprochen habe und fragte, warum sich der Kanzler in diesem Fall nicht ebenso äußere. Der Prozeß fand in der deutschen Presse gewaltigen Widerhall. Berichte in der *New York Times* erschienen am 9., 10., 12., 14., 17., 19., 20. und 24. Juli 1963.

25 Edward Jay Epstein im *New York Times Magazine* vom 28. September 1980.

26 Über die Jahre gab es um dieses Haus einigen Rummel. Für Kritiker, die behaupteten, das Haus sei für Gehlen mit Geldern der CIA gekauft worden, war es der Beweis dafür, wie sehr Gehlen eine Figur der Amerikaner gewesen sei. Die CIA stellte die Mittel zwar tatsächlich zur Verfügung, aber in der Form eines Kredits. Selbst diejenigen ehemaligen

297

CIA-Leute, die Gehlen ansonsten mit wenig Begeisterung betrachten, berichten jedoch, daß solche Kredite keineswegs ungewöhnlich gewesen seien und daß er ihn vollständig getilgt habe.

Zwischen Kreuzzug und Kompromiß –
eine widersprüchliche Allianz
  1 Theodore White, op. cit., S. 394.

Personenregister

Adenauer, Konrad, S. 19, 22 f., 153, 182, 207 f., 217 f., 242 f., 252 f., 256 f., 286, 293, 296, 297
Albert, Ludwig (Deckname: «Hermann»), S. 186, 290
«Alfred», S. 235 f., 241
Andrew, Christopher, S. 15
Angleton, James Jesus, S. 292
Antonescu, Ion, S. 172
Arnold, J. M., S. 294

Bagley, Tennant, Jr., S. 248
Bagramov, S. 296
Bandera, Stefan, S. 231
Barbie, Klaus, S. 286, 293
Barczatis, Elli, S. 285
Baun, Hermann, S. 35 f., 38 f., 96, 118–123, 126 f., 281
Beck, Ludwig, S. 46
Benett, Ralph, S. 8
Berry, –, S. 286
Beutel, –, S. 197
Bissel, Richard, S. 185
Blake, George, S. 227, 295
Bohlen, Charles, S. 68 f.
Boker, John, S. 25, 86–93, 95 f., 98–101, 103 f., 107, 109 f., 193, 250, 273, 275 ff.
Bolschwing, Otto von, S. 172–178, 289
Borchers, Major, S. 82, 85, 272
Bormann, Hans, S. 196
Bormann, Martin, S. 150 f., 160, 166
Bossard, Samuel, S. 145
Bowden, George, S. 65

Brandt, Willy, S. 114
Braun, Eva, S. 78 f.
Bromley, Charles, S. 163
Brotzen, Franz, S. 92
Bruce, David, S. 64
Brucker, Wilber, S. 209
Burgess, Guy, S. 173
Burns, James, S. 75
Busch, Friedrich Heinrich, S. 203 ff., 293 f.

Canaris, Wilhelm, S. 46 f., 137, 267
Carstens, Karl, S. 181, 289
Cave Brown, Anthony, S. 269, 270, 271, 279, 284
Chamberlain, Neville, S. 275
Chambers, Whittaker, S. 61
Chanel, Coco, S. 48 f.
Charisius, Albrecht, S. 262
Churchill, Sir Winston, S. 48 f., 53, 76, 114, 116 f., 173, 272
Clark-Kerr, Sir Archibald, S. 72
Clay, Lucius D., S. 134, 285
Clemens, Gerda, S. 211, 244
Clemens, Hans, S. 211 ff., 235 f., 242, 244 ff., 294 ff.
Cline, Ray, S. 178, 289 f.
Collier, Robert, S. 54 f.
Coloredo-Wels, Friedrich, S. 174 ff.
Comstock, Paul, S. 92
«Cookridge, E. H.» (Deckname von Edward Spiro), S. 260, 262
Craig, Gordon A., S. 279
Critchfield, James (Deckname: «Herr Marshall»), S. 26, 79,

299

Gouzenko, Igor, S. 108
Graver, A. G., S. 70
Gribanov, General, S. 227, 229
Griesheim, Baron Witilo von,
 S. 275
Grotewohl, Otto, S. 285
Guderian, Heinz, S. 31 f., 41, 265
Guderian, Heinz Günther, S. 133

Haase, Werner, S. 197
Halder, Franz, S. 45 ff., 89, 181,
 280
Halle, Captain, S. 274
Handel, Michael, S. 7, 8
Harriman, Averell, S. 70 f., 120
Harvey, William King, S. 55
Haskell, John H., S. 70, 74
Heinz, Friedrich Wilhelm, S. 293
Heinze, –, S. 197
Helms, Richard, S. 63, 166, 185,
 187
Henderson, Arthur, S. 7
Herre, Hans Danko, S. 133, 169,
 231, 288, 296
Heß, Rudolf, S. 150
Heusinger, Adolf, S. 45 f., 133, 154,
 280
Hiemenz, Major, S. 99, 274
Himmler, Heinrich, S. 16, 47, 51,
 192, 203, 211, 268
Hinrichs, Major, S. 99, 274
Hinsley, F. H., S. 8
Hiscocks, Richard, S. 286
Hitler, Adolf, S. 8, 10, 12, 15, 19, 20,
 22, 31–34, 44 ff., 50, 65, 78 f., 87,
 89 f., 97 f., 103, 110, 112 f., 115,
 150, 153, 171 f., 192, 199, 202,
 251 f., 266, 273 f., 280, 291
Höttl, Wilhelm, S. 269
Hofer, Ed, S. 292
Hoffman, Peter, S. 266

Höhne, Heinz, S. 260 ff., 272, 276,
 281 ff., 289, 293
Holters, Walter, S. 88 f., 193, 291
Hoover, Herbert, S. 60
Hoover, J. Edgar, S. 70, 111, 224
Hopkins, Harry, S. 56, 74
Howard, Michael, S. 8
Huefner, Donald, S. 26, 232, 234,
 236, 288
Hull, Cordell, S. 57

Infield, Glenn, S. 265, 289
Irving, David, S. 266

Jackson, William, S. 143 f.
Janda, Captain, S. 140
Jarabek, Vojtech, S. 140 ff.
Jeffreys-Jones, Rhodri, S. 270
Johannsohn, George, S. 268, 274
John, Otto, S. 193, 291 f.
Jordan, George Racey, S. 55 f.
«Justus», S. 231

Kahn, David, S. 8, 268
Kaltenbrunner, Ernst, S. 47, 268
Karloff, Boris, S. 68
Kennan, George, S. 183, 188 ff.,
 278 f., 291
Kennedy, John F., S. 243
Kinzel, Eberhard, S. 45
Klecka, František, S. 141 f., 285
Kreidl, Rudolf, S. 79 f., 272
Krichbaum, Willi, S. 212
Kühlein, General, S. 161

Lamphere, Robert J., S. 289
Landauer, Ulrich, S. 92
Langkau, General, S. 236
Leahy, William, S. 108
Liebel, Willard K., S. 147–155,
 286